本书获得西华大学校内人才引进项目"贸易协定中的环境条款与
企业出口竞争力研究"（编号：w2420154）资助

优惠贸易协定中的
环境条款与企业出口竞争力研究

朱亚君◎著

RESEARCH ON THE IMPACT OF ENVIRONMENTAL
PROVISIONS IN PREFERENTIAL TRADE AGREEMENTS ON
FIRMS' EXPORT COMPETITIVENESS

经济管理出版社
ECONOMY & MANAGEMENT PUBLISHING HOUSE

图书在版编目（CIP）数据

优惠贸易协定中的环境条款与企业出口竞争力研究 /
朱亚君著. -- 北京 ：经济管理出版社，2024. -- ISBN
978-7-5243-0041-0

Ⅰ. F752.62

中国国家版本馆 CIP 数据核字第 2025YQ5314 号

组稿编辑：张巧梅
责任编辑：张巧梅
责任印制：许　艳
责任校对：王纪慧

出版发行：经济管理出版社
　　　　　（北京市海淀区北蜂窝 8 号中雅大厦 A 座 11 层　100038）
网　　　址：www.E-mp.com.cn
电　　　话：(010) 51915602
印　　　刷：唐山玺诚印务有限公司
经　　　销：新华书店
开　　　本：720mm×1000mm/16
印　　　张：14
字　　　数：259 千字
版　　　次：2025 年 3 月第 1 版　　2025 年 3 月第 1 次印刷
书　　　号：ISBN 978-7-5243-0041-0
定　　　价：88.00 元

前　言

在优惠贸易协定（Preferential Trade Agreements，PTAs）中纳入环境条款已经成为一种新的国际趋势。PTAs环境条款表明PTAs的侧重点已经开始从促进贸易自由化向全球环境共治方面转移。但是，由于发展中国家面临更严峻的经济增长和环境保护目标的平衡，他们越来越担忧PTAs环境条款使得PTAs背离了促进贸易自由化的初衷，发达国家正以环境保护的名义通过这些条款对发展中国家的贸易进行限制。作为最大的发展中国家，中国则积极主动参与全球贸易自由化和全球环境治理，并越来越多地在缔结的PTAs中纳入不同类型的环境条款。正确认识这些条款对贸易所产生的影响以及对促进全球PTAs中环境条款谈判和全球环境治理具有重要意义。

同时，中国的对外贸易正在逐渐向高质量发展阶段转型。如何在保持中国对外贸易稳定增长的同时，进一步提升中国对外贸易的竞争力和综合实力，是中国实现对外贸易高质量发展急需回答的问题。《"十四五"对外贸易高质量发展规划》提出了优化货物贸易结构，构建绿色贸易体系的重点任务。而《中华人民共和国国民经济和社会发展第十四个五年规划和2035年远景目标纲要》则对中国对外贸易提出了优化出口商品结构和提高出口产品质量的要求。同时，立足于"双循环"新发展格局，中国对外贸易高质量发展不仅要提升国际循环的质量和水平，还要增强国内大循化的内生动力。

因此，基于全球PTAs环境条款发展趋势和中国对外贸易高质量发展的现实要求，本书立足于"双循环"新发展格局，以微观企业出口竞争力作为落脚点，从企业出口清洁度、出口产品质量和出口国内增加值率三方面构建了"结构优化—质量升级—价值创造能力提升"的出口竞争力衡量框架，研究了PTAs环境条款对出口竞争力的影响效应。在这三者中，企业出口清洁度衡量了企业出口结构的清洁程度，出口产品质量衡量了企业出口的质量变化，企业出口国内增加值率则衡量了企业在出口市场上的价值创造能力。

PTAs 环境条款是国内环境规制向国际层面的延伸，因此本书基于污染天堂假说和波特假说构建了 PTAs 环境条款影响企业出口竞争力的理论框架和研究假说。首先，基于污染天堂假说，PTAs 环境条款产生直接的规制效应，以及基于波特假说的缔约国之间的环保技术合作，将直接有助于促进企业清洁产品出口，降低企业污染型产品出口，从而促使企业出口结构朝着更清洁的方向发展。其次，基于污染天堂假说和波特假说，PTAs 环境条款将促使企业改善生产率的同时进口更多的中间品用于生产，从而有助于促进企业实现出口产品质量升级。最后，从 PTAs 环境条款的生产率提升效应和中间品进口效应出发，PTAs 环境条款对出口国内增加值率，也就是企业的价值创造能力的影响则取决于两种效应的相对大小。基于这一理论框架，本书利用"Trade and Environment Database"、2000～2014 年中国工业企业数据库和中国海关进出口数据库的相关数据，在对企业的 PTAs 环境条款暴露指数进行测算的基础上，对 PTAs 环境条款对企业出口竞争力的影响进行实证检验。

本书的实证检验结论表明，PTAs 环境条款对三个维度的企业出口竞争力表现出不同的影响效应。首先，PTAs 环境条款有助于促进企业出口清洁度的提升。PTAs 环境条款不仅有利于提高企业清洁产品的出口份额，也有利于降低企业污染产品的出口份额，多种稳健性检验结果和内生性检验结果均证明了这一结果的稳健性。同时，不同类型的环境条款对企业出口清洁度的促进效应存在差异，其中，贸易促进型环境条款和贸易限制型环境条款比其他类型的环境条款更有利于提高企业出口清洁度。此外，污染密度和生产率对 PTAs 环境条款的出口清洁度的促进效应分别具有负向和正向的调节作用。

其次，PTAs 环境条款有助于企业出口产品质量升级。PTAs 环境条款显著提升了企业出口产品质量，且该效应产生的主要原因在于 PTAs 环境条款提高了企业的生产率和增加了企业进口中间品的使用。同时，异质性分析表明，贸易促进型环境条款和贸易限制型环境条款对企业出口产品质量的提升效应大于其他类型环境条款。从产品异质性的角度来看，PTAs 环境条款更有利于消费品和非清洁型产品出口质量的提升，且对污染行业、低技术行业和产品市场发育程度更高地区企业的出口产品质量的正向促进效应更大。

最后，PTAs 环境条款不利于提升企业在出口市场上的价值创造能力。PTAs

环境条款对企业出口国内增加值率具有显著的负向效应。机制检验结果表明，PTAs 环境条款虽然会通过提高企业生产率增加企业的出口国内增加值率，但也会通过增加进口中间投入品对国内中间品的替代而降低企业出口国内增加值率，且由于后者效应强于前者，使得 PTAs 环境条款对企业出口国内增加值率产生负向效应。异质性检验的结果表明，贸易促进型环境条款和贸易限制型环境条款对企业出口国内增加值率的负向影响效应更大，且 PTAs 环境条款对国内中间品市场发育程度较高地区、要素市场发育程度较高地区、高技术行业和上游行业中企业的出口国内增加值率的负向影响更小。

基于上述结论，本书获得了如下政策启示：①帮助微观经济主体正确认识 PTAs 中的环境条款与贸易之间的关系；②中国应积极参与全球环境治理，增强中国在全球环境治理体系中的影响；③增强国际环境治理规制与国内环保立法、普法和执法等领域的良性互动；④继续落实和深化国内供给侧改革，完善国内要素市场和中间品市场，增强企业参与"国内大循环"的机会和能力。

本书的研究具有以下几个方面的边际贡献：第一，首次将 PTAs 环境条款的影响效应扩展到出口竞争力视角。已有研究主要在政治学、法学或经济学等领域内对 PTAs 环境条款产生的动机、类型及传播等方面进行研究，仅较少的研究关注了 PTAs 环境条款对清洁产品或污染产品贸易额的影响。而本书则从中国对外贸易高质量发展的实际出发，从"结构优化—质量升级—价值创造能力提升"三个维度来探索 PTAs 环境条款的经济效应。第二，通过测算企业的 PTAs 环境条款暴露指数，本书的研究将有关 PTAs 环境条款的经济影响效应落实到了微观企业层面，实现了有关 PTAs 环境条款经济效应从宏观到微观的拓展。第三，本书的研究证明，即使是在国际环境规制层面，污染天堂假说和波特假说也仍然存在。第四，本书的研究结论为中国参与全球环境治理和对外贸易高质量发展提供了政策参考。PTAs 环境条款不仅有利于中国出口结构的绿色化转型，也有利于中国出口产品质量升级，从而增强了企业参与国际循环的内生动力。但其对中国企业出口国内增加值率却存在负向影响，其原因在于中国企业参与"国内大循环"程度不深，因而在 PTAs 环境条款的规制下，会采用更多的进口中间品替代国内中间投入品。

在未来研究中，随着全球环境治理进程的加快和我国外贸高质量发展的深化，关于 PTAs 环境条款的出口效应也将有更多值得进一步探讨的方向与课题。例如，进一步对 PTAs 环境条款进行细分，并继续探索 PTAs 环境条款对中国企业其他出口行为的研究，包括但不限于出口产品转换、出口持续时间等，还可以在异质性企业贸易框架下引入 PTAs 环境条款，通过数理模型来搭建分析 PTAs 环境条款的出口效应的理论框架。

目　录

第一章　导论

第一节　研究背景与研究意义

一、研究背景

1. 优惠贸易协定中的环境条款数量呈增加趋势

在联合国论坛中环境谈判进程受阻而使得多边环境治理进展缓慢的背景下，以促进贸易自由化为主要宗旨的优惠贸易协定（Preferential Trade Agreements，PTAs）的条款内容正在悄然变化，其中所纳入的环境条款越来越多，且这些环境条款所覆盖的范围也越来越广泛（Brandi et al.，2020）。根据 TREND（Trade and Environment Database）的统计数据（见图1-1），1947~1958年，全球缔结 PTAs 共计11份，平均每份协定中包含的环境条款数量为1条，有4份协定中未提及任何与环境相关的条款。而到了1999~2008年，全球缔结 PTAs 共计228份，平均每份协定中包含的环境条款数量约为17.36条。尽管在2009~2021年缔结的 PTAs 总数量相较于上一个时期有所下降，但其所包含的环境条款数量相较于前面几个阶段呈现出更明显的增加趋势。

中国积极参与全球贸易自由化，并与多个国家缔结了 PTAs，这其中既包括早期的《关税及贸易总协定》和《世界贸易组织协定》等多边协定，也包括与东南亚联盟国家等缔结的区域自由贸易协定和与特定国家缔结的双边自由贸易协定。TREND 数据库中共记录了中国缔结的23项自由贸易协定，而其中所包含的

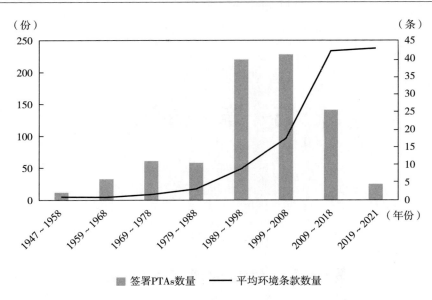

图 1-1　1947~2021 年全球缔结的 PTAs 数量及所包含环境条款的平均数量

资料来源：作者根据 TREND 数据库整理得到。

环境条款数量整体上也呈现出显著的上升趋势（见图 1-2）。这一趋势反映出中国正积极支持并参与到全球环境共治的进程中。

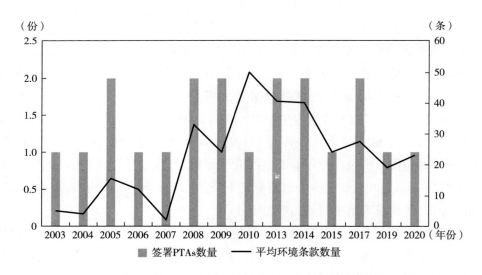

图 1-2　2000 年后中国各年份新签署贸易协定及包含的环境条款数

资料来源：作者根据 TREND 数据库整理得到。

2. 提升中国对外贸易竞争力和综合实力是实现对外贸易高质量发展急需回答的问题

中国经济在经历了高速发展的阶段后，已经进入了高质量发展的新阶段。随着中国经济发展进入新时代，中国的贸易发展也势必要与之相适应，逐渐向高质量发展转型。2015～2020 年，中国货物贸易年均增长 3.3%，国际市场份额也由 2015 年的 13.8% 上升至 2020 年的 14.7%，并且自 2017 年开始，中国持续保持着世界第一货物贸易大国的地位。[①] 如何在保持对外贸易额稳定增长的同时，进一步提升中国对外贸易的竞争力和综合实力，是实现对外贸易高质量发展急需回答的问题。

大量学者已经从不确定性、贸易成本、制度发展和变迁、双向投资、技术进步、投入品因素等多个方面研究了如何促进中国出口竞争力提升（谢申祥和冯玉静，2020；黄先海和卿陶，2020；李秀芳和施炳展，2013；余淼杰等，2016；李坤望和王有鑫，2013；苏丹妮等，2018；蒋为等，2019；Kee and Tang，2016；毛其淋和许家云，2019；吕越等，2018；盛斌和王浩，2022；邵朝对等，2020；吕越和尉亚宁，2020）。

3. PTAs 环境条款与企业出口竞争力之间的关系还有待检验

截至目前，有关 PTAs 环境条款对中国出口竞争力的影响却并未受到研究者足够的关注。PTAs 中的环境条款对一国出口竞争力可能会产生重要影响。其数量的增加实质上反映了国际贸易规则的侧重点逐渐由促进贸易自由化向环境保护转移（李小平和卢现祥，2010；韩剑等，2022），而污染天堂假说和波特假说已经证明了环境规制对贸易影响效应的存在性。一方面，环境规制强度提升将会产生直接的规制效应，促使经济行为主体按照政策的要求开展经济活动，增加了经济行为主体的环境遵循成本；另一方面，经济行为主体在按照政策要求开展经济活动的同时，也会伴随着技术的进步和生产过程的改变。两种效应的叠加使得环境政策对贸易的影响十分复杂。PTAs 环境条款是环境规制由一国内部向双边、区域甚至国际范围的延伸，其在强调缔约各国加强环境保护的同时，也鼓励了各国环境友好型产品及服务的贸易往来，并强调加强国际的环境技术合作，从而可能对缔约国的贸易产生影响。因此，对 PTAs 环境条款如何影响出口竞争力进行

---

① 引自《"十四五"对外贸易高质量发展规划》。资料来源于中国商务部官方网站，http://images. mofcom. gov. cn/wms/202111/20211123170359494. pdf。2022 年 1 月第一次查阅。

研究，有助于弥补学术界对这一主题研究的缺失，进而在国际层面对环境规制的"污染天堂假说"和"波特假说"进行检验。

此外，增长与绿色之间的权衡一直被认为是全球经济绿色转型的绊脚石。发展中国家远低于发达国家的生态足迹和刺激经济增长以减少贫困的迫切需求使得他们对二者的平衡尤为艰难。他们担忧 PTAs 环境条款使得 PTAs 背离了降低贸易壁垒以促进贸易自由化发展的初衷，发达国家正以这些条款对来自发展中国家的进口产品实施新的"贸易保护主义"（Lechner，2016）。中国作为最大的发展中国家，一直致力于加强与世界各国的贸易合作，因此，厘清 PTAs 环境条款对出口竞争力将产生何种影响，也可以为广大发展中国家在就贸易协定中的环境条款进行谈判时提供一定的参考。

然而，有关这一主题的研究需要注意以下两个方面。一方面，中国外贸高质量发展和出口竞争力提升的落脚点在企业上，因此从微观层面考察 PTAs 环境条款对出口竞争力的影响更符合现实要求。另一方面，出口竞争力具有十分丰富的内涵，有必要将其与对外贸易高质量发展的目标和要求对接，确定出口竞争力合适的考察维度。

第一，中国出口竞争力的培育和对外贸易高质量发展需要优化贸易结构。2021 年 11 月，中国商务部发布《"十四五"对外贸易高质量发展规划》（以下简称《规划》），明确提出了"十四五"期间中国对外贸易高质量发展的总体思路和重点任务。① 《规划》明确将"优化货物贸易结构"和"构建绿色贸易体系"纳入"十四五"期间促进外贸高质量发展的重点任务体系中，绿色低碳将成为中国未来贸易发展的主要道路之一。根据商务部国际贸易经济合作研究院的统计数据，2021 年中国的绿色贸易额为 11610.9 亿美元，占全球绿色贸易总额的 14.6%，位居全球第一。② 在未来的对外贸易中，进一步提升中国的绿色贸易，促进中国货物贸易出口结构向绿色化转型将成为中国维持在出口市场上竞争力的重要手段之一。

第二，中国出口竞争力的培育和中国外贸高质量的发展也离不开产品质量的升级。生产高质量产品被认为是出口成功和经济发展的前提条件（Amiti and Khandelwal，2013）。中国已经成为世界上最大的出口国，但其出口扩张主要源自

---

① 引自《"十四五"对外贸易高质量发展规划》。
② 资料来源于商务部国际贸易经济合作研究院，https：//www.caitec.org.cn/n5/sy_gzdt_xshd/json/6252.html。2023 年 2 月第一次查阅。

于数量的扩展，出口质量还有待提升。2021 年，《中华人民共和国国民经济和社会发展第十四个五年规划和 2035 年远景目标纲要》（以下简称"十四五"规划）提出了"完善出口政策，优化出口商品质量和结构"的要求。① 因此，促进中国出口产品质量升级是中国维持在出口市场上的竞争力，继续保持出口稳定增长的内生动力之一。

第三，中国出口竞争力的培育和中国外贸高质量发展应该立足于"以国内大循环为主体，国内国际双循环相互促进"的"双循环"新发展格局。尽管中国已经成为全球最大的出口国，实现了与"国际循环"的良性互动，但出口总额和出口量并不能反映中国自身在国际市场上真实的贸易利益分配格局（Gao et al.，2018）。事实上，由于全球价值链的不断发展和国际劳动分工的不断细化，企业出口产品的产值中不仅包括了企业所在国国内的价值创造，也包含了国外进口的中间投入品的价值（Yi，2003；Upward et al.，2013）。提升中国国内真实的贸易利得是中国当前对外贸易发展中面临的一个核心问题（Koopman et al.，2012）。另外，中国在出口市场上的真实贸易利得，不仅反映了中国国内要素和产品对中国产业发展的贡献，也反映了中国经济参与世界经济的程度。作为一端连接着"国内市场"，另一端连接着"国际市场"的中间节点，中国在出口市场上真实贸易利得的提升也是中国以"国内大循环"促进中国出口竞争力提升，保障中国更好地参与"国际循环"的结合点。

综合 PTAs 环境条款的发展趋势、中国出口竞争力提升和对外贸易高质量发展的现实要求，以及出口竞争力的微观落脚点，本书研究了优惠贸易协定中的环境条款对中国企业出口竞争力的影响。在具体分析中，结合中国对外贸易高质量发展的要求和重点任务，本书主要从企业出口清洁度、出口产品质量和出口国内增加值率三个方面构建了以"结构优化—质量升级—价值创造能力提升"为内容的出口竞争力衡量框架并开展相关研究。

二、研究意义

本书结合了中国对外贸易高质量发展的要求和重点任务，从企业出口清洁

---

① 《"十四五"对外贸易高质量发展规划》是在《中华人民共和国国民经济和社会发展第十四个五年规划和 2035 年远景目标纲要》的基础上制定的。《中华人民共和国国民经济和社会发展第十四个五年规划和 2035 年远景目标纲要》全文参见中华人民共和国中央人民政府官方网站（http：//www.gov.cn/xin-wen/2021-03/13/content_5592681.htm）。

度、企业出口产品质量和企业出口国内增加值率三个维度出发，对 PTAs 环境条款对中国企业出口竞争力的影响效应进行科学的评估，并进一步深入剖析了其中的调节因素和作用渠道，具有一定的理论意义和实践意义。

1. 理论意义

其一，本书有助于将环境规制经济效应的研究从国内环境规制层面扩展到国际性环境规制层面。立足于环境规制领域经典的"污染天堂假说"和"波特假说"，本书通过检验 PTAs 环境条款对企业出口结构、出口质量和出口的价值创造能力的影响及其内在影响机制，将以往有关前述两个经典假说的研究从一国内部环境规制层面拓展到国际性环境规制层面，拓展了理论中对经济绩效产生影响的环境规制的边界，并为这两个理论未来的发展提供了一定的洞见。

其二，本书将 PTAs 环境条款的影响效应的相关研究拓展到了微观企业出口绩效层面，丰富了 PTAs 环境条款的相关研究。本书的研究以微观企业为考察对象，从出口清洁度、出口产品质量和出口国内增加值率三个维度来分析 PTAs 环境条款的影响效应，是对当前关注 PTAs 环境条款的宏观影响效应研究的进一步拓展，也为未来这一领域的研究提供了一个新的分析维度。

其三，本书将企业出口竞争力影响因素的研究领域进一步拓展到了国际环境规制的层面。研究涉足了一个企业出口竞争力决定因素相关研究中一个从未被关注的领域，也即以 PTAs 中的环境条款为代表的国际环境规制，通过对 PTAs 环境条款对企业出口竞争力的影响效应及内在机理的剖析，有助于识别出新的出口竞争力的决定因素。

2. 实践意义

其一，本书的研究可以为中国对外贸易高质量发展的相关决策提供参考。中国对外贸易已经进入了高质量发展的阶段，面临着调结构、提质量和增利益等多方面竞争力提升的要求。本书有关 PTAs 环境条款对中国企业前述三个维度的出口竞争力的影响效应的结论，以及有关内在机制的识别和不同条件下企业的异质性反应的结论，可以为中国的未来外贸政策的制定提供决策参考。

其二，本书的研究可以为中国未来 PTAs 环境条款谈判提供依据，进而推动中国更好地参与全球治理。中国与各国缔结的 PTAs 中环境条款数量的增长，是中国关注全球环境变化、积极参与全球治理、推动人类命运共同体构建的现实反馈。随着全球环境治理的进一步深化，中国也将面临越来越多的 PTAs 环境条款相关的谈判，如何使谈判朝着既有利于实现全球环境治理，又有助于促进国内经济发展的方向前进，是中国在谈判中的重要关切点。本书通过关注 PTAs 环境条款的经济效应，有助于回应未来谈判决策者的这一关切点。

其三，本书的研究可以在一定程度上缓解发展中国家关于贸易发展和环境保护之间"非此即彼"关系的担忧。中国作为全球最大的发展中国家，其发展路径和发展模式受到广大发展中国家的关注。本书从中国实际出发，有关 PTAs 环境条款对企业出口竞争力影响的部分研究结论，例如，PTAs 环境条款有利于增强企业出口清洁度和提升出口产品质量，可以为发展中国家积极参与全球环境治理，并以更正面的态度看待 PTAs 环境条款提供支撑。同时，本书的部分异质性研究也有利于为中国及其他发展中国家制定相关政策以应对 PTAs 环境条款可能对其他维度的出口竞争力（如企业出口国内增加值率）的负向影响给予决策参考。

第二节　研究内容与研究方法

一、研究内容

世界各国所缔结的 PTAs 中纳入了越来越多的环境条款，作为存在于以促进贸易自由化为宗旨的贸易协定中的国际性环境规制手段，其对贸易影响的研究却较少。本书在 PTAs 的侧重点从促进贸易自由化向环境规制转移、中国对外贸易面临高质量发展新要求的背景下，以中国所缔结的 PTAs 环境条款为研究对象，考察其对中国企业出口竞争力的影响。具体而言，本书结合中国对外贸易高质量发展的目标、要求和重点任务，从"结构优化—质量升级—价值增值能力提升"三个角度，选取中国企业出口清洁度、中国企业出口产品质量和中国企业出口国内增加值率三个维度来对中国出口竞争力进行度量，进而全面剖析 PTAs 环境条款对中国企业出口竞争力的影响效应及内在机理。除第一章导论之外，本书的具体研究内容如下：

第二章结合研究主旨以及不同维度的出口竞争力的衡量方式，对相关文献进行综述。首先，从 PTAs 环境条款产生的原因、PTAs 环境条款的类型及其影响效应三个视角对当前有关 PTAs 环境条款的研究进行全面的梳理。其次，根据本书所确立的企业出口竞争力的维度，该章分别对企业出口清洁度、出口产品质量和出口国内增加值率的影响因素的相关研究进行梳理。最后，对现有研究存在的不足及与本书研究的联系进行了总结。

第三章在污染天堂假说及其衍生的污染天堂效应和波特假说的基础上讨论了PTAs环境条款对以企业出口清洁度、企业出口产品质量和企业出口国内增加值率为衡量指标的企业出口竞争力的潜在影响机理。在该章中，第一，本书从污染天堂假说的成本效应和波特假说中企业环保技术投资和合作行为出发，采用PTAs环境条款的直接规制效应将其与企业出口清洁度联系起来，并在此基础上论证了PTAs中不同类型的环境条款的异质性效应，以及污染密度和企业生产率对二者关系的调节作用；第二，从污染天堂假说的成本效应、波特假说的生产率效应出发，论证PTAs环境条款可以通过促进企业进口中间品使用和生产率提升来促进企业出口产品质量升级；第三，在PTAs环境条款的进口中间品效应和生产率效应的基础上，结合企业出口国内增加值率的来源，本书进一步构建了PTAs影响企业出口国内增加值率的理论基础。

第四章首先介绍了所使用的核心数据库——TREND数据库、中国工业企业数据库和中国海关进出口数据库，同时对TREND数据库中中国所缔结的PTAs中环境条款的典型事实以及各数据库匹配过程进行介绍。TREND数据库仅提供了国家层面缔结的PTAs环境条款相关信息，但由于企业存在出口目的国结构层面的差异性，即使在同一时间不同企业也可能面临PTAs中的环境条款的不同程度的冲击。因此，本章进一步测算了企业的PTAs环境条款暴露情况，并提出了本书的核心解释变量——企业的PTAs环境条款暴露指数。最后，本章在介绍三个维度的出口竞争力指标的测算方法的基础上，呈现了中国企业出口清洁度、出口产品质量的出口国内增加值率在样本期内的变动趋势以及其与PTAs环境条款暴露指数之间关系的典型事实。

第五章重点从企业清洁产品出口份额和污染产品出口份额两个角度对PTAs环境条款是否有利于企业出口结构的清洁化进行检验。具体而言，首先，本章论证了PTAs环境条款有助于增加企业清洁产品出口份额，降低企业污染产品出口份额，进而促进了中国企业出口结构清洁化。同时，考虑了序列相关性、异常值、控制更多遗漏变量、替换核心解释变量、考虑清洁产品和污染产品的其他划分标准、更换回归模型、考虑金融危机影响以及采用工具变量解决内生性问题来验证基准结论的稳健性。其次，对不同类型环境条款对企业出口清洁度的影响效应进行检验，结果显示贸易促进型环境条款和贸易限制型环境条款比其他类型的环境条款对企业出口清洁度的正向效应更大。再次，检验了污染密度对PTAs环境条款对企业出口清洁度影响效应的调节作用。检验结果表明，污染密度是PTAs环境条款发挥企业出口清洁化转型效应的制约因素。最后，进一步检验了企业生产效率对PTAs环境条款对企业出口清洁度影响效应的调节作用。检验结果表明，生产效率有利于进一步激发PTAs环境条款对企业出口清洁度的正向效应。

第六章着重对PTAs环境条款对企业出口产品质量升级的影响效应进行检验。具体而言，首先，分析发现PTAs环境条款有助于促进企业出口产品质量升级，同时本章通过考虑序列相关性、控制遗漏变量、剔除异常值、更换核心解释变量和被解释变量测度方法、排除金融危机影响以及进行工具变量回归等多种方法论证这一结论的稳健性。其次，进一步通过中介效应模型检验了中间品进口和生产率的中介效应，发现中间品进口和生产率提升是PTAs环境条款助力企业出口产品质量升级的两个主要渠道。再次，对不同类型环境条款对企业出口产品质量影响进行检验，结果表明贸易促进型环境条款和贸易限制型环境条款的影响效应大于其他类型的环境条款。继而，对PTAs环境条款对企业不同类型产品出口质量的影响效应的差异性进行检验，发现PTAs环境条款对企业出口消费品质量和污染产品的出口质量提升效应更大。因此，本书进一步猜测，污染产品出口占比更高组别中企业的出口产品质量受PTAs环境条款的影响更大。通过统计发现，平均而言，污染密度更高的行业，以及高技术行业中的企业具有更高的污染产品出口份额。而实证检验结果也证实了PTAs对这两类行业中企业的出口产品质量影响效应更大。最后，由于PTAs环境条款可以通过中间品效应促进企业出口产品质量升级，而产品市场发育越完善的地方的企业所获得的中间品保障越充分，因此PTAs环境条款对产品市场发育更为成熟地区企业的出口产品质量的正向影响可能更大。实证检验结果也证实了这一猜测。

第七章主要对PTAs环境条款对企业出口国内增加值率的影响效应进行检验。具体而言，首先，经过本章的实证检验，发现PTAs环境条款实质上不利于提高中国企业在出口中的国内附加值创造能力，通过考虑序列相关性、异常值、超额进出口商、解释变量和被解释变量的测度方法以及金融危机的影响后，这一结论仍然成立。其次，基于PTAs环境条款所产生的中间品进口效应和生产率效应，进一步论证了中间品进口和生产率在PTAs环境条款影响企业出口国内增加值率中的中介作用，研究发现PTAs环境条款产生的生产率效应有助于提升企业出口国内增加值率，但其同时产生的中间品进口效应会导致企业出口国内增加值率大幅下降。再次，进一步对不同类型环境条款对企业出口国内增加值率的影响效应进行检验，结果表明贸易促进型环境条款和贸易限制型环境条款会对企业出口国内增加值率产生更大的负向影响效应。最后，本书假设，如果PTAs环境条款对企业出口国内增加值率的影响主要通过生产率提升和中间品进口发挥效应，那么对于不同生产率水平和不同中间品需求的企业，PTAs环境条款将会产生不同的影响。基于此，进一步将样本按照国内中间品市场发育程度、要素市场发育程度、技术水平差异和在产业链中所处位置等标准进行划分，以验证PTAs环境条款对不同类型企业出口国内增加值率的影响效应的异质性以及生产率效应和进口中间品效应在这些异质性结果中所发挥的作用。

第八章总结了研究的基本结论，并据此提出了政策建议。此外，进一步指出了本书的研究不足及未来的研究方向。总体而言，本书的研究思路如图1-3所示。

二、研究方法

1. 实证检验中的因果识别方法

本书主要采用了微观计量分析方法来识别PTAs环境条款与企业出口清洁度、企业出口产品质量和企业出口国内增加值率之间的因果联系。为了更好地对因果效应进行识别，本书在核心指标的测算上进行了处理。本书的核心解释变量的测度需要使用企业层面的贸易权重，同时本书的结果变量，也即企业的出口清洁度、企业出口产品质量和企业出口国内增加值率的测度也需要用到企业层面的贸易额或贸易权重。如果在测量中使用同期的贸易权重或贸易额，则可能造成解释变量与被解释变量之间潜在的反向因果联系。基于此，首先，本书采用了企业滞后期的贸易权重来对核心解释变量进行测度，以初步缓解反向因果联系对结果可能造成的偏误。其次，在模型的设定上，为了缓解遗漏变量所产生的内生性问题，本书除了结合已有研究尽可能多地在模型中引入企业层面和行业层面随时间变化的协变量以外，还同时控制了企业固定效应和年份固定效应。再次，为了保证结论的稳健性，除了采用考虑不同聚类稳健标准误水平、遗漏变量、剔除异常值、替换解释变量测度方法、排除金融危机的影响等常规的稳健性检验方法，也结合各研究内容的差异性设定了不同的稳健性检验方法。例如，在有关PTAs环

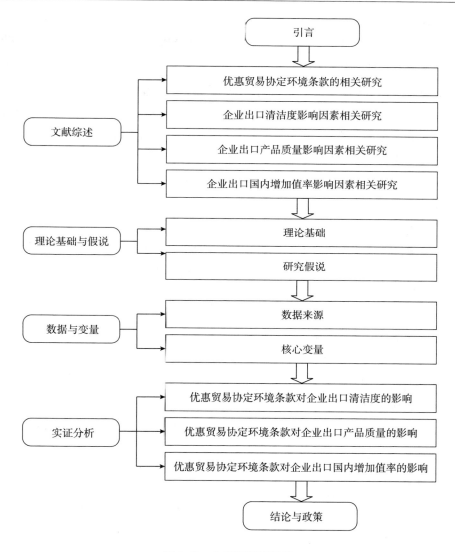

图 1-3　本书的研究思路

资料来源：作者绘制。

境条款对企业出口清洁度的影响效应的检验章节，本书就考察了清洁产品和污染产品不同划分标准下结果的稳健性。最后，还采用了两阶段工具变量回归方法进一步对模型中的内生性问题给予关注。

2. 典型事实描述中的统计分析方法

本书采用了统计分析的方法对 PTAs 环境条款以及中国企业出口竞争力动态

进行刻画。第一章采用统计分析的方法对全球 PTAs 缔结情况及其中纳入的环境条款类型进行刻画。第四章采用折线图、直方图等统计分析方法对中国各年份新缔结的 PTAs 数量及与中国签订不同数量 PTAs 的国家数进行分析，并采用统计表格呈现了全球 PTAs 中环境条款的动态调整趋势和条款类别，以及中国缔结的 PTAs 中环境条款的类别及对应数量。此外，在对企业出口竞争力指标进行测度后，本书进一步采用折线图的形式呈现了样本期间中国企业平均出口清洁度、中国出口产品质量以及中国企业平均出口国内增加值率的变动趋势，并采用散点图的形式初步论证了 PTAs 环境条款与各维度的企业出口竞争力之间的关系。

3. 异质性效应检验中的比较分析方法

本书不仅从企业出口清洁度、出口产品质量和企业出口国内增加值率三个角度考察了 PTAs 环境条款对企业出口竞争力的平均效应，也在异质性效应检验中，结合各维度的出口竞争力的本质差异，比较分析了 PTAs 环境条款对不同污染密度、不同技术水平、不同地区企业的差异化影响。

4. 文献分析法

结合研究主旨，本书收集并整理了大量 PTAs 环境条款、企业出口清洁度、企业出口产品质量和企业出口国内增加值率的相关研究，在对已有文献进行总结的基础上识别出现有研究领域的不足以及本书理论价值。同时，在对有关污染天堂假说和波特假说相关理论文献梳理的基础上，进一步剖析了 PTAs 环境条款对三个维度的企业出口竞争力的影响机理，并在此基础上提出了本书的研究假说。

第三节　研究的创新点与应用价值

一、研究的创新点

首先，在研究视角方面具有创新性。随着 PTAs 中所纳入环境条款数量的增加，这些环境条款逐渐受到研究者的关注。但当前的研究主要在政治学、法学和经济学等领域对 PTAs 纳入环境条款的动机、条款类型及其传播等方面进行讨论和分析，而对这些条款的经济效应的关注还较少。由于 PTAs 中的环境条款被认为是贸易自由化与环境保护之间权衡的典型代表，因此有关其经济效应的研究也主要集中于其对出口额的影响上，研究视角还有进一步扩展的空间。而本书则基于中国对外贸易高质量发展的要求和重点任务，从"结构优化—质量升级—价值创造能力提升"三个视角出发，将PTAs环境条款对贸易的影响效应拓展到出口竞争力层面。

其次，在研究维度方面有创新。由于PTAs环境条款主要是国家层面的制度设计，因此已有有关其经济效应的研究主要在国家层面展开。但不同的企业的出口结构存在差异，因而其所受到的PTAs环境条款的冲击也相应地存在差异。本书关注了这种差异，将PTAs环境条款的冲击测算到企业层面，并从企业层面考察了PTAs环境条款的经济效应，实现了研究维度从宏观到微观的拓展。

最后，将有关环境规制对贸易影响的相关理论的适用范围从国内环境规制层面扩展到了跨国性质的环境规制层面。当前有关环境规制对贸易影响的研究主要建立在污染天堂假说和波特假说两个经典理论假说之上，但二者均为基于国内环境政策发展起来的理论。PTAs环境条款既与国内环境政策具有同样的环境规制属性，同时也表现出其独特的"国际性"，尤其是当其存在于PTAs中时，就进一步强化了贸易企业直接在出口市场上面临的环境规制水平。本书的研究通过对PTAs环境条款对出口竞争力的影响效应的评估，进一步将污染天堂假说和波特假说的适用范围从国内环境规制扩展到了跨国性的环境规制上。

二、研究的应用价值

首先，本书的研究结论可以为中国对外贸易高质量发展提供决策参考。中国当前的对外贸易高质量发展需要从调结构、提质量和增利益等多角度发力。随着中国深度融入全球自由贸易协定网络，中国的对外贸易格局也由此被塑造。本书论证了PTAs环境条款对中国企业出口清洁度和出口产品质量所具有的积极作用，从而有助于中国构建绿色贸易体系和优化出口商品质量，保证了中国更好地参与国际循环。但本书的研究结论还表明，PTAs环境条款不利于企业出口国内增加值率的提升，其原因在于PTAs环境条款会促使企业使用更多的进口中间品来替代国内投入，从而降低了企业在出口市场上为国内创造价值的能力。这在一定程度上表明了中国企业嵌入"国内大循环"的程度还有进一步提升的空间。这两方面的结论为在"双循环"新发展格局的基础上实施对外贸易高质量发展战略提供了决策参考。

其次，本书的研究结论为中国通过PTAs更好地参与全球治理提供了支撑。

环境污染问题已经成为一个全球性的问题，这也是各国在 PTAs 中纳入更多的环境条款的主要原因。随着中国深度融入全球治理体系以及对全球环境变化关注程度的增加，未来在发起或者参与 PTAs 时可能会面临更多的与环境条款相关的谈判。本书的研究结论证明，PTAs 环境条款在一定程度上有助于提升企业的出口竞争力，从而为中国通过 PTAs 更好地参与全球治理，尤其是环境治理提供了支撑。

最后，本书的研究为推动未来全球领域的 PTAs 环境条款的谈判提供了事实依据。当前，联合国论坛中环境谈判以及全球领域的 PTAs 环境谈判受阻的主要原因在于发展中国家对于发展和环境保护之间"非此即彼"关系的担忧。本书从中国这一最大的发展中国家出发得到的有关 PTAs 环境条款对企业出口竞争力影响效应，以及如何通过完善国内制度来缓解潜在的负向效应的研究结论，能够在一定程度上有利于转变发展中国家对 PTAs 环境条款的态度以及增强发展中国家参与全球环境治理的信心，进而推动全球领域 PTAs 环境条款的相关谈判。

第二章 优惠贸易协定环境条款与企业出口竞争力相关研究现状

本书关注了 PTAs 环境条款对企业出口竞争力的影响，并从企业出口清洁度、企业出口产品质量和企业出口国内增加值率三个维度来对企业出口竞争力进行描绘。因此，与本书相关的文献主要包括 PTAs 环境条款的相关研究、企业出口清洁度影响因素的研究、企业出口产品质量影响因素的研究和企业出口国内增加值率影响因素的相关研究。此外，由于 PTAs 环境条款实质上是国内环境规制延伸到国际层面，因此本书进一步将企业出口竞争力的影响因素划分为环境政策因素和非环境政策因素，并从前述几个方面对相关文献进行综述。

第一节 优惠贸易协定环境条款的相关研究

多边环境协定曾经是控制环境污染跨国负外部性的主要形式之一，但近年来的趋势表明，联合国论坛中的环境谈判受阻，而新签订的贸易协定中则倾向于纳入越来越多的环境条款，并且，一些贸易协定中所包含的环境条款的精确度及可执行度甚至高于多边环境协定（Jinnah and Lindsay，2016）。已有大量研究针对 PTAs 中纳入环境条款的原因、PTAs 中环境条款的类型及效应进行分析。

一、优惠贸易协定环境条款产生的原因

对 PTAs 中环境条款产生原因的讨论有助于各国对是否在待讨论或待签署的 PTAs 中纳入环境条款进行综合考量。基于此，大量研究对这一问题进行了探讨。

已有研究将在 PTAs 中纳入环境条款的原因归纳为三种。

1. 政治原因

这一类研究主要建立在环境政治学的基础上，并认为在贸易协定中纳入环境条款并不是一些西方国家政府的主动选择，而是其采取的应对选票压力的措施之一，而这些压力主要源自各国民众对环境保护所消耗的成本以及其带来收益的权衡。西方国家的政治制度通常会产生更大的选举压力，从而迫使参与政治的各方更注重民众关于环境保护的意愿（Midlarsky，1998；Neumayer，2002；Bättig and Bernauer，2009；Carbonell and Allison，2015）。基于此，当公民普遍关注环境绩效，并且公民选举对国内政治体制塑造意义重大时，一国政府更可能在贸易协定中纳入环境条款以争取"选票"。McAlexander 和 Urpelainen（2020）基于美国国会的环境政策研究了选举对环境立法的影响，其结论表明当公众普遍支持环保立法时，立法者将在选举时支持这一决策。

事实上，根据环境库兹涅茨曲线理论，一国的环境质量与一国的经济发展水平之间呈现 U 型关系。当一国的经济发展水平处于较低阶段时，人均收入的提升将以环境恶化为代价，而当经济发展到一定程度时，人均收入的提升将使得居民更可能追求良好的环境状况，进而向政府施压以促使其采取有利于环境保护的政策（莫莎，2005）。基于该理论，发达国家的居民将会普遍表现出对环境质量的追求。但无法否认的是，发达国家在其经济发展和工业化进程中已经造成了环境损害，当前对于环境保护的关注则是对环境库兹涅茨曲线理论的现实支撑。随着发展中国家经济水平的提升，其对环境保护的重视程度也呈现出显著的上升趋势。例如，Bernauer 和 Nguyen（2015）以哥斯达黎加、尼加拉瓜和越南为调研对象发现，即使是在发展中国家，大多数公民都对在贸易协定中纳入环境条款持有支持态度。

2. 贸易保护主义动机

根据李斯特的贸易保护主义理论，处于初始发展阶段的国家，为了发展本国的生产力，促进本国的经济繁荣，有必要实施以保护本国幼稚产业为目标的贸易保护主义政策。随着全球化的不断深化，世界各国纷纷削减关税，从而使得全球范围内的关税壁垒下降。但无论是发达国家还是发展中国家，其对国内处于发展初期或者处于竞争劣势的产业进行保护的需求在客观上仍然存在，从而导致了非关税贸易壁垒的盛行。在贸易自由化背景下，需要各国就国内环境政策和贸易政策进行协调，否则各国将采取环境政策来替代贸易政策以维持自身的竞争力

（Copeland，2000）。关于环境规制与贸易保护主义的关系，Runge（1990）就以第二次世界大战后发达国家和发展中国家关于粮食生产中使用化肥的态度来进行说明。在第二次世界大战后，无论是发达国家还是发展中国家的粮食生产系统都表现出对化肥的严重依赖，进而导致了环境恶化。发达国家因此制定了限制化肥的政策以保护环境质量和人类健康。但是，农业部门对于大多数发展中国家而言仍然是主要的贸易部门，这些旨在以保护环境为目标的措施的实施使得从发展中国家进口的农产品因为生产中更宽松的环境政策而面临限制，从而保护了发达国家中的农业部门的生产者。

Subramanian（1992）从比较优势理论的角度为在贸易协定中纳入环境条款的贸易保护主义动机提供了解释。国家间要素禀赋、偏好和技术的差异产生了比较优势，进而产生了贸易和专业化分工所产生收益的差距。在这种情况下，环境也可能成为国家间差异来源之一。一国可能具有更好的环境资源禀赋或者更强的污染吸收能力。而对于不公平贸易的反对者而言，这些差异导致了竞争力的差异，进而促使其采取贸易救济措施。Subramanian（1992）认为对于环境相关的竞争优势，可以采取以下三种措施：一是对于国外通过提供环境相关的补贴或者通过建立较低环境标准制度生产的产品征收反补贴税，或者对国内生产此类产品的生产者提供类似的补贴；二是通过贸易制裁改变其他国家的标准；三是在本国实施环境规制的情况下，采用贸易行动来抵消由此造成的国内市场竞争力的损失。而最佳解决方案是在没有资源转移的情况下无成本地改变另一个国家的环境标准，且通过在贸易协定中纳入环境条款则有助于这一目标的实现。当贸易协定中的条款要求发展中国家提高其环境标准时，可能会减少这些国家的竞争力以及签署这些协议的发达国家所面临的进口竞争。在关税壁垒不可执行时，贸易协定中的环境条款则是限制贸易的次优工具，并且随着贸易所产生的分配效应的扩大，这种保护主义动机也越强（Copeland，2000）。Morin等（2018）通过实证检验发现，进口竞争与贸易协定中纳入的环境条款数量呈正相关，表明贸易保护主义是影响各国在贸易协定中纳入环境条款的关键因素之一。

3. 较低的环境遵循成本

Sprinz 和 Vaahtoranta（1994）从利益的角度出发，假设各国在环境遵循成本较低时才会参与环境保护。一国是否接受国际环境准则主要基于生态脆弱性和治理成本两方面的考虑。具体而言，面临较低环境治理成本和较高的生态脆弱性的国家具有极强的拥护国际环境准则的动机；当一国面临较高的环境治理成本和较低的生态脆弱性时，通常会反对国际环境准则；当一国同时面临较高的治理成本和较高的生态脆弱性时，一方面存在参与国际环境准则的生态激励，另一方面也不想承担高昂的环境治理成本，从而对国际环境准则持有中立态度。国际环境机制所能带来的生态利益较少且同时面临较低的治理成本的国家，在国际环境准则的谈判中面临更低的成本，从而比反对者对国际环境准则持有更积极的态度。Morin 等（2018）认为出口以损害环境为代价的产品的国家支持在贸易协定中纳入环境条款的概率较低，并且更倾向于将贸易问题和环境问题分开看待。而那些已经实施了严格环境政策的国家在全球推广其环境标准的成本更低，从而在其签署的贸易协定中纳入环境条款的概率更高。Blümer 等（2020）发现同时兼具严格环境标准和经济议价权的国家倾向于向其他国家推广其环境政策。Jinnah 和 Morin（2020）认为美国签署的贸易协定中的环境条款具有向其贸易伙伴和第三国"出口"环境政策的作用，进而提高了多边环境协定执行能力和执行范围。即便从发展中国家之间签署的贸易协定来看，本身具有严格环境政策的国家也倾向于在自由贸易协定中纳入环境条款，其原因在于初始较高的环境保护水平并不会产生较高的遵循成本（Lechner and Spilker，2021）。Morin 等（2019）检验了自由贸易协定中的 259 类环境政策的初始引入条件对其在其他贸易协定中后续扩散的影响，结论表明初始引入国的环境绩效越好，则越有利于对应环境条款的扩散。

二、优惠贸易协定环境条款的类型

厘清 PTAs 中环境条款的类型是开展 PTAs 中的环境条款的相关研究的基础。Jinnah 和 Morgera（2013）分析了美国和欧盟的贸易协定中的环境条款的特征，以及美国和欧盟对这些条款的执行方法的差异。Gallagher 和 Serret（2010）分析总结了加拿大—约旦自由贸易协定、加拿大—秘鲁自由贸易协定、马来西亚—新西兰自由贸易协定和美国—阿曼自由贸易协定中纳入的环境条款。Monteiro（2016）对世界贸易组织记录在案的 1957~2016 年的 270 项 PTAs 中的环境条款进行了拓扑学和数量分析。研究发现，PTAs 中的环境条款的主要类型仍然是环境除外条款和环境合作条款，但与此同时，越来越多的 PTAs 纳入了许多其他类型的环境条款，且这些条款在结构、语言和范围方面均存在异质性。Morin 等（2018）分析了 1947~2016 年的 630 多个自由贸易协定中最频繁出现的环境条款类型以及最频繁在自由贸易协定中纳入环境条款的国家等典型事实。其研究指出，贸易协定中最常见的环境条款类型是与保护自然资源有关的国内措施的贸易承诺除外条款、动植物健康和生命保护的贸易承诺除外条款，而这些条款均源自于 1947 年的关贸总协定中的环境条款。此外，随着时间的推移，贸易协定中纳入的环境条款数量呈现出上升的趋势，并且这种趋势在工业国家和发展中国家所签署的自由贸易协定中更为明显。美国是在贸易协定中纳入环境条款数量最多的国家，而近期以来，亚洲国家或地区也开始在贸易协定中纳入环境条款。王亮（2022）通过对中国所缔结的自由贸易协定中的环境条款进行分析发现，从内容上来看，中国自由贸易协定中的环境条款主要可以划分为三类，即重申多边环境协定类、强调经济与可持续发展关系类和与环境合作相关条款类。陈晓芳和刘其军（2019）将区域贸易协定中的环境条款划分为传统型环境条款和激进型环境条款，后者相对于前者具有更强的约束力和可执行性。

三、优惠贸易协定环境条款的影响效应

在 PTAs 中纳入环境条款所产生的效应是当前有关 PTAs 中环境条款研究的重点之一。已有研究发现 PTAs 中的环境条款可能对环境立法、环境绩效以及贸易等方面产生影响。

1. PTAs 环境条款对环境立法的影响

作为 PTAs 中的条款，其对缔约国具有约束力，以促使缔约国按照条款的要求行动。因此，PTAs 中的环境条款是否转化为国内有形的环境规制成为部分学者的研究重点。Brandi 等（2019）采用 150 个国家有关 13 个环境问题的细化协定条款数据发现，PTAs 中的环境条款和国际环境协定均对国内环境立法具有显著的正向影响，并且前者的影响比后者更稳健。此外，该研究还发现协定条款对环境立法的影响在发展中国家更强。该研究为利用国际环境协定和贸易协定中环境条款促进各国，尤其是发展中国家参与全球环境治理提供了参考。Jinnah 和 Lindsay（2016）以北美自由贸易协定、中美洲自由贸易协定和美国—秘鲁贸易促进协定为研究对象，分析美国如何利用这三个协定来实现向贸易伙伴国传播"公众参与环境政策制定"和"有效执行环境法规"两种环境规范，其研究结论表明 PTAs 在实现环境规范和政策跨国传播中具有重要作用。Chaytor（2009）认为在经济伙伴关系协定中纳入环境条款具有多种益处，包括增加环境法的执行以及提高国内环境标准等。部分学者则通过对中国所签署的自由贸易协定中的环境条款进行分析，进而针对促进国内环境立法或者中国参与 PTAs 中的环境条款提出相关建议。范旭斌（2010）通过对世界贸易组织体制下的环保例外条款的分析，进而为中国在对外贸易中利用这些例外条款进行司法实践提供了参考。朱雅妮和文闻（2016）认为中国在环保部门参与 PTAs 签署、纳入实质性条款、明确争端解决机制、设立专门管理委员会和公众参与等措施有利于提高中国缔结的 PTAs 中环境条款的质量。陈晓芳和刘其军（2019）认为 PTAs 中的环境条款会倒逼国内完善环境保护相关的法律法规。曾文革和刘叶（2022）在对《中欧全面投资协定》和《全面与进步跨太平洋伙伴关系协定》中的环境条款进行对比分析后指出，中国的国内环境立法存在一定的随意性，因此需要进一步完善。

事实上，PTAs 中的环境条款对于一国国内环境立法具有重要意义。一方面，这些条款可以促使一国对现有环境立法体系进行梳理，在覆盖范围、可执行性和执行程序等多个方面进行审查，从而有助于一国国内环境法律法规体系的完善。另一方面，贸易协定中的环境条款本身也可以成为一国国内环境立法的源泉之一，从而促使一国国内环境法律法规体系与国际接轨。

2. PTAs 环境条款对环境绩效的影响

尽管有学者认为，PTAs 中的环境条款对立法影响是直接影响，而对一国环境绩效的影响是一种间接效应（Brandi et al.，2019），但是，PTAs 中的环境条款的核心作用主要还是消除贸易自由化对环境所产生的负面影响。PTAs 中是否包含环境条款对环境绩效的影响是不同的。一方面，当 PTAs 中不包含环境条款时，一旦贸易壁垒被消除，缔约国尤其是发展中国家可以利用宽松的环境法规来获得比较优势，并促使发达国家将经济活动布局到这些国家，而这些污染活动的重新布局会导致污染排放水平的差异。另一方面，包含了环境条款的 PTAs 会直接导致污染排放水平的趋同。基于这一点，Baghdadi 等（2013）采用倾向得分匹配结合双重差分模型，利用 1980～2008 年 182 个国家的数据分析了贸易协定中是否包含环境条款对相对污染水平和绝对污染水平的影响。其研究结论表明，属于同一个包含环境条款的 PTA 的缔约国双方的二氧化碳排放量将逐渐趋同，并且两国的二氧化碳排放的绝对量也呈现出下降的趋势。Zhou 等（2017）则采用与 Baghdadi 等（2013）相似的研究框架，利用 136 个国家 2001～2010 年的面板数据分析了 PTAs 框架下的贸易自由化及其中所包含的环境条款对 PM2.5 排放量的影响。其主要研究结果表明，当 PTAs 中不包含环境条款时，其能够显著提升 PM2.5 的排放量，而包含了环境条款的贸易协定则能有效降低 PM2.5 排放量。此外，环境合作条款能够促使缔约国之间 PM2.5 排放量的趋同。国际贸易会导致产品生产和消费的分离，从而产生环境负担转移的问题。Kolcava 等（2019）采用 1987~2013 年 183 个国家的面板数据检验了 PTAs 是否会导致基于消费的环境负担通过贸易从发达国家转移到发展中国家，并同时考察了 PTAs 中的环境条款和国内制度对二者之间的关系。其研究结论表明，PTAs 中的环境条款以及参与国际环境协定并未对二者之间的关系产生显著影响，但国内制度则会显著改变贸易引致的环境负担分配的格局。

从现有文献来看，对于 PTAs 中环境条款对环境绩效影响的研究主要是作为分析 PTAs 如何影响环境绩效的进一步研究而展开。产生这一现象的根本原因在于国际贸易本身已经会对环境产生影响，因而无法在脱离对这一效应检验的前提下直接对 PTAs 中环境条款的环境绩效效应进行检验。

3. PTAs 环境条款对贸易的影响

对贸易的影响是有关 PTAs 环境条款的效应研究中的另一核心主题之一。Didier（2018）以欧洲的服务自由贸易协定为研究对象，分析其囊括的环境条款对金融、保险、旅游和运输服务部门贸易的影响。其研究结论表明，随着环境条款强制执行力的增加，其对服务贸易的正向影响更强，并且该影响还随部门的不同存在差异。相较于对服务部门的研究，针对货物贸易的研究则更多。Brandi 等（2020）认为发展中国家面临着更紧迫的经济发展和环境保护的权衡，因此他们以 680 个 PTAs 中的环境条款的细化数据和 1984~2016 年全球的双边贸易数据，研究了环境条款对发展中国家出口结构的影响。其结论表明，PTAs 中的环境条款可以显著降低发展中国家的污染出口、增加其清洁出口，并且该效应在环境规制更严格的国家更为显著。该研究为利用贸易协定中的环境条款促进发展中国家贸易绿色转型提供了证据。孙玉红等（2021）和姜宏玉（2020）发现尽管区域贸易协定中的环境条款能够显著促进 APEC 成员环境产品出口，但这些条款的法律执行力的加强则会对这些产品的出口产生抑制作用。

部分学者则主要探讨了 PTAs 中的环境条款对中国贸易的影响。周亦奇和王文涛（2016）以中国签署的跨太平洋伙伴协议为研究对象，认为该协定中的环境条款为中国的环境友好型产品贸易提供了机遇。梁洋华（2020）发现 PTAs 中环境条款会促进中国产品进口，但同时会降低中国产品出口。与此同时，该研究还发现 PTAs 中的环境条款会同时抑制中国污染密集型产品的进出口。王俊等（2020）以中国参与缔结的 19 个 PTAs 相关的伙伴国为研究对象，发现中国与这些国家所签署的 PTAs 中的环境保护条款在有利于扩大中国进口规模的同时，也会显著阻碍其出口规模扩张。从对贸易结构的影响来看，贸易协定中的环境条款会显著增加清洁产品进口并抑制污染产品出口。王俊等（2021）采用同样的研究对象，从出口产品二元边际和出口产品转换的视角出发，重点关注了 PTAs 中的环境条款对中国清洁产品出口的影响。其研究结论肯定了这些环境条款对清洁产品出口的积极影响。韩剑等（2022，2024）不仅从整体上考察了 PTAs 中的环境条款的影响效应，更进一步重点关注了不同类型环境条款的影响效应。其研究结论表明，PTAs 中的环境条款能够推动中国外贸转型。

第二节　企业出口清洁度影响因素的相关研究

企业出口清洁度本质上是企业出口产品结构中污染密集型产品和环保产品的出口情况，因而其主要决定因素来自环境规制。已有大量研究从国家或者行业层面考察了环境规制对一国清洁（或污染）产品出口的影响，或者对污染行业出口的影响。Mukherjee 和 Sohrabji（2022）采用 1979~2014 年的数据和双重差分模型分析了 1990 年实施的美国清洁空气法案对美国环境敏感型产品相较于非环境敏感型出口绩效的影响。其研究结果表明，该法案在提高部分环境敏感型产品的出口时，也会抑制包括化学品在内的环境敏感型产品的出口。傅京燕和赵春梅（2014）采用中国的产品出口数据检验发现，中国国内环境规制强度的增加降低了污染密集型产品出口规模。而从行业层面的分析来看，Jayawardane 和 Edirisinghe（2014）利用 100 个国家 2000~2004 年的面板数据实证检验发现环境规制对污染行业出口规模会产生负向影响。而采用中国 2005~2016 年 16 个制造业行业面板数据，Liu 和 Lenka（2022）则发现严格的环境规制提高了高污染密集行业的出口，阻碍了低污染密集行业的出口。因此，从宏观层面或中观层面来看，尽管存在不同的研究结论，但大部分研究都支持了环境规制会降低污染产品或污染密集型行业的出口，因而有利于一国出口结构朝着清洁化的方向发展。

受限于微观数据的可获得性，当前有关环境规制如何影响企业层面的清洁出口的研究还相对较少，且主要集中于对中国企业的分析上。闫文娟和郭树龙（2018）发现中国的两控区政策对高硫排放企业的出口强度产生滞后的负向冲击。Xie 等（2022）检验了环境信息披露对中国制造业企业出口的影响，结果表明该政策显著提升了较高环境信息披露城市的清洁行业中企业的出口规模和出口密度。但这两篇文献主要考察的是环境规制对不同污染密集度企业的出口规模的影响，其本质上仍然反映的是一国整体出口结构的清洁化。

少量研究则更直接地从企业内产品结构调整的角度分析环境规制对企业清洁出口的影响。应瑞瑶等（2020）将中国"万家企业节能行动"视为环境规制增强的一个冲击，发现该政策会促使企业出口清洁型产品进而导致企业出口产品范围扩张。周沂等（2022）认为以产品为政策目标的环境政策会降低目标产品的扩展概率，提升政策目标产品的淘汰概率，从而促进企业产品结构向清洁化的方向发展。

第三节　企业出口产品质量影响因素的相关研究

基于已有文献以及本书的研究主旨，本书将影响企业出口质量的因素划分为环境政策因素和非环境政策因素，并对相关文献进行梳理。

一、环境政策对企业出口产品质量的影响

当前有关环境规制对企业出口产品质量的影响效应主要存在两种观点：第一种观点认为环境规制有利于提高企业出口产品质量。徐保昌等（2022）认为环境规制手段不仅有利于提升企业生产率，还扩大了企业获得的政府补贴规模，从而有利于企业出口产品质量提升。Sheng 等（2022）发现严格的环境政策通过企业的学习效应和进口产品质量升级效应提升了企业的生产率，进而有利于企业出口产品质量升级。李梦洁和杜威剑（2018）认为环境规制主要提高了新进入企业和存续企业的出口产品质量。王杰和刘斌（2016）发现环境规制产生的压力促使企业进行质量升级来提升其在国际上的竞争力。部分研究则从具体的环境规制政策中发现环境规制对企业出口产品质量升级的正向效应，如环境管理体系认证（杨冕等，2022）、环境信息公开政策（祝树金等，2022）、清洁生产标准（刘家悦等，2021）、排污费征收（Kuang and Xiong，2022）等。

第二种观点则认为环境规制会对企业出口产品质量升级产生负向影响。李磊和刘博聪（2022）认为环境规制降低了企业的生产率和出口品价格，从而导致出

口产品质量下降。但大多数研究也是基于特定的环境政策，并采用双重差分模型实证分析发现二者的负向联系，如有关"两控区"环境政策（韩超和桑瑞聪，2018）、"河长制"环境政策（范红忠等，2021）、清洁生产政策（胡浩然，2019）和中国"十一五"期间的新环保政策（Deng et al.，2021）的部分研究均为这一观点提供了支持。

二、非环境政策因素对企业出口产品质量的影响

在非环境政策的因素中，已有研究主要从不确定性、贸易成本、制度因素、双向投资、技术进步、投入品因素以及特定的企业行为等角度研究其对企业出口产品质量的影响。

1. 不确定性对出口产品质量的影响

不确定性增加了企业生产和出口面临的风险，从而影响到出口产品质量升级。部分研究考察了经济政策不确定性对企业出口产品质量升级的影响。企业在出口的同时也面临着国内经济政策的不确定性和出口目的国经济政策的不确定性。一方面，大部分研究均发现出口目的国经济政策不确定性上升有利于出口国产品质量升级（谢申祥和冯玉静，2020；张兵兵和田曦，2018）。但王明涛和谢建国（2022）认为中国—东盟自由贸易协定降低了东盟各国贸易政策不确定性，进而导致出口市场上的竞争加剧，有利于提升中国企业对东盟各国出口产品的质量。另一方面，国内经济政策不确定性会抑制固定资产投资，并增加企业的生产成本，从而抑制了企业产品质量升级（张莹和朱小明，2018；谢申祥和冯玉静，2020）。而王孝松和周钰丁（2022）则认为随着经济政策不确定性水平提升，企业出口产品质量呈现出先上升后下降的趋势。

汇率变化也是企业在出口市场上面临的另一种不确定性来源，因此部分研究考察了汇率变动对企业出口产品质量升级的影响。张夏等（2019）通过数理模型证明固定汇率制度降低了进入出口市场企业的临界生产率，从而导致大量低生产率企业进入出口市场，降低了出口产品质量。本币升值会增加国内企业的竞争压力（余淼杰和张睿，2017），使企业能够以更低的价格进口中间品并允许企业进口更高质量的中间投入品（Hu et al.，2021；黄倩等，2021），从而有利于企业出口产品质量升级。毛日昇和陈瑶雯（2021）将企业面临的汇率区分为出口市场汇率和进口市场汇率，发现出口汇率升值有利于提升行业出口质量平均值，而进口汇率升值则对行业出口质量均值产生负向影响。其研究还肯定了 Hu 等

（2021）和黄倩等（2021）的研究，认为进口汇率升值降低了企业所使用的进口中间品成本。

2. 贸易成本对出口产品质量的影响

在国际贸易学的理论研究和实证研究中，贸易自由化抑或是贸易成本是研究重点。大量研究考察了贸易成本变化对出口产品质量的影响。殷德生等（2011）在异质企业模型下考察了贸易开放对出口产品质量的影响，发现贸易开放通过贸易成本、技术溢出和规模经济促进了发展中国和发达国家的出口产品质量升级。

从国际层面来看，贸易成本的变化主要来源于关税壁垒和非关税壁垒的变化以及贸易协定的签署。关税壁垒尤其是中间品关税壁垒下降会促进企业进口更高质量的中间投入品，从而产生中间品效应（赵春明和张群，2016；叶迪，2021；Bas and Strauss-Kahn，2018），且有利于促进企业创新（黄先海和卿陶，2020），进而促进企业出口产品质量升级。苏理梅等（2016）认为关税壁垒下降实质上降低了出口中所面临的不确定性，使得更多低质产品企业进入出口市场，进而使得中国出口到美国的产品质量整体上呈现出下降趋势。此外，关税壁垒下降导致的贸易成本下降对产品质量的影响也可能受到其他因素的影响，如企业所生产产品与质量前沿的差距（刘晓宁和刘磊，2015）。

随着世界贸易组织机制下关税壁垒的下降，发达国家为了攫取贸易利得，越来越多地采用非关税壁垒对贸易进行干预。非关税壁垒也是贸易成本的主要来源之一。从当前世界范围来看，反倾销措施是常见的非关税壁垒之一。谢建国和章素珍（2017）发现美国对中国的反倾销调查抑制了中国出口产品质量升级。在这类文献中，从中间品进口角度出发的相关研究认为，反倾销降低了涉案企业进口中间品的规模和质量，通过对"中间品效应"的负向冲击抑制了企业出口产品质量升级（陈雯等，2022）。而从不确定性角度出发的相关研究则认为，反倾销增强了企业面临的贸易政策的不确定性，进而会倒逼企业采取产品转换（卢晓菲和黎峰，2022），提高核心产品质量（徐文海等，2022）等方式来实现出口质量升级。除了反倾销措施，随着经济数字化程度的不断加深，数字贸易壁垒也逐渐在非关税壁垒中占据一席之地。张国峰等（2022）发现数字贸易壁垒增加了出口国的贸易成本，抑制了出口国的中间品进口，从而降低了出口国出口产品质量。相较于数字贸易壁垒，以技术标准为主的壁垒则更可能倒逼企业进行技术或产品的升级。例如，Hu and Lin（2016）发现出口目的国产品标准有利于促进中国企业出口产品质量升级。

部分文献则在同一研究中对关税壁垒和非关税壁垒对产品质量的影响进行比较，但其结论并未取得一致。Huang 等（2020）在多产品企业模型中纳入竞争效应和市场效应来分析贸易自由化对出口产品质量的影响。其模型结果表明非关税壁垒降低会提升企业出口产品质量，但关税壁垒降低则不利于企业出口产品质量升级。该研究认为这一发现在一定程度上对贸易自由化的深化并没有伴随着中国出口产品质量加速提升的现象给出了解释。但赵文霞和刘洪愧（2020）的研究则认为关税和非关税壁垒均有利于促进中国企业出口产品质量升级。

PTAs 通过缔约双方的约定实现贸易成本的削减及贸易的便利化，因而部分研究考察了 PTAs 对出口产品质量的影响。殷德生（2011）发现中国加入世界贸易组织促进了中国出口产品质量升级。而从更广泛的 PTAs 的相关文献来看，部分研究认为 PTAs 可以削减企业的贸易成本，增加企业间的交流以提高生产效率，帮助企业实现规模经济和资本积累，降低企业面临的贸易政策不确定性，从而有利于出口产品质量升级（Sun，2021；Sui et al.，2022；杨勇等，2020）。部分研究则对 PTAs 对出口产品质量产生影响的不同机制进行了比较（李仁宇等，2020；曾华盛和徐金海，2022；Sun et al.，2022；杜莉和董玥，2022）。

从出口国国内来看，贸易成本的变化则主要来源于基础设施建设以及市场整合。段文奇等（2020）发现中国各省份的贸易便利化水平提升有利于企业的中间品进口和研发活动，进而促进了企业出口产品质量提升。吴群锋等（2021）、李兰冰和路少朋（2021）分别从国内市场一体化和接入出口市场以及促进创新的角度出发，发现交通设施建设有助于企业出口产品质量升级。但刘信恒（2020a）认为，国内市场分割难以产生国内市场的规模效应，进而促使企业增加进口中间品强度和加工贸易占比，反而有利于出口产品质量升级。产生这一结果的根本原因在于国内贸易成本与国际贸易成本的相对大小，当国内贸易成本超过国际贸易成本时，企业就会采用进口投入替代本国投入以激发"中间品效应"。

3. 制度因素对出口产品质量的影响

制度涵盖的内容极为广泛，既包括一国的政策、法律、监管等正式制度，也包括文化、民族特性等非正式制度。基于这一点来看，已有的绝大部分研究都属于探讨制度因素对出口产品质量影响效应的研究范畴。

从正式制度中的产业政策来看，部分研究发现主导产业政策或者产业鼓励政策有利于提升出口产品质量，且该效应受到主导产业与城市优势产业适应性、企业研发密度和产业集聚的正向调节作用（孙伟和戴桂林，2021；王圣博和颜晓畅，2021）。但 Dong 等（2022）发现产业支持政策对企业出口到不同国家的产品质量的影响效应存在差异。具体而言，产业支持政策有利于提高企业出口到低收入国家的产品质量，但会降低出口到高收入国家的产品质量。区位导向性产业政策也属于产业政策的一种，其中开发区政策就属于该类政策范畴（孙伟增等，2018）。杨烨和谢建国（2021）发现开发区设立有利于企业出口产品质量升级，且开发区所在城市内部高技能人才质量匹配程度能够显著强化二者之间的关系。但王明益等（2022）发现，一方面中国在各城市设立的自由贸易试验区可以增加外商投资流入，并加强市场竞争，从而有利于提高城市内企业出口产品质量；另一方面自由贸易试验区的制度红利不仅导致低效率企业进入市场，也导致企业创新动力不足，从而不利于企业产品质量升级。两种效应叠加导致自由贸易试验区总体上不利于产品质量升级。实质上，有关开发区政策和自贸区政策对出口产品质量影响结论不一致的根源在于，两类政策的政策目标存在差异，开发区政策强调产业间的优势互补和产业发展，而自贸区政策则着重于为企业提供贸易和投资的便利化条件。良好的产业规划则是发挥开发区正向效应的抓手，各城市内部的开发区之间的无序竞争将不利于企业生产效率和固定投入效率的提升，进而会阻碍企业出口产品质量升级（张先锋等，2020）。

部分研究则分析了正式制度中的税收政策和政府补贴政策对出口与产品质量的影响。李小奕和左英姿（2022）、谢申祥等（2022）发现中国服务业"营改增"政策有利于降低企业的税收负担，提升企业的专业水平，从而有利于企业出口产品质量升级。徐晓辰等（2021）发现中国 2002 年的农业税改革政策有利于扩大改革县的农业生产投入，并促使更多企业进入农业行业，进而促进了改革县农产品质量升级。Liang 等（2022）以中国食品加工企业为主要研究对象，分析发现出口退税政策通过促进企业创新来促进企业出口产品质量升级。而作为中国税制改革中的重要组成部分，增值税改革对企业出口产品质量的影响则具有两面性。一方面，增值税改革有利于增加企业对生产设备的投资，并降低企业的有效增值税税负，进而促进企业出口产品质量升级（谢申祥和范鹏飞，2020）；另一方面，税负下降也会导致企业产出和出口扩张，进而挤出了企业的人力资本，不利于企业出口产品质量升级（Kong and Xiong，2020）。除了特定税收政策对出口产品质量的影响，也有部分研究从不同地区间税收政策互动的角度发现地方政府税收竞争有利于提高本地企业提高生产率，从而有利于辖区内企业出口产品质量升级（李长青和彭馨，2021；彭馨和蒋为，2021）。就补贴政策对出口产品质量的影响而言，现有研究存在两种结论：一种结论认为政府补贴总体上有利于促进企业出口产品质量升级（李秀芳和施炳展，2013），另一种结论则认为政府补贴降低了企业的生产成本，进而增强了企业采取低价竞争策略的可能性，无法内生地推动企业出口产品质量升级（张杰等，2015）。

法律制度是一国正式制度的重要组成内容，有关法律制度如何影响出口产品质量也是当前有关出口产品质量决定因素研究领域的重点。已有研究发现，契约执行效率和司法质量的提升均有助于出口产品质量升级（曹慧平，2022；余淼杰等，2016），但大部分该领域的研究主要聚焦于知识产权保护制度对出口产品质量的影响，且取得了两种结论。第一种结论认为，知识产权保护对制造业行业出口产品质量具有倒 U 型影响，这一效应主要体现在资本密集型行业和劳动密集型行业中，但对于技术密集型行业，知识产权保护程度的提升将有利于行业出口产品质量提升（林秀梅和孙海波，2016）。第二种结论则认为知识产权保护有利于增加自主创新和新产品开发、吸引外资以及增加中间品进口，对出口产品质量升级具有积极作用（沈国兵和袁征宇，2020a；许家云和张俊美，2020；Li et al.，2021；Dong et al.，2022；Song et al.，2021；Zhang and Yang，2016）。一些研究也对不同国家的知识产权保护对出口产品质量的影响效应进行了比较。Song 等（2021）发现国内知识产权保护比出口目的国知识产权保护对企业出口产品质量的影响更大。Zhang 和 Yang（2016）发现不同国家知识产权保护影响出口产品质量的机制存在差异，发展中国家的知识产权保护主要通过吸引外资来实现出口产品质量升级，而发达国家的知识产权保护还可以通过增加研发支出来影响其出口产品质量。

还有一些研究考察了其他类别的正式制度对出口产品质量的影响。韩峰和周纯（2021）以及曾洪鑫等（2021）分别发现国家审计治理和政府监管政策有利于企业出口产品质量升级。王海成等（2019）发现中国的国有企业改制促进了企业生产率提升，进而提升了企业出口产品的质量。Ganguly 和 Acharyya（2022）在小型开放经济的竞争性一般模型中考察了扩张性货币政策对出口产品质量的影响。其研究结论表明，国内货币供应量增加主要通过增加投资、资本形成、禀赋效应和名义汇率变化对出口产品质量产生影响。非贸易品的需求价格弹性较低时，如果质量升级属于相对资本密集而非技能密集的活动，则出口质量得以提升。

相较于正式制度，有关非正式制度对出口产品质量影响效应的研究还处于起步阶段。Faruq 和 Webb（2016）探究了文化对出口产品质量的影响效应。其研究结论表明，尽管不同维度的文化均对出口产品质量升级存在正向影响，但存在效应大小的区别，其中，不确定性规避对出口产品质量的影响较大。Ndubuisi 和 Owusu（2021a）采用 1995~2014 年各国的行业数据探讨了信任对出口产品质量的影响。该研究发现，相较于社会信任度较低国家各行业而言，信任度较高国家的合同密集型行业的高质量产品的生产和出口增长幅度更大。Luong（2021）则检验了民族多样性对出口产品质量的影响。其研究结论表明民族多样性整体上降低了出口产品质量，但异质性检验结果表明，民族多样性主要降低了差异化产品的质量，但提高了同质化产品的质量。

还有部分研究则从制度环境来考察制度因素对出口产品质量的影响。Faruq（2011）认为政府效率低下以及政府征用私有财产等制度因素会对生产者造成不确定性，从而阻碍其长期投资和创新，进而制约了生产者提高其出口质量的能力。采用 58 个国家 1996 年对美国的出口数据，该研究发现良好的制度质量有助于提高一国的出口产品质量。Lin 等（2021）采用 2000~2011 年中国企业层面的数据分析了制度质量对出口产品质量的影响。该研究构建了包含金融服务、开放水平、政府干预、知识产权保护和司法公正等 6 个制度要素的指标体系。研究结论表明，平均而言，制度质量提升对企业出口产品质量具有显著的正向影响。赵军等（2020）发现财政分权不利于制度环境的改善，进而难以发挥出制度环境改善对制造业出口质量升级的促进效应。近年来，随着共建"一带一路"倡议的深入推进，沿线国的制度环境得到了改善，因此部分研究考察了共建"一带一路"倡议所营造的制度环境对出口产品质量的影响效应。研究结果表明，发现共建"一带一路"倡议改善了中国国内沿线城市的政策环境，促进了企业的技术进步、创新资源优化配置，并增加了共建国家基础设施建设，从而产生了出口质量升级效应（卢盛峰等，2021；韩民春和袁瀚坤，2021；王知博和耿强，2022；李保霞等，2022）。

市场竞争是制度环境的重要部分，部分研究考察了竞争对出口产品质量的影响。王永进和施炳展（2014）以投入产出关联视角为切入点的研究结果表明，上游垄断有利于下游企业出口产品质量升级。许明（2016）采用双边随机边界模型发现市场竞争有利于提升企业出口产品质量。侯欣裕等（2020）则发现企业在出口市场上面临的竞争压力不利于企业出口产品质量提升。魏浩和连慧君（2020）、

Li 等（2020）则考察了企业面临的进口竞争对出口产品质量的影响，但两者的研究视角存在差异。其中，前者将企业面临的进口竞争划分为最终品竞争和投入品竞争，发现二者分别对产品质量升级存在抑制效应和促进效应，但进口竞争整体上抑制了企业创新，从而不利于企业出口产品质量升级。后者则发现一般贸易竞争性进口产品质量对中国出口产品质量升级具有促进作用，而加工贸易竞争性进口产品质量对中国出口产品质量升级的影响呈倒 U 型。

4. 双向投资对出口产品质量的影响

双向投资包括外商直接投资和对外直接投资。有关直接探讨外商直接投资对出口产品质量的影响研究，认为外商直接投资有利于强化本图企业之间的竞争并提高企业的全要素生产率，有利于强化产业关联、产品转换以及集聚效应，并通过技术溢出和质量溢出效应来提升本土出口产品质量（李坤望和王有鑫，2013；韩超和朱鹏洲，2018；曹毅和陈虹，2021；Oladi et al.，2008；Xie and Xue，2020），但其对内资企业的影响效应高于对外资企业的影响（韩超和朱鹏洲，2018）。外商直接投资对企业出口产品质量的影响也会受到其他因素的影响，例如，已有研究发现企业环境有利于提升外商直接投资对出口产品质量的正向影响（曹慧平和沙文兵，2021）。部分研究则从产业关联的角度分析上游外资自由化对下游企业出口产品质量的影响。Poupakis（2022）以俄罗斯企业为考察重点，发现上游行业的外商直接投资有利于企业出口产品质量提升。部分研究则进一步将上游外商直接投资划分为上游制造业外商直接投资和上游服务业外商直接投资，并分别考察其对出口产品质量的影响。其中，李瑞琴等（2018）发现两类投资分别抑制和促进了下游企业出口产品质量升级，因而从整体上来看，上游外商投资对企业出口产品质量的影响效应不显著。彭书舟等（2020）认为服务业外资管制放松有助于提高服务中间品的供给效率，进而促进位于其下游的制造业企业出口产品质量的提升。与李瑞琴等（2018）所发现的相反的影响效应不同，Hou 等（2021）发现，无论是放松服务业的外资管制，还是放松制造业的外资管制，均能对下游出口产品质量升级产生正向影响，且后者大于前者。徐乙尹等（2022）以及严兵和程敏（2022）则考察了外商直接投资如何通过前向溢出和后向溢出效应对上游企业、本行业企业和下游企业的出口产品质量产生影响。其中，徐乙尹等（2022）发现外商直接投资行业内的水平溢出通过促进企业研发、行业间前向关联通过增加下游企业中间投入、后向关联则主要扩大上游企业的市场规模来促进企业出口产品质量升级。严兵和程敏（2022）则发现外商直接投资从中国撤出对本行业企业和上游企业的出口产品质量均具有负向影响，但会通过刺激下游企业的自主创新行为和使用更多进口中间品而促进下游企业出口产品质量提升。

另一类研究则重点探讨了对外直接投资对出口产品质量升级的影响。对外直接投资有利于促进企业创新能力提升，进而提高了企业出口产品质量（余静文等，2021）。但已有研究发现，其他因素会对对外直接投资的产品质量升级效应产生影响。一方面，从对外投资的类型来看，贸易服务型对外投资和研发加工型对外投资的产品质量升级效应更显著（杜威剑和李梦洁，2015）；另一方面，地区性因素如研发投入、市场深化和资源配置效率，以及企业特征如企业吸收能力等对对外直接投资的产品质量升级效应均有正向促进效应（景光正和李平，2016；Peng and Yu，2021）。然而，万淑贞等（2021）通过研究对外直接投资中的跨国并购发现，跨国并购实际上使得企业的生产发生了转移，从而降低了企业出口产品质量，但企业所拥有的知识资产有助于企业研发创新，从而缓解了跨国并购对企业出口产品质量的负向影响。

5. 技术进步对出口产品质量的影响

技术进步是企业提高产品质量的动力来源。互联网和数字经济等的发展，以及工业机器人的使用都是技术进步的具体体现，因而部分学者探索了这些技术进步对出口产品质量的影响。从互联网的发展来看，互联网的普及能够提高企业的生产率和创新效率，降低企业所面临的信息成本，促进企业出口市场多元化，进而对企业出口产品质量升级产生正向影响（卢昂荻等，2020；金祥义和施炳展，2022）。从数字经济的发展来看，已有研究均发现数字经济可以促进企业出口产品质量，且主要通过以下五种渠道实现：第一，数字经济有利于促进企业技术创新和生产效率提升，进而促进企业出口产品质量升级（林峰和秦佳慧，2022；杜明威，2022；于欢等，2022；陈凤兰等，2022；谢靖和王少红，2022）；第二，数字经济发展促使企业获得更高质量、更多种类的中间品，通过"中间品效应"促进出口质量升级（王瀚迪和袁逸铭，2022；杜明威，2022）；第三，数字经济发展有利于企业优化资源配置，提高其人力资本水平，节约成本，进而促进其出口产品质量提升（陈凤兰等，2022；于欢等，2022）；第四，数字经济发展可以提高企业出口产品转换率，促进企业存续产品质量提升和新产品进入，通过"产品配置效应"促进企业出口产品质量升级（李亚波和崔洁，2022；杜明威，2022；赵春明等，2022）；第五，数字经济发展有利于缓解超大城市内部制造业集聚对企业出口产品质量的负向影响，并进一步强化生产性服务业集聚对企业出口产品质量的正向影响，在总体层面促进城市内部企业出口产品质量升级（欧家瑜和张乃丽，2022）。与数字经济对出口产品质量影响的研究类似，当前有关生产智能化对出口产品质量影响的研究均发现，生产智能化有利于促进企业生产工业创新和人力资本积累，改善企业技能劳动力配置，提高企业生产率，并降低企业的生产成本，进而有利于企业出口产品质量升级（程虹和袁璐雯，2020；蔡震坤和綦建红，2021；綦建红和张志彤，2022；韩亚峰等，2022；Lin et al.，2022；Hong et al.，2022）。

创新是技术进步产生的原因。已有研究发现自主创新能力的提升有利于企业出口产品质量升级（曲如晓和臧睿，2019）。李仁宇和钟腾龙（2021）发现以鼓励创新为目的的创新型试点政策有利于提高企业出口产品质量。Chai（2022）采用中国制造业上市公司 2008～2015 年的数据，运用倾向得分匹配—双重差分法实证检验发现，绿色创新有利于促进企业的出口产品质量升级。曲如晓和王陆舰（2022）发现企业开展国际创新合作有利于增强企业的创新质量、降低企业所面临的贸易成本，进而促进企业出口产品质量升级。

产业集聚所产生的溢出效应有利于技术进步。程玲（2022）认为集聚效应是中国大城市出口产品质量优势来源之一。已有研究表明，产业集聚有助于提高企业生产率和固定成本投入效率，而生产型服务业集聚则有利于降低企业的生产成本及促进企业创新，进而有助于出口产品质量升级（苏丹妮等，2018；曾艺和韩峰，2022）。刘信恒（2020b）则认为产业集聚的出口产品质量升级效应存在一个临界值，当高于该临界值时，产业集聚水平继续上升反而不利于提高企业出口产品质量。李瑞琴和文俊（2021）进一步将产业集聚划分为同产业集聚、上游产业集聚和下游产业集聚，并发现同产业集聚并不能发挥促进企业出口产品质量升级的效应，而上游产业集聚和下游产业集聚则能显著提高企业出口产品质量。

从有关技术进步对出口产品质量影响的研究来看，学术界关于直接的技术进步以及创新所产生的影响已经取得了较为一致的结论，认为技术进步有利于企业出口产品质量升级。而有关产业集聚的研究中，尽管产业集聚有利于技术进步，但因为产业集聚还会产生企业之间的竞争问题，因而其对出口产品质量的影响似乎比直接的创新和技术进步更为复杂，所得到的研究结论也更多样。

6. 投入品因素对出口产品质量的影响

劳动力、资金、土地以及中间品等构成了产品生产的投入品，因此这些因素的供给及配置的变化会对产品质量产生直接影响。目前仅少量文献探讨了土地要素变化如何影响企业出口产品质量。韩峰等（2021）发现，中国城市建设中土地配置偏向于工业，从而低估了工业用地价格，这一现象抑制了技术进步和产业升级，弱化了产业集聚经济，最终对制造业企业的出口产品质量产生负向冲击。

在对劳动力要素产生影响的因素中，部分学者探讨了劳动力供给变化对出口产品质量的影响。铁瑛和何欢浪（2019）发现，城市劳动参与率有利于城市出口产品质量升级。蒋为等（2019）研究发现政府对人才的过度占用会对企业出口质量升级产生负向影响。阳立高等（2020）检验发现，中国新生代劳动力供给量下降会倒逼企业进行技术改进，进而有利于出口产品质量升级。该研究还发现，由于中国当前企业多属于劳动密集型企业，新生代劳动力质量提升会导致劳动力能力浪费，反而增加了企业的成本，抑制了产品质量升级。龚世豪和祝树金（2021）认为，人口老龄化伴随着劳动力供给减少和劳动力供给质量提升两种现象，其中前者不利于企业出口产品质量升级，而后者则对企业出口产品质量具有显著的提升效应。尽管广泛意义上劳动力供给变化对出口产品质量的影响暂未取得一致结论，但有关人力资本扩张对出口产品质量影响的研究结论则较为一致。这类研究主要利用中国1999年的高校扩招政策作为人力资本扩张的拟自然实验，检验发现，人力资本扩张促进了产业分工和企业的研发行为，提高了企业的生产率和质量吸收能力，并激励企业使用更高质量的中间投入品，进而有利于出口产品质量升级（明秀南和冼国明，2021；程锐和马莉莉，2020；王海成和邵小快，2020；廖涵等，2021；方森辉和毛其淋，2021）。此外，刘伟和高理翔（2022）发现，政府对企业的技能人才激励政策有利于促进高技能人才向企业汇聚，并提高劳动者素质和强化资本与人才的互补，从而促进企业出口产品质量升级。劳动力价格也会对出口产品质量产生影响。部分学者从最低工资角度分析劳动力价格变化对出口产品质量的影响，但其研究结论并不一致。其中许和连和王海成（2016）发现，最低工资标准提高抑制了企业出口产品质量升级，而刘金焕和万广华（2021）发现，最低工资标准提高所产生的生产率效应提高了企业出口产品质量。王明益（2016）、王明益和戚建梅（2017）分别考察了劳动力价格扭曲对企业出口产品质量的影响，前者发现劳动力价格扭曲在短期内不利于企业产品质量升级，后者发现随着劳动力价格扭曲程度的加深，其对中国企业出口产品质量存在N型影响。另有学者研究了企业雇佣结构对企业出口产品质量的影响，发现企业雇佣结构技能水平越高，越能提升其出口产品的质量（刘啟仁和铁瑛，2020）。

投入品因素变化的第三类为资本要素变化，包括企业固定资产折旧、企业面临的融资约束以及对企业融资约束产生直接影响的金融发展程度等方面的变化。在这一领域内，李翠妮和李勇（2021）通过2014年中国固定资产加速折旧政策直接分析了固定资产折旧对企业出口产品质量的影响，其结论表明固定资产加速折旧通过资本和技能的互补效应促进了企业出口产品质量升级。部分学者研究了企业面临的信贷约束或者融资约束对其出口产品质量的影响。Fan等（2015a）通过在Melitz（2003）异质企业贸易理论框架内引入企业质量选择和信贷约束分析了信贷约束、企业产品质量选择与出口价格三者之间的关系。其检验结果表明，当企业面临的信贷约束收紧时，企业会选择生产质量较低的产品。王建新和黄鹏（2015）的研究结论与Fan等（2015a）的研究结论保持一致。但张杰（2015）发现随着企业融资约束水平的上升，企业出口产品质量先上升后下降。Bernini等（2015）采用法国制造业出口商1997~2007年的数据发现企业杠杆率对企业出口产品质量存在负向影响，其原因在于杠杆率更高的企业面临成本劣势，且其质量投资动机不足。

这一领域的大部分研究主要探讨了金融发展的出口产品质量升级效应，并认为金融发展有利于出口产品质量升级。Nguyen和Su（2022）采用国家层面的数据发现一国的金融发展有助于促进该国出口产品质量升级。首先，地区的商业集群信用、银行竞争水平、数字金融发展水平和金融科技发展水平提升均有助于缓解企业所面临的融资约束，进而促进企业出口产品质量升级（兰健和张洪胜，2019；王浩等，2021；张铭心等，2021；耿伟等，2021；杨晓亮，2022）。其次，城市商业银行数量扩张和外资银行进入有利于促进企业的创新行为，进而有利于提高驻地企业的出口产品质量（刘广威等，2021；盛斌和王浩，2021）。最后，有利于科技创新的金融发展以及人民币国际化则有助于提高企业产品转换率，并增加企业中间品进口，进而提高企业出口产品质量（黄志刚和张霆，2022；戴金平和甄筱宇，2022）。此外，陈明等（2021）认为金融业进口渗透相对于金融业出口渗透更能促进中国企业出口产品质量升级。

中间品是产品生产中必需的投入品，由于缺乏有效的、直接度量企业生产中所使用的中间投入品的数据，当前的研究主要采用企业的进口中间品作为其中间投入品使用情况的代理变量。[①] 当前有关中间品进口对出口产品质量的研究均认为中间品进口有利于出口产品质量升级（李方静，2016；马述忠和吴国杰，2016；刘海洋等，2017；许家云等，2017；邓国营等，2018；宋跃刚和郑磊，2020；魏浩和张文倩，2022；Xu and Mao，2018；Song et al.，2021），影响渠道包括竞争效应、技术溢出效应、中间品质量效应和中间品种类效应等（许家云等，2017；邓国营等，2018；Xu and Mao，2018；Song et al.，2021）。王雅琦等（2018）、沈国兵和于欢（2019）分别从中间品进口的角度为中国出口产品质量下降和出口产品质量处于较低水平的现象给出了解释。前者认为金融危机后中国出口产品质量下降的原因在于中间品进口下降引起的高质量产品进入和退出动态变化。后者则认为中间品进口和资本品进口结构失衡是中国大规模中间品进口背景下产品质量仍处于较低水平的原因。马述忠和吴国杰（2016）认为中间品进口的出口产品质量升级效应主要体现在加工贸易中。中间品价格正向扭曲会对企业出口产品质量存在倒 U 型非线性影响，负向扭曲则会对企业出口产品质量产生 U 型影响（吴艳芳和王明益，2018）。还有研究指出不同来源的中间品进口所产生的出口产品质量升级效应存在差异，来自收入水平和技术水平较高国家的进口中间品的出口产品质量升级效应更小（刘海洋等，2017）。此外，良好的制度环境有利于强化中间品进口的出口产品质量升级效应（Xu and Mao，2018；Song et al.，2021）。

除了投入要素本身的变化外，部分研究还考察了投入要素相互渗透及要素配置对出口产品质量的影响。王思语和郑乐凯（2019）采用全球 189 个国家 1990~2015 年的数据发现制造业服务化水平提升可以显著促进各国出口产品质量升级，且这一效应主要体现在国内要素投入服务化中。袁征宇等（2020）认为制造业投入服务化有利于企业进行研发创新，进而促进了中国企业出口产品质量升级。杨慧梅和李坤望（2021）发现改善资源配置效率可以通过提高企业的创新绩效以及行业内不同产品质量企业的动态调整，以提升企业出口产品质量。

7. 特定企业行为对出口产品质量的影响

现有部分研究探讨了企业出口行为、企业组织结构变换及调整等特定企业行为对其出口产品质量的影响。Hallak 和 Sivadasan（2013）将贸易模型中传统的生

---

① 2007 年及以前的中国工业企业数据库中包含了企业中间投入品使用数据，但出于数据时效性或数据限制的考量，在涉及 2007 年以后企业行为的研究中，学者们主要还是采用进口中间投入品数据来近似度量企业中间投入品的使用情况。

产率划分为代表生产效率的"过程生产率"和表征企业花费更少的固定支出以发展高质量产品能力的"产品生产率",并假设冰山贸易成本随产品质量递减,其理论结果表明,在给定企业规模的前提下,出口企业的产品质量高于非出口企业的产品质量。Álvarez和Fuentes(2011)发现进入出口市场有助于提高出口产品质量,其原因在于新出口商引入了比现有出口商更高质量的产品。但是,张杰等(2014)发现中国企业出口产品质量在2000~2006年表现出先降低后增加、总体下降的变化趋势,呈现这一趋势的原因是该时期内有大量产品质量较低的私营企业进入和退出出口市场。陈爱贞与闫中晓(2020)发现出口强度的提升会加大企业资源的错配程度,进而不利于中国企业出口产品质量升级。黎绍凯和朱文涛(2020)发现直接出口模式相较于间接出口模式更有利于企业出口产品质量提升。

除了企业出口行为外,企业的组织结构变化也会对其出口产品质量产生影响。祝树金和汤超(2020)发现企业上市有利于提高企业的管理质量和生产技术的复杂性,进而有利于企业出口产品质量提升。汤超和祝树金(2022)认为上市公司大股东退出威胁将有助于减少企业管理层的短视行为,促进企业高技术类的发明创造,进而提高企业出口产品质量。刘海云和王利霞(2022)发现企业高管的海外经历可以促使企业开展实验性产品研发,并促使企业使用更高质量的进口中间品以及引进高级人力资本,进而促进企业出口产品质量升级。

除上述研究之外,部分研究还从全球价值链参与(Alcalá,2016;高静等,2019;徐邦栋和李荣林,2020;李小平等,2021;韩亚峰等,2021;Ndubuisi and Owusu,2021b)、经济发展(李景睿,2017)、外部需求(钟腾龙,2020)、对外援助(Wang and Xu,2018)、国际舆论(武昭媛和洪俊杰,2022)和产品结构(曹平等,2021;Can and Gozgor,2018)等多样化的角度对出口产品质量的影响因素进行剖析。

第四节　企业出口国内增加值率影响因素的相关研究

企业出口国内增加值率的含义是,企业的单位出口额中所包含的来自国内的增加值。这一概念通常用来反映企业在出口市场上的真实获利情况。本书主要从环境政策因素和非环境政策因素两方面总结已有有关企业出口国内增加值率决定因素的相关文献。

一、环境政策对企业出口国内增加值率的影响

与环境规制对企业出口产品质量影响效应的研究结论类似，当前研究中有关国内环境规制对企业出口国内增加值率的影响效应也存在两种观点。第一种观点认为国内环境规制有助于促进企业出口国内增加值率的提升。李宏和董梓梅（2022）、Zhu 和 Sun（2022）均从中国的低碳城市试点政策的角度为这一观点提供支撑，其中前者认为低碳城市试点政策对企业出口国内增加值率的正向效应主要是通过提高能源使用效率、促进企业创新和优化资源配置来实现的，而后者的研究则认为这一效应主要是通过提升企业生产效率来实现的。胡浩然（2021）以中国的清洁生产政策为切入点，发现该政策促进了企业技术升级，从而有利于提高企业的出口国内增加值率。Sun 等（2023）以同一政策开展的研究支持了这一结论。Zhu 等（2022）则在分析清洁生产政策对企业出口国内增加值率的影响效应时，同时关注了生产效率、污染密集度和市场发育程度等因素对二者关系的调节作用。王毅等（2019）则从中国 2003 年的重点城市环境限期达标政策为切入点，发现该政策主要促进了非国有企业的出口国内增加值率的提升。

第二种观点则认为，环境规制对企业出口国内增加值率存在负向影响。张兵兵和胡榴榴（2021）发现中国各城市的环境立法会导致企业使用更多的进口中间品，从而降低了企业出口国内增加值率。王杰等（2019）也发现环境规制对企业出口国内增加值率具有显著的负向影响，且产品质量提升有助于缓解这一负向效应。

二、非环境政策因素对企业出口国内增加值率的影响

在非环境政策因素中，已有研究主要讨论了进口、贸易成本、投入品因素、技术进步、双向投资和制度等因素对企业出口国内增加值率的影响效应。

1. 进口对企业出口国内增加值率的影响

有关进口对企业出口国内增加值率的影响主要从一般意义上的产品进口和中间产品进口两个维度来开展。有关一般意义上的产品进口的研究发现，企业进口产品转化可以提高企业出口的国内增加值率，但进口产品范围扩张则会抑制企业出口国内增加值率（祝树金等，2018）。同时，进口产品质量提升对一般贸易企业和加工贸易企业的出口国内增加值率会产生相反的影响效应，其中进口产品质量提高了前者的出口国内增加值率，而降低了后者的出口国内增加值率（李宏兵等，2019）。与祝树金等（2018）所发现的负向线性影响不同，袁柳（2022）则发现进口产品种类增加通过对企业成本加成率的 U 型影响，进而对企业出口国内增加值率产生 U 型的非线性影响。而从中间品进口角度展开的分析则发现，进口中间品质量提升降低了企业出口国内增加值率（诸竹君等，2018）。连慧君和魏浩（2022）发现进口竞争会增加企业进口中间投入品使用，并降低了企业成本加成，从而不利于企业出口国内增加值率提升。Vrh（2019）的研究则表明与进口产品相同的产品出口份额更高的企业，其出口国内增加值率更低。根据 Kee 和 Tang（2016）有关企业出口国内增加值率的核算方法，在其他因素保持不变的情况下，企业的中间品直接进口增加会产生极强的进口中间品对国内中间品的替代效应，从而降低了企业出口国内增加值率。但当企业的上游所面临的进口品种类增加时，上游企业据此所生产的国内中间品种类扩张，进而产生国内中间品对进口中间品的替代，从而有利于企业出口国内增加值率。因此，这也在一定程度上解释了一般意义上的产品进口和中间品进口对企业出口国内增加值率影响效应的差异。

2. 贸易成本对企业出口国内增加值率的影响

国际市场的贸易自由化、中间品贸易自由化以及贸易便利化程度的提升均可以降低企业所面临的来自国际市场上的贸易成本。现有研究发现，国际市场上贸易成本下降可以通过促进企业研发创新（毛其淋和许家云，2019）、扩大企业在全球价值链中的生产范围（张亮等，2022），进而显著促进企业出口国内增加值率提升（洪静等，2017；张平南等，2018）。国内贸易便利化程度增加有利于企业获得更低成本的国内投入，从而有助于提升企业出口国内增加值率（张营营等，2019）。部分研究从市场分割的角度为国内贸易成本对企业出口国内增加值率的影响提供反面证据。吕越等（2018）发现市场分割会促进企业的中间品进口并对企业创新产生负向冲击，从而不利于企业出口国内增加值率提升。李怀政和王亚丽（2021）则发现劳动市场过度分割也会对企业出口国内增加值率产生负向影响。但是，同样有助于降低国内贸易成本的基础设施建设则既会增加企业国内中间品的使用，也有助于企业获得更多的进口中间品，但已有研究表明，后者的效应大于前者，从而在总体层面降低了企业出口国内增加值率（谢众和李明广，2021）。

3. 投入品因素对企业出口国内增加值率的影响

企业能够从国内获得的劳动、资本等要素是企业在生产和出口中附加价值的前提，因此企业投入品的供给、价格及配置情况的变化都可能对企业出口国内增加值率产生影响。首先，从劳动力投入的角度来看，现有研究发现，劳动力价格提高，如最低工资上涨，一方面会导致企业退出高劳动力消耗且附加值率较低的加工贸易，从而提升企业出口国内增加值率（铁瑛等，2018）；另一方面也会增加企业进口中间品使用、降低企业的成本加成率，从而降低企业出口国内增加值率（崔晓敏等，2018；耿伟和杨晓亮，2019a）。劳动力供给变化，例如，新生代劳动力供给数量和质量的提升、人力资本扩张等都会增加企业可获得的国内劳动力数量和质量，促进企业创新并提高企业成本加成率，进而对企业出口国内增加值率产生促进作用（阳立高等，2021；张燕和孙孟蓓，2020），而人口老龄化则会减少企业生产中可获得的劳动力数量，促使企业采用进口中间品替代国内中间品和劳动力，进而对企业出口国内增加值率产生负向冲击（李明广和谢众，2022）。

部分研究则关注了企业资本可获得性对企业出口国内增加值率的影响。当企业面临较高的融资约束时，意味着企业生产中的国内资本保障受到限制，同时企业技术创新、成本加成率均受到负向冲击，进而导致企业出口国内增加值率下降（邵昱琛等，2017；张盼盼和陈建国，2019；张盼盼等，2020）。因此，有利于缓解融资约束的金融发展，如地方融资平台的搭建（张兵兵等，2021）、银行分支机构扩张（盛斌和王浩，2022）、数字金融发展（金祥义和张文菲，2022）、金融市场化（景光正和盛斌，2022）以及金融业开放（李宏亮等，2021）都有助于提升企业出口国内增加值率。

除了要素本身之外，部分研究还分析了投入要素相互渗透及配置对企业出口国内增加值率的影响。龚静等（2019）认为制造业服务化对企业出口国内增加值率会产生线性的正向效应，但张体俊等（2022）则认为制造业服务化对企业成本加成和创新分别会产生 U 型和倒 U 型效应，从而整体上对企业出口国内增加值率具有先促进后抑制的影响效应。此外，高翔等（2018）发现要素市场的扭曲会同时降低国内投入品相对价格和企业加成率，但前者效应更大，从而最终有利于企业出口国内增加值率提升。

4. 技术进步对企业出口国内增加值率的影响

创新能够提升企业出口国内增加值率。其中，区域创新水平可以通过国内中间品质量提升效应和种类增加效应提升企业出口国内增加值率（高强和宋林，2022），而企业自身的创新质量提升也有利于提高其生产率，从而对企业出口国内增加值率增长有益（许和连等，2022）。部分研究探讨了互联网发展对企业出口国内增加值率的影响效应，发现互联网发展以及电子商务平台的使用有利于提高企业交易匹配效率、企业创新力和生产率并降低了企业成本，从而有利于企业出口国内增加值率提升（戴美虹和李丽娟，2020；耿伟和杨晓亮，2019b；沈国兵和袁征宇，2020b；李泽鑫等，2021）。另有部分研究则从数字化发展的角度探讨了技术进步对企业出口国内增加值率的影响效应，并发现国内投入品数字化（张晴和于津平，2020，2021）、数字基础设施（李楠等，2022；戴翔等，2022）、贸易数字化（刘会政等，2022）和数字经济（刘信恒，2023）有助于提升企业生产率、增加企业的国内中间投入品使用，降低企业成本，进而提升企业出口国内增加值率，而国外来源的数字投入则不利于企业出口国内增加值率提升（张晴和于津平，2021）。此外，随着人工智能的发展，企业的生产率提升，且能以更高效率进行中间品的生产，从而为国内市场提供更丰富的中间品，进而有利于企业出口国内增加值率提升（韩峰和庄宗武，2022；綦建红和蔡震坤，2022）。

本土知识可以促进企业出口国内增加值率的提升（Lee et al.，2018），产业集聚则有利于本土知识的传播。因此，部分研究关注了产业集聚对企业出口国内增加值率的影响，其研究结果表明，产业集聚降低了国内投入品的相对价格，提高了企业的成本加成率和生产率，从而有益于企业出口国内增加值率提升（闫志俊和于津平，2019；邵朝对和苏丹妮，2019；白东北和张营营，2020；张丽和廖赛男，2021；李楠等，2021；任婉婉和梁绮慧，2022；Liu et al.，2022）。

除了上述因素之外，技术市场发育（张营营等，2020）、企业在技术市场上与其他创新主体开展的产学研合作（金洪飞和陈秋羽，2021）以及产业链内嵌国内技术水平提升（赵景瑞等，2021）均有助于企业出口国内增加值率提升。

5. 双向投资对企业出口国内增加值率的影响

外商直接投资或者外资进入有助于提升企业成本加成率、增强企业创新能力并缓解企业所面临的融资约束，从而促进了企业出口国内增加值率提升（张鹏杨和唐宜红，2018；孙虹玉等，2022）。毛其淋和许家云（2018）从产业关联的视角发现外资进入水平溢出不利于企业出口国内增加值率提升，而前向和后向溢出则有利于企业出口国内增加值率提升。邵朝对等（2020）、杜运苏等（2021）以服务业开放为切入点考察了外商直接投资对企业出口国内增加值率的影响，并发现服务业开放提高了企业出口国内增加值率。但是，吕越和余骁（2022）认为服务业开放会对企业出口国内增加值率提升产生不利影响。铁瑛和何欢浪（2020）从银行业为切入视角，发现银行业对外资开放有利于提高企业的金融中间投入效率，从而间接促进企业出口国内增加值率增长。

还有部分研究则重点考察了企业对外直接投资行为对企业出口国内增加值率的影响。王培志和孙利平（2020）认为对外直接投资有利于提升企业的生产率，并促进出口产品价格提升，进而提升企业出口国内增加值率。刘信恒（2020c）通过实证分析发现企业的对外直接投资行为有利于促进企业出口国内增加值率增长。

6. 制度因素对企业出口国内增加值率的影响

当前有关制度因素对企业出口国内增加值率的影响效应的研究主要以产业政策、法律制度、税收政策和补贴政策、市场垄断与竞争等角度展开。首先，从产业政策来看，区域导向性产业政策，例如，开发区以及经济功能区的设立有助于促进企业创新能力和成本加成率提升，并降低企业的中间品进口，进而有利于企业出口国内增加值率增长（孙伟和戴桂林，2020；李启航等，2020）。

其次，从法律制度来看，冯玉静（2022）发现中国 2007 年的《物权法》有助于拓宽企业融资渠道，缓解企业融资约束，进而提高了企业出口国内增加值率。胡国恒和刘珊（2022）发现知识产权保护对企业出口国内增加值率具有正向影响。但张雨和戴翔（2021）则发现过高的知识产权保护也会抑制创新，进而对企业出口国内增加值率产生负向影响。

最后，从税收政策和补贴政策来看，中国的出口退税政策会促使企业将贸易方式从较低国内增加值率的加工贸易转向较高国内增加值率的一般贸易，进而提升国内总体增加值率（刘信恒，2020d）。此外，增值税改革政策则有助于降低企业面临的有效增值税税率，缓解了企业面临的融资约束，进而提升了企业的出口国内增加值率（刘玉海等，2020；Wu et al.，2021）。而对于政府补贴，许家云和徐莹莹（2019）认为其有助于激励企业创新，进而促进了企业出口国内增加值率提升。蔡承彬（2018）的研究结论支持了二者之间的正相关关系。但是岳文（2020）认为，尽管政府补贴会增加企业的国内中间投入品使用，但同时也会降低企业成本加成率，由于后者的效应高于前者，因此政府补贴实质上不利于企业出口国内增加值率提升。

除了上述政策性制度因素外，部分研究还关注了其他政策性制度因素的影响。例如，宋林等（2022）发现中国的国企改制制度改变了企业中间品使用偏好，从而提升了企业的出口国内增加值率。胡浩然和李坤望（2019）发现中国的加工贸易转型升级政策通过产品进入退出率和贸易方式转换来提高加工贸易企业的出口国内增加值率。

还有部分研究则关注了制度环境对企业出口国内增加值率的影响。良好的营商环境可以促进企业价值链长度的延伸，并提高企业的创新能力，创业环境的塑造则有利于提高企业的价格加成，并降低国内中间品的相对价格，进而提升企业出口国内增加值率（戴翔和秦思佳，2020；白东北等，2019）。企业在市场中面临的上游垄断则会降低下游企业成本加成、抑制下游企业创新、增加下游企业中间品进口和抑制其投资，从而不利于下游企业出口国内增加值率提升（李胜旗和毛其淋，2017；吕云龙和吕越，2018）。

除了上述研究之外，部分研究还发现市场潜力增加（韩峰等，2020；戴翔等，2022）、贸易政策不确定性下降（张平南等，2018）、贸易持续时间延长（吕冰和陈飞翔，2020）、企业成本加成率提升（岳文，2018；赵玲等，2018）、企业贸易网络发展（吕越和尉亚宁，2020）以及企业上市（杨烨和谢建国，2022）等因素均会提高企业出口国内增加值率。

第五节　文献评述

本书主要从企业出口清洁度、企业出口产品质量和企业出口国内增加值率三个维度来检验PTAs环境条款对企业出口竞争力的影响效应。因此，本书主要从PTAs环境条款相关的研究、企业出口清洁度的决定因素、企业出口产品质量的决定因素和企业出口国内增加值率的决定因素等几个方面对相关研究进行梳理。

总结现有与本书相关的文献可以发现，有关PTAs环境条款的研究仍然处于起步阶段，其特点主要有以下几个：第一，研究涉及政治学、法学和经济学等多个领域。由于PTAs环境条款通常涉及缔约国政治层面的考虑，且是在以促进贸易自由化为宗旨的PTAs中纳入环境条款，这就使得与其相关的研究呈现出明显的跨学科特征。第二，相关研究主旨较少。从现有的研究来看，有关PTAs环境条款的研究主要包括其类型、产生原因及所产生的影响效应。而在其影响效应的评估方面，已有研究则主要关注其对环境法律法规体系、环境绩效及对贸易的影响。尽管部分研究者也开始关注 PTAs 环境条款的其他影响（Brandi et al.，2021），但其影响效应相关的研究还有较大的可扩展空间。第三，定量研究的维度比较单一。现有相关的定量研究主要在国家层面展开，但一国内部也存在行业或者企业层面的异质性，忽略一国内部不同的行为主体对 PTAs 环境条款的差异化反应，将不利于后续 PTAs 中环境条款谈判的发展方向，也不利于国内政策制定者根据这些差异化反应有针对性地制定相关政策。

而从企业出口清洁度的决定因素来看，由于企业出口清洁度实质上是企业污染型产品或者清洁型产品的出口倾向，因此其主要受到环境政策的影响。在这类研究中，绝大部分研究主要从环境政策对不同污染密集型行业或企业出口的影响方面进行分析，仅有少量的研究直接从企业内产品结构的角度去分析环境政策对出口清洁度的影响。由于企业的产品生产和出口的多产品特征十分明显，因此基于行业污染密集属性进行的分析实质上是忽视了企业内部产品污染属性的差异。

相较于企业出口清洁度决定因素相关研究的单一化，当前研究对出口产品质量和出口国内增加值率的影响因素的研究已然十分丰富，且所涵盖的内容十分广泛，所识别的影响因素包括环境政策因素，以及非环境政策因素中的不确定性、贸易成本、制度、双向投资、技术进步、投入品因素等。

值得注意的是，尽管已有文献分析了环境政策对企业出口竞争力，也即本书中的企业出口清洁度、产品质量和出口国内增加值率的影响，但其所关注的环境政策主要是一国国内的环境政策，几乎未涉及具有跨国属性的环境规制政策。PTAs 中的环境条款不仅是将环境与贸易直接结合起来的关键点，也将环境规制从国内范畴拓展到了国际层面，但当前有关这种扩展性的环境规制对出口竞争力的影响效应并未得到充分的研究。尤其是当面临各类 PTAs 中纳入越来越多的环境条款来克服污染的跨国负外部性的世界趋势、中国越来越多地参与到各类 PTAs 的现实情况时，作为这些环境条款的最终承担者的企业，其出口竞争力是否会因此受到影响，以及受到何种影响，仍然是至关重要的问题。

而本书的研究则基于中国对外贸易高质量发展的要求，从企业出口清洁度、企业出口产品质量和企业出口国内增加值率三个维度，将贸易协定中的环境条款与企业出口竞争力联系起来，并对前述问题进行研究。具体而言，本书的研究主要回答了现有文献中尚未回答的以下三方面问题：第一，PTAs 环境条款是否有利于增强企业出口清洁度，从而有利于"绿色贸易体系"建设？第二，PTAs 环境条款是否有利于企业出口产品质量升级，从而有利于从微观层面"优化出口产品质量"？第三，立足于"双循环"新发展格局，PTAs环境条款会对企业出口国内增加值率产生何种影响？对前述问题的回答，不仅有利于扩展现有有关PTAs环境条款的研究，将其影响效应拓展到微观企业层面，也有助于为未来PTAs中环境条款的谈判以及中国对外贸易高质量发展提供决策参考。

第三章 优惠贸易协定环境条款影响企业出口竞争力的理论分析

第一节 理论基础

一、污染天堂假说

随着贸易自由化的深化，贸易与环境之间的关系开始成为政策制定者和学术界共同关注的核心命题。贸易自由化的支持者认为环境质量具有"正常品"的商品属性，因此贸易自由化导致的收入提升会促使各国实施更严格的环境政策，并引进更清洁的生产技术，因而对减少污染是有利的。但其反对者则认为，如果环境质量是"正常品"，那么发展中国家由于收入水平更低，则会降低对环境质量的支付意愿，从而降低环境标准，进而导致发展中国家专业化于污染密集型行业的生产活动。世界各国对于国内以及其他国家的环境管制政策可能对其国际贸易产生的影响存在不同程度的担忧（Copeland and Taylor，1994）。

有关环境规制如何影响贸易的理论讨论由来已久。一方面，对于贸易大国而言，其不得不承受由于环境控制而导致的成本增长对该国各行业的国际贸易地位和比较优势产生的不利影响；另一方面，发达国家关于增加资源循环和提高材料使用效率的环境控制标准可能对严重依赖资源基础型商品的发展中国家的出口和经济增长产生不利影响，并且发达国家可能利用这一手段对发展中国家实行新贸易保护主义（d'Arge and Kneese，1972）。d'Arge 和 Kneese（1972）认为环境吸收能力应该与劳动力技能和资本丰裕度等一样被视为一国的独特属性，因而各国可以基于环境吸收能力的比较优势进行分工。该观点表明，在其他条件保持不变的情况下，环境吸收能力相对较强的国家应该生产并出口更多单位环境成本更高的产品，并进口单位环境成本相对更低的产品。但正如作者自己所指出的那样，这一贸易和分工的基础建立在环境承载能力较强的国家相较于环境承载能力较弱的国家对环境质量不存在更强的偏好的假设之上。但由于发展中国家相较于发达国家通常具有更低的环境标准，因此其可能成为污染天堂并获得比环境标准更高的工业国家更好的贸易条件。Walter（1974）则认为环境吸收能力可以被视为一种生产性要素纳入到传统的要素禀赋模型中，并利用该模型分析环境吸收能力对贸易产生的影响。其研究结论表明，资源向环境管理转移对贸易相对收益的影响取决于环境控制所集中使用的资源是否为一国比较优势来源的资源，如果是，则会对贸易收益产生负向影响；反之，则会对贸易收益产生正向影响。Siebert（1974）构建了一个只使用资源作为投入要素的两产品模型。在该模型中污染是产品生产的副产品，并决定了环境质量。污染治理机构投入资源以减少污染并对厂商产生污染征税，其研究结论表明环境禀赋丰裕的国家将出口污染含量更高的产品。

尽管前述研究都认为比较优势可以被用于分析环境政策对污染产业比较优势的影响，但并未在一般均衡框架内对这一论点进行论证。基于此，Pethig（1976）构建了一个一种要素（劳动力）、两个部门（环境密集型产品部门和劳动力密集型部门）和两个国家的一般均衡模型。在该模型中一国的劳动力禀赋外生给定，污染是产品生产的副产品，因此环境质量是内生决定的。其模型结论表明，如果发展中国家在生产环境密集型产品方面具有比较优势，则其在与工业国家贸易的过程中，将会专业化生产和出口环境密集型产品。Grossman 和 Krueger（1991）在前述理论研究的基础上，进一步采用美国和墨西哥的贸易数据验证了墨西哥相较于美国更宽松的环境规制政策对墨西哥向美国出口的影响。但其研究结果表明由宽松的环境政策带来的比较优势对促进贸易和投资的影响并不大。

尽管上述理论研究或者实证研究都关注了环境政策对贸易模式的影响，但它们都假定一国的污染政策是外生给定的，没有考虑环境政策的来源问题。因此，Copeland 和 Taylor（1994）通过假设收入导致各国环境政策的差异而将各国的环境政策视为内生选择，并在此基础上产生了污染天堂假说。该模型将世界市场划分为收入水平（人力资本禀赋）更高的北方国家和收入水平较低的南方国家，在一般均衡条件下，如果北方国家劳动力的人力资本禀赋相较于南方国家劳动力的人力资本禀赋足够高时，北方国家将会采用更高的环境标准并生产所有清洁型产品，而南方国家将生产所有污染密集型产品。但正如作者所指出的那样，这一结论依赖于北方国家和南方国家的相对要素禀赋差异足够大的前提假设。一旦不满足这一条件，那么两者的角色可能发生转换。如果南方国家的人力资本禀赋远高于北方国家的人力资本禀赋时，贸易环境下均衡时南方国家将会制定比北方国家更高的环境标准，从而导致贸易模式发生逆转，此时污染密集型产品将由北方国家进行生产。此外，如果南方国家和北方国家的人力资本水平相似，则会出现要素价格均等的均衡，此时两国将选择相似的污染税，并且贸易模式是不确定的。

学术界将由于环境标准差异导致发展中国家与发达国家产品专业化分工和贸易的理论称为"污染天堂假说"。该假说认为，由于发达国家通常比发展中国家具有更高的环境标准，使得发达国家的污染密集型产业转移到环境标准更宽松的发展中国家。在理解该假说时，需要注意以下两个关键点。第一，这一假说根植于比较优势理论。外生的环境政策假设前提下直接将宽松的环境政策或者环境吸收能力视为一种比较优势来源（Taylor，2005）。而在内生环境政策理论中，各国环境政策的差异也建立在要素禀赋差异所带来的收入差异的基础上。因此，"污染天堂假说"离不开比较优势理论。

第二，前述研究中，环境政策差异是唯一的比较优势来源，但现实中各国除了环境政策以外，还存在其他的比较优势决定因素。如 Copeland 和 Taylor（1994）的扩展分析中所表明的那样，当多种决定因素存在时，环境政策差异对贸易的影响取决于多种因素的综合效应。这就产生了"污染天堂效应"和"污染天堂假说"两个概念的区别。前者是指严格的环境政策会抑制污染型产品的出口，关联的是环境政策与贸易量的变化。而后者则关联的是环境政策与贸易模式，即污染型产品由谁生产的问题。当宽松的环境政策是唯一的比较优势来源时，模型中污染天堂假说和污染天堂效应同时存在。但当存在多种比较优势来源时，模型中污染天堂效应仍然存在，但污染天堂假说则不一定成立（Copeland and Taylor，2003）。也就是说，污染天堂效应的存在是污染天堂假说成立的必要但不充分条件（Taylor，2005），只有环境政策相关的比较优势超过了其他来源的比较优势（污染天堂效应足够大），才会对污染行业的贸易模式产生决定作用（Cherniwchan et al.，2017）。

二、波特假说

当比较优势理论的环境规制的成本效应相关讨论进行得如火如荼时，Porter 和 Van der Linde（1995）则在大量案例研究的基础上，指出污染天堂假说及污染天堂效应有关环境规制对竞争力影响的讨论存在缺陷，并在此基础上提出了波特假说。

波特假说是指合理设置的环境政策可以刺激企业技术和流程创新，并提升企业产品质量，从而可以部分或者完全抵消环境政策给企业带来的遵循成本，进而有利于提升企业的竞争力。波特假说建立在信息不完全以及企业动态选择技术改进策略的基础上。Porter 和 Van der Linde（1995）认为只有在信息完全，并且能够清楚地知道创新所带来利益的静态框架下，企业才会做出最优的选择。然而，现实中，企业之间的竞争过程是动态的，并且存在高度的信息不完全的问题。在这个过程中，企业存在大量的改进其技术的机会。因此，可以采用合理设计的环境政策来提升企业的竞争力。同时，他们的研究认为，尽管有部分经济学家发现环境规制产生了遵循成本，从而对企业在国际市场上的份额产生影响（Pethig，1976；Copeland and Taylor，1994），但也有部分研究并未发现严格的环境政策对行业竞争力产生负面影响（Wheeler and Mody，1992；Jaffe et al.，1993）。其原因在于，早期关于环境政策的研究中，由于忽视了创新的作用，导致环境政策的遵循成本被高估。

根据波特假说，合理设计的环境政策可以达到以下几个目的：第一，环境政策的颁布本身已经向企业传递了"可能存在效率低下和潜在技术改进机会"的信号。除非必要的情况下，企业在生产过程中并不会关注其污染排放和资源利用等方面带来的成本，也没有主动开发减排新技术的动机。而环境政策则通过信号效应促使企业了解自身生产中资源利用效率及潜在技术升级的相关信息。第二，以信息收集为主要目标的环境监管政策可以促使企业主动增强其提高资源利用率、减弱污染的意识。拥有这些意识的企业会主动进行技术升级，并强化其生产环节的资源和能源的利用效率，进而降低生产成本。第三，环境监管政策减少了投资于环境治理的不确定性。而不确定性的降低不仅会鼓励企业加强环境治理投资，也会促使企业在其他领域进行投资，进而有利于提升企业的竞争力。第四，环境监管政策会产生推动创新和进步的压力。Porter 和 Van der Linde（1995）认为环境政策所产生的外部压力可以促使企业克服组织惯性、强化创造性思维并优化生产环节。而这些压力所产生的"倒逼效应"与经济学中强调的来自竞争对手、挑剔的消费者或者原材料上涨的压力所产生的"倒逼效应"类似。第五，合理设计的环境政策有利于解决排放问题的过渡期间的公平竞争。通常一项技术从研发到走向成熟存在时间成本，在这个过程中，通过良好的环境规制政策，可以减少企业通过规避环境投资而获得不当竞争的机会。

结合上述环境政策可以产生的结果，Porter 和 Van der Linde（1995）认为严格的环境政策实质上比宽松的环境监管政策更有利于产生创新。相对宽松的环境政策为企业提供了缓慢创新或者不创新的环境，而严格的环境政策则要求企业采取重新配置产品、改进生产流程等彻底的环境保护战略，从而对创新产生更大的积极效应。

比较污染天堂假说与波特假说可以发现，波特假说并未否认污染天堂假说有关环境政策所产生的成本效应；反之，其是在肯定了成本效应的基础上，进一步将企业行为、环境监管和外部环境放在动态环境下进行考察的，在这种环境中，企业可以改进技术、调整产品和生产流程，消费者的需求存在动态调整的特征，环境监管者也可以根据实际情况对环境政策进行合理设置。此时，合理设置的环境政策所产生的创新可以降低或者完全弥补企业因为环境政策的实施而产生的遵循成本。因此，波特假说实际上关注的是环境政策激励下的创新对遵循成本的补偿效应（Porter and Van der Linde，1995）。

第二节　优惠贸易协定环境条款影响企业出口竞争力的内在机理

一、优惠贸易协定环境条款对企业出口清洁度的影响机理

PTAs 环境条款与此前文献中所讨论的环境规制之间既存在一定的差异性，也存在相同点。从差异性的角度来看，无论是污染天堂假说和污染天堂效应，还是波特假说，其所指的环境规制都是各国境内的环境政策以及环境规制水平，而 PTAs 环境条款实际上是由贸易协定缔约方多方协商的结果，具有一定的"国际性"。而从相似点来看，PTAs 环境条款本质上也具有环境规制的作用，且由于其

存在 PTAs 中而进一步提高了企业在贸易行为中所面临的环境规制水平。

已有国家和行业层面的研究已经表明，环境规制会抑制污染型产品的出口规模（傅京燕和赵春梅，2014；Jayawardane and Edirisinghe，2014）。一方面，PTAs 环境条款本质上仍然是一种特殊环境规制手段，其可能对企业所在国国内环保实践进行直接约束，进而影响到企业的出口。例如，中国与瑞士 2013 年缔结的《中国—瑞士自由贸易协定》就强调要通过对缔约国自身环保法律法规的实施来提高环保水平，并且认为通过放松环境规制措施来鼓励贸易的行为是不合适的。[①] 在这种情况下，缔约国通过放松环境规制来维持企业污染产品贸易比较优势的机会将大大降低。另一方面，PTAs 中的环境条款也可能出于环境保护的目的，规定在不构成差别待遇或者隐蔽的贸易限制的前提下，而对出口国污染型产品进行一定的限制。从污染天堂假说的角度来看，这在一定程度上增加了企业出口污染型产品的环境遵循成本，同时清洁型环境产品所面临的环境遵循成本则可能不存在这一变化（王俊等，2020）。

在面对 PTAs 环境条款的冲击时，企业若想在国际市场上获得更多的出口机会，就需要采取相应的措施以符合这些环境条款的诉求，而直接改变企业的出口产品结构，增加清洁产品出口和降低污染型产品的出口就是最直接有效的应对策略。周沂等（2022）在识别了中国清洁生产政策所规制的污染型产品的基础上，实证分析了该政策的实施如何影响了被规制产品在出口市场上的动态调整。其研究结论表明，环境规制增加了被规制的污染型产品的淘汰概率，并且降低了这些产品的出口规模。应瑞瑶等（2020）也发现环境规制有利于促进企业出口更多的清洁产品。这两篇文献通过分析一国内部环境规制对出口产品结构的影响效应，为 PTAs 环境条款的规制效应给予了间接支撑。韩剑等（2022）将污染天堂假说中的环境遵循成本引入 Melitz（2002）的异质性企业贸易模型中，通过假定污染密集型产品生产面临更高的固定成本，对 PTAs 环境条款对企业出口结构的影响进行理论分析。该研究基于国家层面产品出口的实证检验结果表明，PTAs 环境条款增加了中国清洁产品的出口，降低了污染型产品的出口。该研究为 PTAs 环境条款对出口产品结构产生的规制效应提供了更直接的证据。

综合上述分析，本书提出如下假说：

---

① 引自《中国—瑞士自由贸易协定》，资料来源于中国自由贸易区服务网官方网站，http：//fta. mofcom. cn/ruishi/ruishi_special. shtml。2022 年 5 月第一次查阅。

假说 1：PTAs 环境条款有利于提升企业出口清洁度。

PTAs 环境条款类别多样，因而其对企业出口清洁度的影响效应可能存在差异。PTAs 中的部分环境条款对影响环境可持续的贸易进行了限制。一方面，从"从污染天堂假说"的角度出发，PTAs 中有关提高环境保护水平和执行环境协定的相关条款可能会削弱污染型产品的竞争优势。另一方面，PTAs 中部分环境条款通过限制对环境产生损害产品的贸易往来，直接降低了该类产品的出口。此外，PTAs 中部分条款则具有促进"绿色贸易"的功能。这类条款通常要求降低特定的环境产品和服务的贸易壁垒。例如，2013 年缔结的《中国—瑞士自由贸易协定》第 12.3 条中规定，缔约的双方应该努力推动和促进有利于环境的货物的传播。一些旨在提高国际标准、协调缔约国相关国内措施以及在其他领域存在不一致的情况下申明贸易普遍性的条款也有助于促进贸易的自由化。例如，2014 年的《中国—韩国自由贸易协定》要求缔约方不得出于贸易保护主义的目的而采取环境标准，同时还强调推动环境产品和服务推广、环境技术开发和环境产业方面加强合作。[①] 从污染天堂假说的角度出发，这些环境条款降低了企业生产清洁产品的遵循成本，从而有利于培育企业在清洁产品贸易上的比较优势。而从"波特假说"的角度出发，加强环保技术相关合作的条款则有助于企业进行清洁产品的开发。Brandi 等（2020）根据 PTAs 中各类环境条款与贸易之间的关系，将其划分为 PTAs 中的贸易限制型环境条款和贸易促进型环境条款进行了识别，结果整理如附表 A.2 所示。

在对产品组合进行调整的过程中，当生产的污染型产品减少时，企业可以将节约下来的人力、资本和技术投入受规制较少的清洁产品的生产和出口，因此，尽管贸易限制型环境条款基本目的在于制约污染型产品的传播和贸易，其也可以间接促进企业清洁产品的扩张。这一现象对于贸易促进型环境条款也适用，尽管该类环境条款的基本目的旨在促进清洁产品贸易和环保型技术的扩散，但随着企业出口结构向清洁产品的转换，在可利用资源一定的前提下，企业污染型产品出口将会随之减少。

综合上述分析，本书提出如下假说：

假说 2：相比于其他类型的环境条款，PTAs 中的贸易限制型环境条款和贸易

[①]　引自《中国—韩国自由贸易协定》，资料来源于中国自由贸易区服务网官方网站，http://fta.mofcom.gov.cn/korea/korea_special.shtml。2022 年 5 月第一次查阅。

促进型环境条款更能促进企业清洁度提升。

通常而言，污染密集度更高的行业出口产品中污染产品的份额更高，清洁产品的份额相对更低。已有研究表明环境政策使得污染密度更高的行业或企业需要淘汰更多的污染型生产技术和设备，同时需要转换的污染型产品也更多，因而面临更高的环境遵循成本（Klassen and McLaughlin，1996；Cai et al.，2016；李秀珍等，2014）。当污染密集度足够大时，企业将难以及时对设备和产品进行调整以满足环境规制政策的要求，进而无法在出口市场上获益，严重时甚至可能退出出口市场（Kiuila，2015）。已有研究证明污染密集型行业在环境规制中面临更大的冲击。He 等（2020）发现中国水质监测系统这一环境监管措施对企业的生产率会产生显著的负向效应，但这一效应并不存在于清洁行业中。Zhang 等（2023）也发现中国 2003 年城市大气污染防控政策会降低企业的出口规模，且高污染行业企业的出口规模对该政策的负向反应更大。

PTAs 环境条款可能进一步转化为国内环境规制。缔约国政府为了进一步推广实施 PTAs 中有关环境保护的相关承诺，可能采取改进其国内环保立法的方式来增强该目标的可实现性。例如，Brandi 等（2019）研究发现 PTAs 环境条款有助于促进缔约国国内环境立法，且这一现象在发展中国家更为明显。与此同时，PTAs 中的环境条款也直接为企业施加了来自出口市场上的环境规制，使得企业不得不转换其出口产品结构以适应出口市场的要求。由于污染密集型企业相较于清洁型企业而言，其出口产品结构的污染属性更为明显，因此前述来自国内和出口市场的两种环境规制效应的叠加放大了污染密集型企业所面临的环境遵循成本，进而使得污染密集型企业遭遇更大的负向冲击。相反，相较于污染密集型企业，清洁型企业的出口产品结构更清洁，从而能够以更低的成本实现产品结构的调整。

综合上述分析，本书提出如下假说：

假说 3：污染密度弱化了 PTAs 环境条款对企业出口清洁度提升的促进效应。

生产率更高的企业面临更低的环境合规成本，因为有能力实现高生产率的企业，可以同时兼顾环境保护和产出（Triebswetter and Hitchens，2005）。一方面，为了履行 PTAs 环境条款有关环境保护的要求，企业不得不朝着条款要求的方向发展，积极履行环境保护相关的社会责任（李昭华和方紫薇，2021），这一过程需要企业进行大量的环保投资，因而企业所面临的成本约束相应增加。而生产率更高的企业通常具有更好的市场绩效，这可以帮助企业在短期内获取足够的资金以满足环保投资的需要。另一方面，企业面临 PTAs 环境条款的冲击而对出口产品进行调整时需要对现有生产技术和生产线进行调整，以适应清洁产品生产和出口的需要。而生产率水平更高的企业的技术基础更好（郑妍妍和闫雨薇，2020），当企业引入新的生产技术、设备并更新生产流程以转换其所生产的产品时，高生产率企业可以更快地适应新的生产条件。一些研究已经证明，高生产率企业具有更强的应对冲击的能力。Melitz（2002）所提出的异质性企业贸易理论表明，生产率更高的企业可以更容易地进入生产和出口市场，并在出口市场上获得更高的市场份额。林婷（2022）有关清洁生产环境政策的研究表明，在环境规制的冲击下，高生产率企业在市场上有更高的存活率。而韩剑等（2022）通过数理模型发现不同生产率的企业所选择生产的产品类型也存在差异，清洁型产品主要由生产率较高的企业生产，而生产率较低的企业主要生产污染型产品。在这种情况下，生产率较低的企业受到来自 PTAs 环境条款的直接规制效应更大。

综合上述分析，本书提出如下假说：

假说 4：生产率进一步提高了 PTAs 环境条款对企业出口清洁度提升的促进效应。

二、优惠贸易协定环境条款对企业出口产品质量的影响机理

已有研究分析了环境规制对企业出口概率和出口规模（Lu et al.，2020）、出口密度（Martín-Tapia et al.，2010）、出口绿色复杂度（Ge et al.，2020）等的影响。相较于出口概率或者出口规模仅反映出口的"量"，出口产品质量的提升被认为是出口成功和经济发展的前提条件（Fan et al.，2015b；Amiti and Khandelwal，2013），因而获得了政策制定者和学术界的关注。部分研究开始关注环境规制对企业出口产品质量的影响，并发现环境规制对出口产品质量升级具有积极的作用（Xie et al.，2020；Zhang，2022）。

一方面，从污染天堂假说出发，PTAs 环境条款增加了企业满足环保要求的压力和成本压力，进而可能增加对国外中间品的进口。具体而言，当企业面临国内和出口市场上较高的双重环保要求时，需要投入环保设备以提高其自身的能源资源利用率来降低其产品生产全产业链上对环境造成的污染，这在一定程度上挤占了国内企业用于中间品生产的人力、资本等基础要素投入，进而提升了国内中间品的价格。此外，企业还需要选择更清洁更高质量的投入要素来生产更优质的产品，以增强其对出口市场的吸引力。在国内中间品相对价格上升的前提下，企业在短期内可能会选择更多进口中间品以替代自身的基础要素投入和国内中间品使用，这一选择不仅可以降低企业生产过程产生的污染以使企业在短期内达到PTAs 环境条款有关环境保护的要求，也能提升企业生产率。部分研究已经证明了进口对减少污染排放的积极意义（郭树龙，2019；徐圆，2014；蒋雅真等，2015；韩清和朱海，2022；Xuan and Yue，2017；Aghapour Sabbaghi and Naeimifar，2022；Imbruno and Ketterer，2018）。

进口中间品会通过以下几种途径提升企业出口产品质量。第一，进口中间品的种类效应。企业进口中间品的种类增加扩张了企业生产必需的中间品的选择范围，有利于优化企业资源配置和要素替代（韩国高和刘田广，2021）。第二，进口中间品的质量效应。高质量的产出品的生产需要投入高质量的中间品（Hallak and Sivadasan，2013；Manova and Zhang，2012）。Bas 和 Paunov（2021）发现投入品关税降低促使企业提高其投入品质量，进而提高其产出品质量。第三，技术溢出效应。从国外进口的中间品中通常蕴含了国外生产该产品的技术与知识，企业通过在"进口中学习"获得这些中间品中蕴含的技术与知识，经过消化吸收后成为自身产品质量提升的技术基础。

另一方面，从波特假说的角度出发，PTAs 环境条款在长期中有利于促进企业创新，提升企业生产率（Porter and van der Linde，1995），进而产生创新补偿效应。首先，PTAs 环境条款实质上降低了投资环境治理的不确定性，进而促进企业进行生产设备和技术升级以提高企业的生产率。当出口目的市场未明确表示对企业生产中的环境污染行为的态度时，企业可能无法预测目的国市场对其出口产品的环保要求程度，进而不进行或者较少进行环境投资。当缔约国以条款的形式将其对环境保护的态度在 PTAs 中加以约定时，实质上是向企业释放了一个信号，那些对环境影响较小的产品在出口市场上会更受欢迎，且其遭遇相关技术壁垒制裁时有明确的争端解决机制。这就在一定程度上降低了企业进行环保设备、生产技术、生产流程投资的不确定性，进而有利于提升企业的生产率。其次，PTAs 环境条款中的技术合作条款也有利于企业生产率的提升。例如，2013 年缔结的《中国—瑞士自由贸易协定》第 12.3 条就提出要鼓励缔约双方的企业开展有利于环境的货物、服务和技术方面的合作。① 2010 年缔结的《中国—哥斯达黎

---

① 引自《中国—瑞士自由贸易协定》，资料来源于中国自由贸易区服务网官方网站，http：// fta. mofcom. cn/ruishi/xieyi/xieyizw_ cn. pdf。2022 年 5 月第一次查阅。

加自由贸易协定》提出要发展并转化有利于提高农牧业生产质量并降低环境影响的技术。[①] 2014 年的《中国—韩国自由贸易协定》则强调通过技术开发和产业合作、信息交流、智库合作等手段加强缔约双方的技术合作。[②] 这些举措将产生直接的技术和知识溢出效应，从而促进企业生产率提升。企业生产率提升可以引致更高的资源利用率和更高的工艺产量，在此过程中也会由于生产投入的替代、再利用或再循环而节省产品生产的成本。继而，企业可以利用节约的成本进行质量提升方面的投资，以增强其产品在市场上的竞争力。

基于上述分析，本书提出如下假说：

假说 5：PTAs 环境条款有利于提升企业出口产品质量。

假说 6：生产率效应和中间品进口效应是 PTAs 环境条款提升企业出口产品质量的主要渠道。

三、优惠贸易协定环境条款对企业出口国内增加值率的影响机理

从长远来看，政策制定者以及企业更关注其在国际市场上真实的获利能力，因为只有这一部分才构成了一国真实的国民生产总值的基础。根据 Kee 和 Tang（2016），企业总收入由五部分构成，分别为企业利润、劳动力成本、资本成本、国内中间投入品成本和进口中间投入品成本，其中前四部分构成企业的国内增加值，劳动力成本和资本成本构成了企业的要素成本。因此，任何可能影响企业利润、劳动力成本、资本成本和企业中间品使用结构的因素都会对企业出口国内增加值率产生影响。

一方面，国内投入品成本包括劳动力投入、资本投入和国内中间品投入，它们使用的增加将有利于企业出口国内增加值率的提升。Kee 和 Tang（2016）发现 2000~2006 年中国企业出口国内增加值率提升的一个主要原因就是贸易自由化和投资自由化促使企业所在行业的上游行业的国内中间品供给能力增加。而在前文的分析中，本书已经基于"污染天堂假说"论证了 PTAs 环境条款如何促使企业在环境成本压力下增加中间品的进口。具体而言，环境政策导致环境治理成本内部化，进而引起了企业生产成本上升，从而减少了国内中间品的数量和种类。在

---

① 引自《中国—哥斯达黎加自由贸易协定》，资料来源于中国自由贸易区服务网官方网站，http：//fta. mofcom. gov. cn/gesidalijia/gesidalijia_ special. shtml。2022 年 5 月第一次查阅。

② 引自《中国—韩国自由贸易协定》，资料来源于中国自由贸易区服务网官方网站，http：//fta. mofcom. gov. cn/korea/korea_ special shtml。2022 年 5 月第一次查阅。

这种情况下，企业若想继续维持生产，就需要从国外进口更多的中间品。在企业产出不变的情况下，企业进口中间品相对于国内中间品使用的增加将降低企业出口中的国内增加值率（张兵兵和胡榴榴，2021）。谢锐和刘岑婕（2015）在其研究中指出，环境规制的确通过成本效应导致污染密集型行业的中间投入品生产成本上升，从而增加了企业进口中间品的使用。连慧君和魏浩（2022）也发现进口竞争导致了企业进口中间投入品使用的增加，不利于企业出口国内增加值率的提升。

另一方面，企业生产率提升将有利于扩大企业的利润空间，从而促进企业出口国内增加值率的提升。企业的要素投入通过生产过程变为产出品，生产率越高的企业可以以较少的投入得到较高的产品，从而具有较低的边际成本。当产品在出口市场上价格保持不变时，低边际成本意味着企业可以创造更大的价格加成和利润。李卓和赵军（2015）就将不同进出口状态企业的价格加成差异归因于企业的生产率差异。已有研究表明，有利于企业生产率或者效率提升的因素均在一定程度上表现出对企业出口国内增加值率提升的促进效应（高强和宋林，2022；沈国兵和袁征宇，2020b；韩峰和庄宗武，2022；綦建红和蔡震坤，2022）。而前文基于"波特假说"的分析已经表明，PTAs 环境条款通过促进企业生产设备和流程升级，以及通过加强与其他国家的技术交流合作而有利于促进企业的生产率进步。因此，从这一影响机制来看，实际上 PTAs 环境条款对企业出口国内增加值率提升是有利的。

综合上述分析，PTAs 环境条款会通过两种渠道对企业出口国内增加值率产生两种相反的效应，因而其最终效应取决于两种效应的相对大小，基于此，本书就 PTAs 环境条款对企业出口国内增加值率的影响效应提出如下两个竞争性假说：

假说 7a：PTAs 环境条款有利于企业出口国内增加值率提升。

假说 7b：PTAs 环境条款不利于企业出口国内增加值率提升。

同时，基于前文的分析，本书就 PTAs 环境条款对企业出口国内增加值率的影响渠道提出如下假说：

假说 8：PTAs 环境条款通过生产率效应促进企业出口国内增加值率提升，并通过中间品进口效应降低了企业出口国内增加值率。

综合本部分的分析，本书将 PTAs 环境条款影响企业出口国内增加值率的机制梳理如图 3-1 所示。

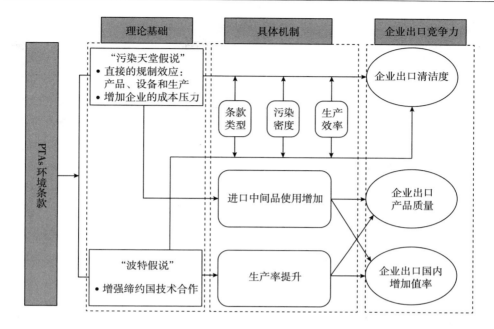

图 3-1　PTAs 环境条款影响企业出口竞争力的理论基础

资料来源：作者整理所得。

第四章　数据、指标与典型事实

第一节　主要数据来源

一、"TREND"数据库

PTAs 中的环境条款将贸易和环境两个问题有机结合起来。尽管环境谈判在联合国论坛上进展缓慢，但越来越多的贸易协定的谈判中纳入了环境相关的议题。部分贸易协定所覆盖的环境条款范围广、精确度高且可执行性强。此前的研究主要关注了小部分贸易协定中的环境条款（Jinnah and Morgera，2013；Jinnah and Lindsay，2016），也未对这些环境条款进行系统性的编码（Anuradha，2011；Chaytor，2009；Gehring et al.，2013；Monteiro，2016），这就导致研究者难以对贸易协定中的环境条款进行广泛且深入的研究。

为了扩展这一领域的相关研究，Morin 等（2018）以 Dür 等（2014）构建的 Design of Trade Agreements Dataset 中的双边和多边关税同盟（Bilateral and Pluri-lateral Custom Unions）、自由贸易协定（Free Trade Agreements）和部分贸易协定（Partial Trade Agreements）为蓝本，对 1947～2018 年 725 个 PTAs 中的环境条款进行识别，并构建了一个原始数据库"Trade and Environment Database"（TREND）。该数据库的构建经历了两个主要的阶段。在第一个阶段，Morin 等所在的项目组主要基于经济合作与发展组织（Organization for Economic Co-operation and Development，OECD）（2007）所给出的环境条款类别对前述 PTAs 中的环境

条款进行识别和编码，并对每个大类进行细分。在第二个阶段，项目组则将前述725个贸易协定中不属于OECD（2007）划定范围的环境条款进行重新编码。最终，项目组将全部贸易协定中的环境条款划分为15个领域的326个细分类别。① 这15个领域分别为"原则"（Principles）、"环境保护水平"（Level of Environmental Protection）、"立法和政策制定"（Lawmaking and Policy-making）、"环境问题和非环境问题的互动"（Interaction between Environmental and Non-environmental Issues）、"国内措施执行"（Enforcement of Domestic Measures）、"促进环境保护的方法"（Means to Promote Environmental Protection）、"在环境事务上的其他合作"（Other Cooperation on Environmental Matters）、"与贸易有关的具体措施"（Specific Trade-related Measures）、"对发展中国家的帮助"（Assistance to Developing Countries）、"特定的环境问题"（Specific Environmental Issue Areas）、"协定的执行"（Implementation of the Agreement）、"创建机构"（Institutions Created）、"争端解决机制"（Dispute Settlement Mechanisms）、"援引多边环境协定"（References to Multilateral Environmental Agreements）和"其他环境准则"（Other Environmental Norms）。对于每个领域下的细分类别，如果其在某一个贸易协定中出现，则其赋值为1，否则为0。全部环境条款的细分类别如附表A.1所示。2022年，该项目组发布了最新的数据集，其中记录了1947~2021年775个PTAs中的环境条款数据。

由图1-1可知，全球在1989年以后所缔结的PTAs数量及其中所包含的环境条款平均数量均呈现出明显的增长趋势。基于此，本书分别统计了在1989~1998年、1999~2008年、2009~2018年以及2019~2021年四个时期中，PTAs中最常出现的排名前15的环境条款，结果如表4-1所示。从表中的统计结果可以看出，无论是在哪个时期，货物贸易中的环境保护问题，例如，"货物贸易中保护动植物生命或健康的除外条款""货物贸易中保护自然资源的除外条款"和"货物贸易中保护环境的除外条款"等，贸易中与环境相关的技术性贸易壁垒的相关规定、信息交流等环境合作手段是缔约各国最为关注的环境条款。

---

① 尽管Morin等（2018）在其研究中指出仅包含308个细分类别，但根据其所构造的数据库中提供的代码簿，实际上包含了326个细分类别。

表4-1　1989~2021年最常出现在PTAs中的环境条款统计

时间段	缔约数量（份）	排名前15的环境条款类型	涉及该环境条款的PTAs数量（条）
1989~1998年	220	货物贸易中保护动植物生命或健康的除外条款（非必须）	138
		援引其他与环境相关的制度	81
		货物贸易中保护自然资源的除外条款	79
		其他环境协定的普遍性	77
		货物贸易中保护环境的除外条款	60
		货物贸易中保护动植物生命或健康的除外条款（必须）	44
		含糊的合作承诺	36
		有关危险废物的其他环境问题	30
		在紧急情况下减损技术性贸易壁垒措施常规采用程序的权利	29
		制定、采用或应用与环境有关的技术性贸易壁垒措施的权利	29
		联合环境评估和环境问题研究与监测	27
		环境问题与非环境问题的总体一致性	27
		与国内贸易和/或投资政策相关的环境问题与非环境问题的一致性	25
		前言提及环境	25
		在采取环境保护措施时提供信息	23
1999~2008年	228	货物贸易中保护自然资源的除外条款	163
		制定、采用或应用与环境有关的技术性贸易壁垒措施的权利	134
		在紧急情况下减损技术性贸易壁垒措施常规采用程序的权利	130
		卫生检验检疫措施与环境	114
		货物贸易中保护动植物生命或健康的除外条款（必须）	114
		对其他有关环境的制度的援引	96
		货物贸易中保护动植物生命或健康的除外条款（非必须）	91
		执行与环境有关的其他协定	82
		其他环境协定的普遍性	77
		服务贸易中保护动植物生命或健康的除外条款	71
		前言提及环境	68
		含糊的合作承诺	59

续表

时间段	缔约数量（份）	排名前 15 的环境条款类型	涉及该环境条款的 PTAs 数量（条）
1999~2008 年	228	将对环境有害的发明排除在专利授权之外	57
		货物贸易中保护环境的除外条款	56
		交换环境相关信息的一般义务	48
2009~2018 年	138	货物贸易中保护自然资源的除外条款	111
		货物贸易中保护动植物生命或健康的除外条款（必须）	111
		制定、采用或应用与环境有关的技术性贸易壁垒措施的权利	110
		卫生检验检疫措施与环境	109
		在紧急情况下减损技术性贸易壁垒措施常规采用程序的权利	107
		对其他有关环境的制度的援引	98
		执行与环境有关的其他协定	97
		服务贸易中保护动植物生命或健康的除外条款	94
		含糊的合作承诺	77
		前言提及环境	77
		将对环境有害的发明排除在专利授权之外	77
		交换环境相关信息的一般义务	75
		与国内贸易和/或投资政策相关的环境问题与非环境问题的一致性	73
		通过放松环境措施来鼓励投资是不合适的	68
		执行环保措施的承诺（有约束力的义务）	63
2019~2021 年	25	货物贸易中保护动植物生命或健康的除外条款（必须）	21
		货物贸易中保护自然资源的除外条款	21
		制定、采用或应用与环境有关的技术性贸易壁垒措施的权利	19
		卫生检验检疫措施与环境	19
		在紧急情况下减损技术性贸易壁垒措施常规采用程序的权利	18
		执行与环境有关的其他协定	18
		与国内贸易和/或投资政策相关的环境问题与非环境问题的一致性	16
		前言提及环境	15

续表

时间段	缔约数量（份）	排名前 15 的环境条款类型	涉及该环境条款的PTAs 数量（条）
2019~2021 年	25	根据国家优先确定自身环境政策的主权	14
		通过放松环境措施来鼓励投资是不合适的	14
		公众参与执行协定	14
		对其他有关环境的制度的援引	14
		含糊的合作承诺	13
		将对环境有害的发明排除在专利授权之外	13
		服务贸易中保护动植物生命或健康的除外条款	13

资料来源：作者整理所得。

PTAs 中的环境条款具有不同的功能，尤其是这些环境条款与贸易之间是否具有直接关系可能决定了其对贸易所能产生的实际影响的大小。基于 Brandi 等（2020）的划分方法，本书将 PTAs 中的环境条款分为"贸易限制型环境条款""贸易促进型环境条款""其他环境条款"三类。三类环境条款包含的具体环境条款内容参见附表 A. 2。根据统计，在 PTAs 可能涉及的全部环境条款中，61 类环境条款被划分为贸易限制型环境条款，19 类环境条款被划分为贸易促进型环境条款，剩余环境条款全部被划分为其他类别环境条款。在此基础上，本书测算了 1947~2021 年的不同阶段中，全球所签署的 PTAs 中的贸易限制型环境条款平均密度和贸易促进型环境条款平均密度，[①] 结果如图 4-1 所示。从贸易限制型环境条款的角度来看，自 1947 年以来，PTAs 环境条款中的贸易限制型环境条款密度整体上呈现出上升趋势。其中，1947~1968 年，全球签署的 PTAs 所包含的环境条款中，贸易限制型环境条款的密度为 0，随后保持着较低速的增长，至 1988 年以后，这一上升趋势加快。而相较于贸易限制型环境条款，贸易促进型环境条款的整体密度偏低。1947~1958 年，全球所签署的 PTAs 中的贸易促进型环境条款密度为 0，而在 1959~1968 年签署的 PTAs 中，贸易促进型环境条款平均密度呈现出明显的上升趋势，并在其后的一个时期内下降后逐渐恢复为平稳增长趋势。这一结果表明，缔约国在 PTAs 中引入环境条款时越来越关

---

① 贸易限制型环境条款密度＝PTA 中的贸易限制型环境条款数量/PTA 中环境条款总数。贸易促进型环境条款密度的计算方法与此类似，且各时期贸易限制型环境条款平均密度和贸易促进型环境条款平均密度分别为该时期全部 PTAs 中对应类别环境条款密度的简单平均值。

注与贸易直接相关的贸易限制型环境条款和贸易促进型环境条款。

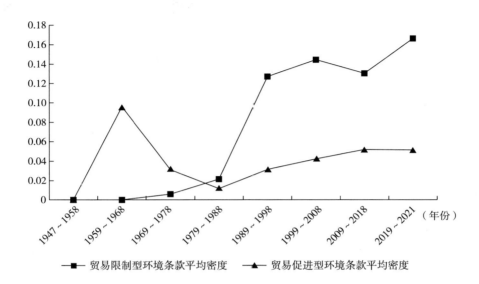

图 4-1 全球 PTAs 中贸易限制型环境条款和贸易促进型环境条款平均密度变化趋势

资料来源：作者根据 TREND 数据库整理所得。

二、中国缔结的优惠贸易协定中的环境条款发展趋势

为了对中国已经缔结的 PTAs 中的环境条款进行说明，本小节对中国缔结的 PTAs 进行分析。TREND 数据库中记录了中国缔结的 23 份 PTAs 中的环境条款数据。本小节首先统计了中国各年份缔结的 PTAs 的数量，并绘制折线图 4-2，其中横轴表示年份，纵轴表示中国新签署的贸易协定数量。由于中国参与贸易协定的历史久远，因此本图仅统计了 2000 年以后的数据。从图中可以看出，2000 年及以后，除 2000~2002 年以及 2011~2012 年和 2018 年中国没有新增缔结贸易协定以外，在其他年份中国均新增缔结了 1 份或者 2 份自由贸易协定。

本小节进一步在图 4-3 给出了截至 2020 年与中国签订不同数量 PTAs 的国家（地区）数，其中横轴表示与中国共同所在 PTAs 的数量，纵轴表示国家（地区）数。根据统计，截至 2020 年，与中国同属于 1 份 PTA 的国家（地区）有 28 个，同属于 2 份 PTA 的国家（地区）有 74 个，同属于 3 份 PTA 的国家（地区）有 36 个，同属于 4 份及以上 PTA 的国家（地区）共计 21 个。

（份）

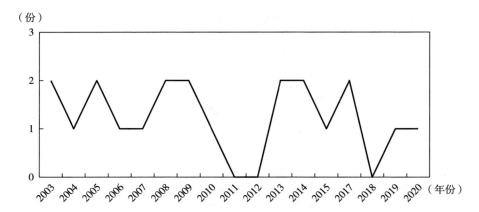

图 4-2　2000 年后中国各年份新签署 PTAs 的数量

资料来源：作者根据 TREND 数据库整理所得。

（个）

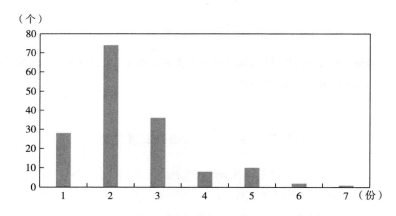

图 4-3　与中国签订不同数量贸易协定国家（地区）数统计

资料来源：作者根据 TREND 数据库整理所得。

其次，本小节统计了 TREND 数据库中所记录的中国参与的 23 项 PTAs 中的缔约方、缔结年份以及 14 个领域环境条款的包含情况，统计结果如表 4-2 所示。根据表中的统计可知，中国此前参与的 PTAs 的环境条款存在三个主要特征。第一，覆盖缔约国越广的 PTAs 所涵盖的环境条款类别越少，总体而言，多边贸易协定中环境条款类别数最少，另外为区域性质的贸易协定，双边贸易协定中的环境条款数量整体较高。例如，1947 年缔结的《关税及贸易总协定》（*General Agreement on Tariffs and Trade*，GATT）仅纳入了"与贸易有关的具体措施"中的

2 类环境条款，1944 年缔结的《世界贸易组织协定》（*World Trade Organization*，WTO）中的环境条款类别虽然相较于 GATT 有所增加，但也仅为 22 类。至 2014 年缔结的《贸易便利化协定》，其包含的环境条款类别数也仅为 8 类。而在双边贸易协定中，2014 年中国与韩国缔结的贸易协定中所包含的环境条款类别则高达 72 类。可能的原因是，当贸易协定所覆盖的缔约国范围越广，越难以在谈判中就环境条款达成一致。第二，除个别情况以外，双边贸易协定所涉及的国家与中国地理距离越邻近，其所纳入的环境条款越少。例如，于 2005 年缔结的《亚太贸易协定》仅包含了 1 类环境条款，但同一年缔结的《中国—智利自由贸易协定》则包含了 30 类环境条款。造成这一现象的主要原因可能是，与中国距离越近的国家，在贸易、环境条件等方面与中国的相似性程度越高，因此需要在 PTAs 中纳入相应的环境条款进行协调的可能性就更低。第三，从时间维度来看，后缔结的 PTAs 中包含的环境条款类别数普遍高于早期缔结的 PTAs 中的环境条款数量。2007 年及以前中国缔结的 PTAs 中，包含环境条款类别数最多的是与智利签署的贸易协定，但在 2007 年以后缔结的协定中，除 2008 年缔结的《中国—新加坡自由贸易协定》、2009 年缔结的《中国—巴基斯坦自由贸易区服务贸易协定》、2014 年缔结的《贸易便利化协定》和 2017 年缔结的《中华人民共和国政府和智利共和国政府关于修订〈自由贸易协定〉及〈自由贸易协定关于服务贸易的补充协定〉的议定书》之外，其余 PTAs 中环境条款类别数均高于 20。这一趋势表明，随着时间的推移，中国以及各贸易参与国越来越关注环境问题，并且试图在 PTAs 的框架内加强各国环境实践的协调。

　　最后，本小节计算了自 2003 年以来中国缔结的 PTAs 中环境条款中贸易限制型环境条款和贸易促进型环境条款的平均密度，结果如图 4-4 所示。与全球 PTAs 环境条款中贸易限制型环境条款和贸易促进型环境条款的密度变化趋势基本保持一致，自 2003 年以来，中国参与缔结的 PTAs 中的环境条款中，贸易限制型环境条款的平均密度整体上呈现出上升趋势，其中 2020 年的 PTAs 环境条款中的贸易限制环境条款平均密度最高，约为 0.217。相较于贸易限制型环境条款平均密度，中国缔结的 PTAs 中的环境条款当中，贸易促进型环境条款的密度总体上处于较低水平，且在 2003~2013 年呈现出较为明显的上升趋势，而到 2013 年后，该趋势则呈现出波动趋势，其中，中国在 2015 年和 2019 年所签署的 PTAs 的环境条款中，贸易自由型环境条款平均密度均为 0。

表 4-2 中国缔结贸易协定中环境条款统计

单位：条

协约名称	缔结年份	缔约伙伴	原则	环境保护水平	立法和政策制定	环境问题和非环境问题的互动	国内措施执行	促进环境保护的方法	在环境事务上的合作	与贸易有关的具体措施	对发展中国家的帮助	特定的环境问题	协定的执行	创建机构	争端解决机制	援引多边环境协定	其他环境准则
GATT	1947	其余54国（地区）	×	×	×	×	×	×	×	2	×	×	×	×	×	×	×
WTO	1994	其余123国（地区）	2	×	×	2	×	×	1	11	1	2	×	×	×	3	×
CEPA	2003	中国香港	×	×	×	×	×	×	×	4	×	×	×	×	×	1	×
CEPA	2003	中国澳门	×	×	×	×	×	×	×	4	×	×	×	×	×	1	×
FACEC	2004	东盟10国	×	×	×	×	×	×	×	3	×	×	×	×	×	1	×
China–Chile FTA	2005	智利	2	×	1	3	×	2	6	5	1	3	2	1	1	3	×
APTA	2005	老挝、斯里兰卡、印度、韩国、孟加拉国	×	×	×	×	×	×	×	1	×	×	×	×	×	×	×
China–Pakistan FTA	2006	巴基斯坦	3	×	×	1	×	×	1	5	×	×	×	×	×	2	×
FACEC Service	2007	东盟10国	×	×	×	×	×	×	×	1	×	×	×	×	×	1	×
China–New Zealand FTA	2008	新西兰	7	×	1	4	×	2	7	9	1	9	3	1	1	8	×
China–Singapore FTA	2008	新加坡	×	×	×	1	×	×	2	7	×	1	×	×	×	2	×
China–Pakistan Service	2009	巴基斯坦	×	×	×	×	×	×	×	1	×	×	×	×	×	×	×
China–Peru FTA	2009	秘鲁	1	×	×	7	×	2	8	8	1	13	1	1	×	5	1
China–Costa Rica FTA	2010	哥斯达黎加	1	×	×	6	×	1	7	9	5	13	×	1	×	7	1
China–Switzerland FTA	2013	瑞士	4	4	1	4	×	1	6	8	4	6	1	×	1	13	×
China–Iceland FTA	2013	冰岛	2	×	×	2	×	×	3	10	×	8	×	×	×	3	×

续表

协约名称	缔结年份	缔约伙伴	原则	环境保护水平	立法和政策制定	环境问题和非环境问题的互动	国内措施执行	促进环境保护的方法	在环境事务上的合作	与贸易有关的具体措施	对发展中国家的帮助	特定的环境问题	协定的执行	创建机构	争端解决机制	援引多边环境协定	其他环境准则
ATF	2014	其余158国（地区）	×	×	×	×	×	×	1	6	×	×	×	×	×	1	×
China-Korea FTA	2014	韩国	4	5	×	7	1	×	10	10	3	16	3	1	1	11	1
China-Australia FTA	2015	澳大利亚	×	×	×	1	×	×	2	11	×	4	×	×	1	5	1
China-Georgia FTA	2017	格鲁吉亚	3	2	×	4	1	×	2	9	×	9	2	1	1	2	×
China-Chile FTA	2017	智利	3	3	×	×	1	×	2	×	×	×	2	0	1	7	×
China-Mauritius FTA	2019	毛里求斯	×	×	×	2	×	×	1	9	×	4	×	×	1	2	×
RCEP	2020	日本、韩国、澳大利亚、新西兰和东盟十国	2	×	×	1	×	×	×	10	×	4	×	×	×	6	×

注：“×”表示不包括该类型的环境条款，数据表示所包含的该类型环境条款的细分类别数。表中各贸易协定的全称分别为：GATT——《关税及贸易总协定》，WTO——《世界贸易组织协定》，CEPA——《更紧密经贸关系安排》（2005），《中华人民共和国与东南亚国家联盟全面经济合作框架协议》，FACEC——China-Chile FTA——《中国-智利自由贸易协定》，《中华人民共和国政府与智利共和国政府关于修订〈自由贸易协定关于服务贸易的补充协定〉的议定书》（2017），APTA——《亚太贸易协定》，China-Pakistan FTA——《中国-巴基斯坦自由贸易协定》，FACEC Service——《中国-东盟全面经济合作框架协议服务贸易协定》，China-New Zealand FTA——《中国-新西兰自由贸易协定》，China-Singapore FTA——《中国-新加坡自由贸易协定》，China-Pakistan Service——《中国-巴基斯坦自由贸易区服务贸易协定》，China-Peru FTA——《中国-秘鲁自由贸易协定》，China-Costa Rica FTA——《中国-哥斯达黎加自由贸易协定》，China-Switzerland FTA——《中国-瑞士自由贸易协定》，China-Iceland FTA——《中国-冰岛自由贸易协定》，China-Australia FTA——《中国-澳大利亚自由贸易协定》，ATF——《贸易便利化协定》，China-Korea FTA——《中国-韩国自由贸易协定》，China-Australia FTA——《中国-澳大利亚自由贸易协定》，China-Georgia FTA——《中国-格鲁吉亚自由贸易协定》，RCEP——《区域全面经济伙伴关系协定》。中国内地于2003年6月和10月分别与中国香港与中国澳门签署《内地与香港关于建立更紧密经贸关系的安排》和《内地与澳门关于建立更紧密经贸关系的安排》，由于两个协定都属于《更紧密经贸关系协定》框架，因此表中采用了相同的协约名称。

资料来源：作者整理所得。

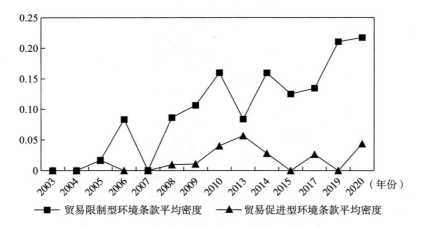

图4-4 中国缔结的 PTAs 中贸易限制型和贸易促进型环境条款平均密度变化趋势
资料来源：作者根据 TREND 数据库整理所得。

三、其他数据库

本书主要关注企业出口竞争力，因此需要使用企业层面的数据。本书所使用的微观数据主要包括两个：第一个微观数据库是 2000~2014 年的中国工业企业数据库。该数据库记录了规模以上工业企业的财务信息，包括企业的建立年份、所属行业、总产值、资产规模、收入、负债、利润等信息。该数据是当前有关中国企业层面研究的主要数据来源之一。由于该数据库在 2003 年和 2013 年对行业分类标准进行了调整，为了保持一致，本书将不同年份的行业分类标准统一到 2002 年国民经济行业分类标准下。

本书所使用的第二个微观数据库是 2000~2014 年中国海关进出口数据库。该数据库记录了企业各年份不同贸易模式下，对不同贸易伙伴国的不同产品的进出口额。该数据是当前有关企业贸易行为研究的主要数据来源。由于该数据库先后在 2002 年、2007 年和 2012 年对所统计产品的代码进行了 3 次调整，为了保持分析的一致性，本书将不同标准下的产品代码按照《商品名称及编码协调制度的国际公约 1992》（*International Convention for Harmonized Commodity Description and Coding System* 1992，HS1992）标准进行统一。不同统计标准的产品代码与目标统计标准之间的对应表来自世界银行的世界贸易整合解决方案（World Integrated

Trade Solution，WITS）数据库。①

本书先参考 Brandt 等（2012）的方法对中国工业企业进行处理，然后依次按照企业名称、企业负责人名字+企业电话号码、企业邮编+企业电话号码对两个数据库进行匹配，最终得到用于指标计算和分析的微观企业层面的数据。最后，本书还使用了《中国工业统计年鉴》数据库中的部分指标作为本书的协变量。

第二节　核心变量

一、企业的优惠贸易协定环境条款暴露指数

TREND 数据库仅提供了国家层面缔结的 PTAs 中的环境条款相关信息，当前的研究，如 Brandi 等（2020），主要在国家层面展开而忽视了这些条款对企业层面的影响。通常而言，PTAs 通常由两（多）国（地区）政府发起、磋商并最终签订，其内部所蕴含的环境条款也仅在国家层面，而非在企业层面存在差异。但是，由于企业出口目的国结构存在差异，即使在同一时间也可能面临着来自 PTAs 中环境条款的不同强度的冲击。考虑一个极端的例子，假设市场上存在两个企业 A 和 B，企业 A 的出口目的国全部与其所在国签署了包含环境条款的 PTAs，而企业 B 的出口目的国与其所在国均未签署 PTAs 或者签署的 PTAs 中不包含环境条款。在这种情况下，只有企业 A 才会受到来自 PTAs 中的环境条款的约束并暴露在 PTAs 中的环境条款之下。中国与出口目的国之间签署的 PTAs 中的环境条款虽然能够描述中国的 PTAs 环境条款的总体约束程度，但却无法考察这一冲击下不同企业间的差异性。对于单个企业来说，真正对其产生影响的是其出口市场的 PTAs 环境条款，也即企业的 PTAs 环境条款暴露情况。

关于如何将宏观层面的冲击细化到企业层面，当前有关企业层面的汇率及企业层面关税的计算方法给出了经验借鉴。戴觅和施炳展（2013）基于前述逻辑测算了中国企业层面的有效汇率。Weinberger（2020）基于这一测算方法分别分析

---

①　详细转换表可见 https：//wits. worldbank. org/product_ concordance. html。

了企业实际有效汇率对企业出口和进口的影响。Fan 等（2015b）在分析贸易自由化对企业出口价格的影响效应时，采用企业—产品层面的出口份额和产品层面的关税变化计算了企业层面的关税变化指数，其原因在于作者认为这一计算方法可以捕捉到企业对贸易自由化的反应而引致的有效关税变化。基于此，本书借鉴前述研究的思想来测算企业的 PTAs 环境条款暴露情况，并提出了企业的 PTAs 环境条款暴露指数。

然而，对于这一指标的计算需要注意以下三个问题。第一，作为本书的结果变量的企业出口竞争力的根本在于企业出口额，因此如果在将国家层面的 PTAs 环境条款冲击计算到企业层面时采用了当期的贸易份额作为权重，将可能由于贸易权重与企业贸易行为的同期特性而导致解释变量与被解释变量之间的反向因果联系。第二，已有研究主要以 PTAs 中是否包含环境条款来识别 PTAs 环境条款的经济效应，而忽视了这些环境部条款的覆盖范围及其潜在影响。本书则假定覆盖更多样化的环境条款的 PTAs 体现了更高水准的环境保护要求，从而使企业面临更高的约束水平。第三，中国可能与不同的出口目的国在不同年份签署不同的 PTAs，并且这些 PTAs 中可能包含不同数量的环境条款。例如，中国与瑞士在 1947 年签署了 GATT，该协定仅包括 2 类环境条款；1994 年，两国签署了 WTO 协定，其中包含了 22 类环境条款；2013 年两国再次签订了《中国—瑞士自由贸易协定》，该协定包含了 53 类环境条款。本书假定协定一经签订即生效，且不同 PTAs 的环境条款的效应具有累加效应。因此，本书采用中国与出口目的国当年已经签署的 PTAs 协定中的全部环境条款作为测算企业的 PTAs 环境条款暴露指数的依据。综合这两个问题，本书采用如下方法测度企业的 PTAs 环境条款暴露指数：

$$Exposure_{ft} = \sum_{k} \sum_{d} expshr_{fd,\,t-1} N_{Cdkt} \tag{4-1}$$

式中，$Exposure_{ft}$ 表示企业 f 第 t 年的 PTAs 环境条款暴露指数，$expshr_{fd,t-1} = exp_{fd,t-1}/exp_{f,t-1}$ 表示企业 f 在第 $t-1$ 年对目的国 d 的出口占其总出口的比重。N_{Cdkt} 表示中国第 t 年与目的国 d 已经签署的第 k 个 PTA 中的环境条款的数量。

二、企业出口竞争力

本书主要从企业出口清洁度、出口产品质量和出口国内增加值率三个角度来度量企业的出口竞争力。其中，企业出口清洁度与中国对外贸易高质量发展的重点任务"构建绿色贸易体系"相适应，体现的是中国企业出口结构的绿色程度；企业出口产品质量与"十四五"规划中"优化出口商品质量"的要求相适应，体现的是企业出口产品质量升级程度；企业出口国内增加值率则度量了企业在对外贸易中为国内创造价值的能力，体现的是企业出口的"附加值能力"和参与"双循环"新发展格局的情况。基于这三个方面，本书构造了"结构优化—质量升级—价值创造能力提升"三个维度的企业出口竞争力衡量指标。

1. 企业出口清洁度

本书采用了企业出口产品中环境类产品和污染产品占企业总出口份额这两个指标来表征企业出口清洁度。这一选择的逻辑在于，一些产品的生产和使用过程可以有效减少环境污染，如环保设备；另一些产品在其生产和使用过程中则会对环境造成较大的伤害，如钢铁制品等。基于此，本书将企业出口的全部产品划分为清洁产品、污染产品和其他产品。在企业的出口结构中，清洁产品出口份额的增加或者污染产品出口份额的下降都意味着企业出口清洁度的提升。两类指标的计算方法如下：

$$Cleanshr_{ft} = \frac{exp\_environ_{ft}}{exp_{ft}}, \quad Dirtyshr_{ft} = \frac{exp\_dirty_{ft}}{exp_{ft}} \tag{4-2}$$

式中，$exp\_environ_{ft}$ 和 exp_dirty_{ft} 分别表示企业 f 第 t 年的清洁产品出口额和污染产品出口额，exp_{ft} 表示该企业的总出口额。$Cleanshr_{ft}$ 和 $Dirtyshr_{ft}$ 分别表示企业出口清洁度的清洁产品出口份额和污染产品出口份额。

如何识别清洁产品和污染产品是本书所要面临的一个重要问题。目前，尚未有一个可以精确区分产品属于环保产品还是污染产品的综合列表，但一些国际组织给出的环境类产品清单或现有研究的划分标准提供了一定的参考。联合国贸发会（United Nations Conference on Trade and Development，UNCTAD）按照生产和使用过程对环境造成伤害的程度将产品分为绿色产品和非绿色产品，也可以被称为环境类产品和非环境类产品。Can 等（2021）进一步将绿色产品划分为两类，分别为传统的环保类产品以及环境友好型产品，前者是指本身具有解决环境恶化的功能的产品，后者则指那些相较于其他产品，其整个生命周期所产生的环境污染更少的产品。在环境产品的识别方面，OECD 提出的《环境商品综合清单》（*The Combined List of Environmental Goods*，CLEG）为本书提供了识别清洁产品的方法。该列表将 241 种 6 位数 HS2007 分类标准下的产品认定为环境类产品。基于该标准，Can 等（2021）计算了 35 个 OECD 国家的绿色开放指数，而 Sauvage

（2014）则分析了环境监管的严格程度和 OECD 国家的环境产品的贸易情况。基于此，本书收集了 CLEG 提供的环境类产品代码，并将其统一到 6 位数 HS1992 分类标准下，[①] 得到最终使用的清洁产品列表。

　　相较于清洁产品，污染产品的划分更为复杂，其原因在于尚未有国家或者机构给出污染产品的名单。但是，已有有关污染行业的研究为本书提供了一定的参考。总体而言，学者们关于污染行业的划分主要基于行业污染物排放密度。例如，在分析美国清洁空气法案对工业活动的影响时，Greenstone（2002）基于行业臭氧、二氧化硫、一氧化碳和总悬浮颗粒物的排放情况，将印刷行业（2711-89），有机化学（2861-69），橡胶和其他塑料制品（30），金属制品（34），机动车辆、车身和部件（371），无机化学（2812-19），木材和木制品（24），有色金属（333-34），炼油（2911），石头、黏土、玻璃和混凝土（32），纸浆和纸张（2611-31），钢铁（3312-13，3321-25）12 个行业划定为污染行业。[②] 本书在分析中借鉴这一标准识别污染产品。具体方法是，手动整理了标准产业分类（Standard Industrial Classification，SIC）产品代码与 HS1992 产品代码的对应表，并根据这一对应表识别出属于前述行业的 1484 种 6 位数 HS1992 产品，得到最终的污染产品列表。

　　2. 企业出口产品质量

　　本书用于度量企业出口竞争力的第二个指标为企业出口产品质量。一些研究采用 ISO9000 质量体系认证的虚拟变量（Verhoogen，2008）、研发投入和广告投资（Kugler and Verhoogen，2012）以及单价（Manova and Yu，2017；Schott，2008）来度量产品质量。但是前两个指标只能反映产品质量的一部分，而单价不仅反映了产品质量，也包含了产品的生产成本信息（Huang et al.，2020）。Khandelwal 等（2013）则采用需求信息推断产品质量。该方法将质量视为产品的一种不可观测的特征，在相同价格下，消费者愿意消费更多具有该特征的产品（Fan et al.，2015b）。参考近期有关产品质量的研究，本书采用 Khandelwal 等（2013）的方法测度产品质量。考虑包含了质量因素的 CES 效用函数，则第 t 年需求国 d 对企业 f 生产的产品 h 的需求函数为：

$$q_{fdht} = \frac{p_{fdht}^{-\sigma}}{(\omega_{fdht} P_{dt})^{1-\sigma}} Y_{dt} \tag{4-3}$$

---

① 鉴于篇幅所限，本书不报告这些产品的名单。
② 括号内为行业所对应的 SIC 代码。

式中，q_{fdht} 表示需求量，p_{fdht} 表示第 t 年企业 f 生产的产品 h 在需求国 d 的价格，ω_{fdht} 表示产品质量。P_{dt} 和 Y_{dt} 分别表示需求国 j 的物价水平和市场规模。σ 表示产品间的替代弹性。上式取对数后，可以采用如下估计方程的残差来推断出企业 f 第 t 年出口到需求国 d 的产品 h 的质量：

$$\ln(q_{fdht}) + \sigma\ln(p_{fdht}) = \varphi_h + \varphi_{dt} + \varepsilon_{fdht} \tag{4-4}$$

式中，产品固定效应 φ_h 捕捉产品层面除质量外其他的不可观测的特征，需求国—时间固定效应 φ_{dt} 捕捉了需求国的价格水平和市场规模。估计得到的产品质量为：

$$\ln\omega_{fdht} = \frac{\hat{\varepsilon}_{fdht}}{\sigma - 1} \tag{4-5}$$

在估计中，考虑到不同行业的产品存在较大的差别，本书使用了 2 位数 HS 代码行业层面的替代弹性估计企业的出口产品质量。替代弹性数据来源于 Broda 和 Weinstein（2006）。[①] 为了使得不同产品的质量具有可比性，本书在产品层面对产品质量进行标准化：

$$\ln quality_{fdht} = \frac{\ln\omega_{fdht} - [\min(\ln\omega_{fdht})]_{ht}}{[\max(\ln\omega_{fdht})]_{ht} - [\min(\ln\omega_{fdht})]_{ht}} \tag{4-6}$$

式中，$[\min(\ln\omega_{fdht})]_{ht}$ 和 $[\max(\ln\omega_{fdht})]_{ht}$ 分别表示估计得到的产品 h 的质量的年份层面的最大值和最小值。将式（4-6）标准化后的产品质量在需求国和产品层面进行加权平均，可以得到企业层面的出口产品质量：

$$quality_{ft} = \sum_h \frac{exp_{fht}}{exp_{ft}}\left(\sum_j \frac{exp_{fdht}}{exp_{fht}}\ln quality_{fdht}\right) \tag{4-7}$$

式中，exp_{fdht}/exp_{fht} 表示企业 f 第 t 年对需求国 d 的产品 h 的出口占企业 f 第 t 年产品 h 总出口额的比重，exp_{fht}/exp_{ft} 表示企业 f 第 t 年产品 h 的出口额在其第 t 年总出口额中的比重。用于计算企业出口产品质量的数据来自中国海关进出口数据库。

3. 企业出口国内增加值率

本书用于度量企业出口竞争力的第三个指标为企业出口国内增加值率。该指标用于考察企业在出口市场上的"国内增值能力"。基于 Upward 等（2013）、Kee 和 Tang（2016）的方法来计算企业出口国内增加值率。企业 f 的总产出 Y_f 可

① Broda 和 Weinstein（2006）提供了不同产品的替代弹性的估计值，本书基于他们的数据计算了 HS 2 位码的行业平均替代弹性，并用其测算企业出口产品质量。

能存在三种去向，加工贸易出口 exp_f^{pro}、一般贸易出口 exp_f^{ord} 和国内销售 D_f。

$$Y_f = exp_f^{pro} + exp_f^{ord} + D_f \tag{4-8}$$

企业出口中的增加值可以表示为 $DVA_f = exp_s - IMP_f$，其中 exp_f 表示企业出口额，IMP_f 表示企业的中间投入品进口额。根据 Ahn 等（2011）和 Lu 等（2018）的研究，中国存在大量的贸易中间商，企业可能通过贸易中间商进口中间投入品。基于此，本书采用各行业内贸易中间商进口额占行业总进口额的比重来对海关数据中企业中间品进口额统计值进行调整，得到企业实际的进口中间品使用量。借鉴这两篇文章的方法，将企业名称中包含"进口""出口""贸易""进出口"以及相同含义文字的企业视为贸易中间商。以加工贸易进口额为例，IMP_f^{pro} 计算方法为 $IMP_f^{pro} = \sum_j \dfrac{IMP_f^{pro\_cus}}{1 - Intermshr_j}$，其中 $IMP_f^{pro\_cus}$ 表示海关数据库中统计的企业加工贸易进口额，$Intermshr_j$ 表示行业 j 中中间商进口额在该行业总进口额中的占比。[1] 在加工贸易方式下，企业所有加工贸易进口 IMP_f^{pro} 都投入生产，并且所生产的产品全部用于出口。此时，企业加工贸易总产出 Y_f^{pro} 等于企业加工贸易出口额 EXP_f^{pro}。因此，企业加工贸易出口国内增加值率可以表示为：

$$DVAR_f^{pro} = \frac{EXP_f^{pro} - IMP_f^{pro}}{EXP_f^{pro}} = \frac{Y_f^{pro} - IMP_f^{pro}}{EXP_f^{pro}} = 1 - \frac{IMP_f^{pro}}{EXP_f^{pro}} \tag{4-9}$$

基于等比例假设，[2] 企业用于生产一般贸易出口品的进口中间投入品在企业一般贸易中间投入品总进口额 IMP_f^{ord} 中所占比例等于企业一般贸易出口额 exp_f^{ord} 在企业非加工贸易总产出 $Y_f - exp_f^{pro}$ 中的占比。[3] 因此，企业生产一般贸易出口品所消耗的国外中间投入品表示为 $IMP_f^{pro} \times (EXP_f^{ord} / (Y_f - EXP_f^{pro}))$，且企业一般贸易出口国内增加值率可以表示为：

$$DVAR_f^{ord} = \frac{EXP_f^{ord} - IMP_f^{ord} \times \left(\dfrac{EXP_f^{ord}}{Y_f - EXP_f^{pro}} \right)}{EXP_f^{ord}} = 1 - \frac{IMP_f^{ord}}{Y_f - EXP_f^{pro}} \tag{4-10}$$

企业总的出口国内增加值率等于企业两种贸易方式下出口国内增加值率的加

---

① 企业一般贸易进口额的计算方法与此类似。

② 企业用于生产出口产品的投入品所占份额与出口占总销售额的比重成正比，这一假定等同于假设企业出口和国内销售的增加值率是相等的。

③ 企业一般贸易进口中除了中间投入品外，还包含消费品、资本品等，这两类产品一般都不计入企业的中间投入，本书采用联合国统计署提供的 BEC 分类代码识别出企业的中间产品进口。

权平均，权重分别为企业的加工贸易出口额占比：

$$DVAR_f = \frac{exp_f^{pro}}{exp_f^{pro}+exp_f^{ord}} \times DVAR_f^{pro} + \frac{exp_f^{ord}}{exp_f^{pro}+exp_f^{ord}} \times DVAR_f^{ord} \tag{4-11}$$

但上述测算方法仍然存在以下几个方面的问题。第一，进口资本折旧的问题。张杰（2013）指出，企业可能从国外进口资本品以用于产品生产，而资本品会产生折旧。前述测算方法会将本属于国外投入品的进口资本折旧归类到国内增加值，从而导致企业出口国为增加值率的高估。基于此，本书借鉴张杰（2013）的方法，采用下式计算企业进口资本品的折旧在产出中所占的比例：

$$\sigma_{ft}^{K} = \frac{CAP\_D_{ft}}{Y_f} = \frac{\sum_{s=1}^{t} \delta \times IMP\_CAP_{ft}}{Y_c} \tag{4-12}$$

式中，CAP_D_{ft} 表示企业进口资本折旧总额，IMP_CAP_{ft} 表示第 t 期企业资本品进口额，δ 表示折旧率。借鉴单豪杰（2008）的研究，将资本品折旧率设定为 10.96%。

第二，国内增加值返回的问题。由于各国之间的产业联系，中国出口到国外的中间品被国外用于生产其余中间品，如果这些中间品再次被中国进口，那么包含在其中的国内增加值也会随之返回到国内。对该部分国内增加值的忽视将导致中国国内增加值率被低估。本书借鉴 Wang 等（2013）的方法，采用WIOD2016 数据库提供的数据测算了中国各行业 j 的单位产出的返回值率 σ_{jt}^{R}。

第三，纯重复计算部分。由于从中间品到制成品的过程中，包含在中间品中的附加值可能多次跨越关境，从而导致附加值的"重复统计"问题。对这部分内容的忽视将会导致企业出口国内附加值率的高估。因此，同样借鉴 Wang 等（2013）的方法，采用WIOD2016 数据库提供的数据测算了中国各行业单位产出的重复计算率 σ_{jt}^{P}。经过上述三个步骤调整后行业 j 的企业 f 第 t 年的出口国内增加值率为：

$$DVAR_{ft} = \frac{exp_{ft}^{pro}}{exp_{ft}^{pro}+exp_{ft}^{ord}} \times DVAR_{ft}^{pro} + \frac{exp_{ft}^{ord}}{exp_{ft}^{pro}+exp_{ft}^{ord}} \times DVAR_{ft}^{ord} - \sigma_{ft}^{K} + \sigma_{jt}^{R} - \sigma_{jt}^{P} \tag{4-13}$$

第三节 中国企业出口竞争力变动的典型事实

基于本章第二节给出的方法，本书计算了企业的出口竞争力指标，并在本节继续考察中国企业出口竞争力变动的典型事实。此外，本节将结合测算得到的企业 PTAs 环境条款暴露指数，初步给出 PTAs 环境条款如何影响企业出口竞争力的经验证据。

一、中国企业出口清洁度的变动趋势

本书将中国海关进出口数据库按照 6 位数 HS1992 产品代码标准与产品类别进行匹配，计算了中国企业清洁产品和污染产品的出口额和出口份额。采用海关进出口数据库计算的各年份企业清洁产品和污染产品平均出口额和平均出口份额，本书绘制了图 4-5 来考察中国企业出口结构清洁化程度的变动趋势。其中，图 4-5（a）中给出了平均出口额的变动情况，该图表明，除 2008 年受到金融危机的影响，导致两类产品出口额均呈现出下降趋势，在 2000~2014 年，中国企业清洁产品和污染产品平均出口额整体上均呈现出上升趋势。然而，从图 4-5（b）中来看，同时期，中国企业清洁产品出口额在其总出口额中所占份额均值整体上保持了稳健的上升趋势，但污染产品出口份额则整体上呈现出下降趋势，尤其是在 2006 年以后，这一趋势更为明显。图 4-5 的结果表明，仅从清洁产品出口额或者污染产品出口额绝对量的角度来考察企业出口结构的清洁度是不合理的。其原因在于，随着贸易的发展，中国不同类产品出口的绝对额可能均保持了上升态势，但各类产品在总出口中的重要程度可能存在差异。

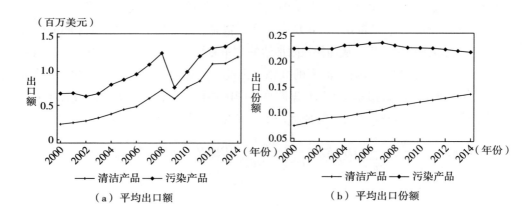

图 4-5　企业清洁产品和污染产品出口变化趋势

注：由于本书研究所使用的核心微观数据来源《中国工业企业数据库》仅统计到 2014 年，因此本书所选取的研究时间截止到 2014 年。

资料来源：作者整理所得。

本书进一步考察了企业的 PTAs 环境条款暴露指数与企业出口清洁度之间的关系。首先，将企业清洁产品出口额和污染产品出口额分别对时间和企业固定效应进行回归，并分别预测残差。这一残差代表了排除企业固有属性和时间趋势影响后的企业的清洁产品出口额和污染产品出口额。随后，本书进一步计算了国民经济行业分类下的 2 位数行业中企业清洁产品出口份额预测值均值、污染产品出口份额预测值均值和企业的 PTAs 环境条款暴露指数均值，并绘制散点图 4-6，其中斜线代表拟合值。需要注意的是，由于在测算企业的 PTAs 环境条款暴露指数时使用的是滞后一期的出口份额进行加权，所以本图所使用的数据区间为 2001~2014 年。其中，图 4-6（a）的结果表明，在排除企业固有属性和年份趋势后，企业的清洁产品出口份额与其 PTAs 环境条款暴露指数呈现出正相关关系。由于样本企业清洁产品出口份额整体上处于较低水平，故二者关系拟合线的斜率较小。图 4-6（b）的结果表明，在排除企业和年份因素的影响后，企业的污染产品出口份额与其 PTAs 环境条款暴露指数呈现出负相关关系。综合图 4-6（a）和图 4-6（b），可以为本书的假说 1 提供初步的经验层面的证据。

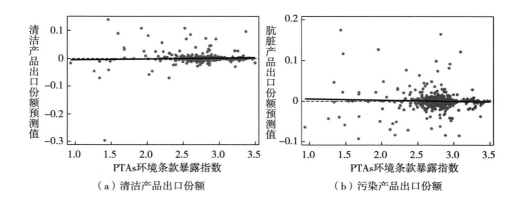

（a）清洁产品出口份额　　　　　（b）污染产品出口份额

图 4-6　PTAs 环境条款与企业出口清洁度关系散点图

资料来源：作者整理所得。

二、中国企业出口产品质量的变动趋势

基于本章第二节所测算得到的企业层面出口产品质量，本小节进一步采用企业出口额在中国总出口额中的占比计算了中国 2001~2014 年加权平均出口质量，

并绘制如图4-7所示。从图中结果表明，金融危机前，中国出口产品质量整体上处于较低水平，并在2008年呈现出明显的下降趋势，随后呈现出稳步上升趋势。但从总体上来看，2001~2014年，中国的出口产品质量有较大提升。

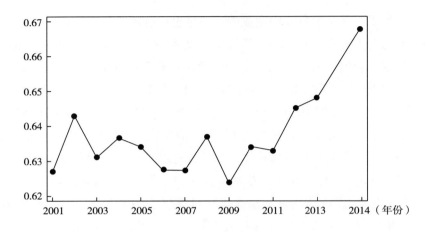

图4-7　2001~2014年中国出口产品质量变动趋势

资料来源：作者整理所得。

本小节进一步考察了出口产品质量与PTAs环境条款暴露指数之间的关系。一方面，本书绘制了国民经济行业分类标准下的2位数行业中企业出口产品质量平均值与企业PTAs环境条款暴露指数关系的散点图，结果如图4-8（a）所示。从图中可以看出，企业出口产品质量均值与企业PTAs环境条款暴露指数呈现出正相关关系。另一方面，本书进一步采用预测残差得到的企业出口产品质量计算2位数行业中企业出口产品质量预测值的平均值，并绘制其与企业PTAs环境条款暴露指数关系的散点图，结果如图4-8（b）所示。该图的结果表明，在排除了企业固有属性和时间趋势后，二者的正相关关系保持不变。这一发现为本书的假说5提供了事实层面的支撑。

三、中国企业出口国内增加值率的变动趋势

基于本章式（4-13）得到的企业层面的出口国内增加值率，本书绘制了2001~2014年中国企业出口国内增加值率平均值的变动趋势图（见图4-9）。从图中可以看出，在样本观测期内，中国企业出口国内增加值率在整体上呈现出明

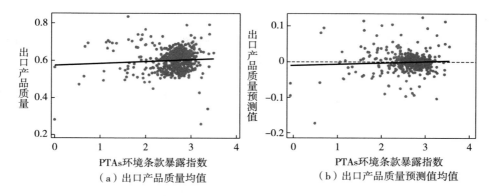

图 4-8　PTAs 环境条款与出口产品质量关系散点图

资料来源：作者整理所得。

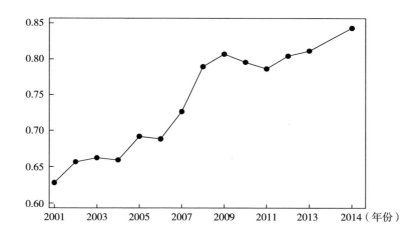

图 4-9　2001~2014 年中国企业出口国内增加值率变动趋势

资料来源：作者整理所得。

显的上升趋势，其中 2001 年，中国企业出口国内增加值率的平均值为 0.628，至 2014 年该指标上升至 0.843。

　　本小节进一步考察了企业的 PTAs 环境条款暴露指数与企业出口国内增加值率之间的关系。本书计算了国民经济行业分类标准下 2 位数行业内企业各年份的出口国内增加值率和企业 PTAs 环境条款暴露指数的平均值，并绘制出二者关系的散点图，结果如图 4-10（a）所示。该结果表明，企业出口国内增加值率平均值与企业的 PTAs 环境条款暴露指数平均值之间存在明显的负相关关系。此外，本书进一步采用前文的方法，将企业出口国内增加值率对企业固定效应和年份固定效应进行回归后预测残差，以剔除企业固有属性和时间趋势对二者关系的干扰。本书计算了企业出口国内增加值率预测值的平均值，并绘制其与企业 PTAs 环境条款暴露指数均值之间的散点图，结果如图 4-10（b）所示。该图所呈现的两个指标间的关系与基于实际企业出口国内增加值率所得的关系保持一致。图4-10 的结果初步支持了本书的假说 7b。

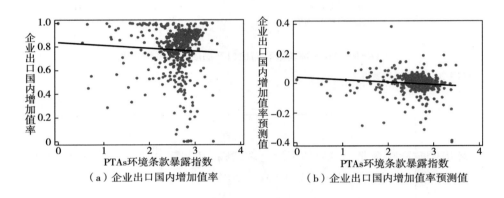

（a）企业出口国内增加值率　　　（b）企业出口国内增加值率预测值

图 4-10　PTAs 环境条款与出口产品质量关系散点图

资料来源：作者整理所得。

第五章 优惠贸易协定环境条款 对企业出口清洁度的影响研究

本章从企业出口清洁度的角度实证检验优惠贸易协定中的环境条款对企业出口竞争力的影响。具体而言，第一节将给出 PTAs 环境条款影响企业出口清洁度的实证检验策略，具体包括计量模型的设定及模型变量的选择。第二节呈现 PTAs 环境条款影响企业出口清洁度的基准回归、稳健性检验和内生性检验结果。第三节对本书第三章第二节提出的 PTAs 环境条款影响企业出口清洁度的机制进行检验。第四节主要对本章的核心结论进行总结。

第一节 优惠贸易协定环境条款影响企业 出口清洁度的实证检验策略

一、计量模型

企业之间存在的差异性可能会影响企业暴露在 PTAs 环境条款中的程度，或者影响到企业的出口的清洁度。例如，风险规避程度较高的企业可能考虑到目的国与中国所签署的 PTAs 中的环境条款所带来的压力，从而更可能减少对这些国家的出口。又或者，一些企业的企业文化更重视环保的重要性，因而其出口清洁度对相同约束条件的反应也会存在差异。由于存在这些无法在数据中观测到企业层面的异质性，本书采用如下双向固定效应模型估计 PTAs 环境条款对企业出口清洁度的影响效应：

$$Y_{fit} = \alpha + \beta_1 \ln Exposure_{ft} + \sum_{n=1}^{N} \gamma^n F\_C_{ft}^n + \sum_{m=1}^{M} \delta^m I\_C_{jt}^m + \varphi_f + \lambda_t + \varepsilon_{fit} \quad (5\text{-}1)$$

式中，下标 f、j 和 t 分别表示企业、行业和年份。Y_{fit} 表示表征企业出口清洁度的两个变量，分别为企业环境类产品出口份额 $Cleanshr_{ft}$ 和污染产品出口份额 $Dirtyshr_{ft}$。$\ln Exposure_{ft}$ 表示企业 f 在第 t 年对于 $PTAs$ 环境条款暴露指数的对数值。$F\_C_{ft}^n$ 表示第 n 个企业层面的控制变量，γ^n 表示其对应的系数，N 表示企业层面控制变量的数量。$I\_C_{jt}^m$ 表示第 m 个行业层面的控制变量。δ^m 表示其对应系数。M 表示行业层面控制变量的总数。φ_f 表示企业固定效应。λ_t 表示年份固定效应，用以排除那些仅随时间变化、对所有企业均产生影响的冲击。ε_{fit} 表示误差项。β 表示企业的 $PTAs$ 环境条款暴露度对企业出口产品质量的影响效应。

二、变量选择

1. 核心解释变量

本章主要分析 PTAs 中的环境条款对企业出口清洁度的影响。因此，采用第四章第二节的方法所测算的企业 PTAs 环境条款暴露指数是本章所使用的核心解释变量。在核心解释变量选择上，考虑到企业当期出口行为与企业当期的贸易权重之间存在的反向因果联系，本书在分析中主要采用根据滞后一期的贸易权重测算得到企业的 PTAs 环境条款暴露指数进行回归。

2. 被解释变量

企业出口清洁度是本章的被解释变量，包括企业清洁产品出口份额（$Cleanshr_{ft}$）和污染产品出口份额（$Dirtyshr_{ft}$）两个指标，其测算方法参见本书第四章第二节。为了减小异常值对研究结果的影响，本书对被解释变量分别进行前后 5% 缩尾处理。

3. 主要协变量

本章主要关注的是 PTAs 环境条款对企业出口清洁度的影响，但已有有关 PTAs 中纳入环境条款动因的文献将环境条款的采用视为 PTAs 深度的函数。Blümer 等（2020）在分析影响 PTAs 中纳入不同类别的环境条款的因素时发现，PTAs 的深度与特定类型的环境条款的采用存在正相关关系。在此基础上，部分学者在考察 PTAs 环境条款的影响效应时也充分考虑到 PTAs 深度的影响。Brandi 等（2020）发现 PTAs 的深度与其所包含的环境条款具有极强的相关性，二者之间的相关系数约为 0.67，因此在其有关 PTAs 环境条款如何影响国家层面出口结构的研究中，他们将 PTAs 深度视为一个重要的协变量。此外，Brandi 等（2022）在分析 PTAs 中纳入环境条款对协定谈判阶段的对外援助的影响效应时也将 PTAs 深度纳入模型中以排除可能存在的遗漏变量问题。

借鉴已有文献的思想，本书认为 PTAs 深度可能使基准估计结果产生偏误。基于此，本书采用与 PTAs 环境条款暴露指数相似的方法，采用企业出口份额作为权重，计算了企业层面的 PTAs 深度暴露指数，测算方法如下：

$$Depth_{ft} = \sum_{k} \sum_{d} expshr_{fd,\,t-1} Depth_{Cdkt} \tag{5-2}$$

式中，$Depth_{ft}$ 表示企业 f 第 t 年的 PTAs 深度暴露指数，$expshr_{fd,t-1} = exp_{fd,t-1} / exp_{f,t-1}$，表示 $t-1$ 年企业 f 对目的国 d 的出口占其总出口的比重。$Depth_{Cdkt}$ 表示中国第 t 年与目的国 d 已经签署的第 k 个 PTA 的协定深度。中国与各出口目的国的PTAs 的深度数据来源于贸易协定设计（Design on Trade Agreements，DESTA）数据库（Dür et al.，2014）。Dür 等（2014）基于 PTAs 所覆盖的主题情况测算了 PTAs的深度指数，该指数取值范围介于 1~7，测量标准包括关税自由化程度以及在服务贸易、投资、标准、政府采购、竞争和知识产权保护等领域的合作等。本章将计算得到的 PTAs 深度暴露指数取自然对数后（ln$Depth$）纳入模型（5-1）中。

此外，根据已有文献，本章在模型中控制了一些随时间变化的、可能对企业出口产生影响的企业特征。具体而言，加入了企业生产率（TFP）以控制企业生产效率的影响；[①] 加入企业年龄的对数（lnage）以排除企业生产运营的经验积累的影响；[②] 加入企业员工数量对数值（ln$worker$）以控制企业规模的影响；加入企业资产密度（$assets\_intensity$）以控制企业要素投入结构的影响。此外，融资约束会阻碍企业的增长和投资（Poncet et al.，2010）。根据世界银行对中国企业的投资环境调查数据显示，75% 的企业面临着融资约束（Glaessens and Tzioumis，2006）。因此，本书在分析中纳入企业融资约束（FC）作为控制变量。该变量的计算借鉴了 Lu 等（2018）的研究思想，其取值越大，表明企业面临的融资约束程度越高。用以计算这五个指标的数据源自于中国工业企业数据库。出口目的国的贸易壁垒会对企业的出口行为产生影响，从而可能间接影响到企业出口中清洁产品和污染产品的占比。基于此，本书在研究中纳入企业出口关税（$expduty$）。

---

① 本书采用 C-D 生产函数和索洛余值法测算企业的生产率，并将计算得到的生产率标准化，因此取值范围为 [0，1]。

② 企业年龄采用年份减去企业建立年份，再加上 1 得到。企业的资产密度采用企业固定资产总值与企业员工数量之比表示。

该指标的测算方法借鉴 Fan 等（2015b），计算所使用的数据来源于 WITS 数据库、中国工业企业数据库和中国海关进出口数据库的匹配数据。最后，中国与目的国之间的汇率变化会影响企业的出口决策和出口结构，因此本书借鉴戴觅和施炳展（2013）的方法测算了企业实际有效汇率（FEER）并将其视为模型中的协变量。用于计算该指标的数据来源于世界发展指标（World Development Indicator，WDI）数据库提供的汇率数据和中国海关进出口数据库提供的企业出口数据。

本章的分析中还控制了一些行业层面的协变量。首先，国有资本或者外资占比比较高的行业，可能具有更强的技术条件生产清洁产品，从而具有较高的出口清洁度。基于此，本书在模型中加入 2 位数行业层面的外资渗透率（Ind_forpene）和国有资本渗透率（Ind_stapene）作为协变量。[1] 其次，由于工业集聚可以有效提升企业的出口倾向（Greenaway，2007；Koening et al.，2010），因此本书在模型中加入行业层面的赫芬达尔指数（Ind_HHI）以反映行业集聚程度。最后，促使国家（地区）政府在 PTAs 中纳入环境条款的核心原因在于将污染的负外部性内部化。如果某些行业属于重污染行业，则缔约国更可能在协定谈判过程中出于对这些行业进行调整的目的而加入一些环境条款。相较于其他类型的环境污染，由温室气体排放导致的全球变暖问题所影响的范围覆盖全球。基于此，本书计算了行业层面的二氧化碳排放强度（Ind_CO_2）并将其视为协变量加入模型中。行业层面二氧化碳排放强度采用各行业二氧化碳排放总量除以行业的工业销售产值计算得到。其中行业层面二氧化碳排放总量来自 Shan 等（2017）构建的中国碳核算数据库（Carbon Emission Accounts and Datasets，CEADs）。行业总产值来自中国国家统计局发布的《中国统计年鉴》。本章所使用变量的描述性统计指标如表 5-1 所示。

表 5-1 PTAs 中环境条款对企业出口清洁度影响研究的变量描述性统计

变量	观测值	均值	标准差	最小值	中位数	最大值
Cleanshr	632256	0.0751	0.2206	0	0	0.9965
Dirtyshr	665348	0.2100	0.3766	0	0	1
lnExposure	665532	2.7534	1.1091	0	3.2189	4.6634
lnDepth	665532	0.3831	0.5276	0	0.0602	2.3026

----

① 行业层面的外资渗透率采用行业的国外资本金和港澳台资本金之和占行业实收资本的比重来衡量。类似地，行业层面的国有资本渗透率采用行业的国家资本金占行业实收资本的比重来衡量。

续表

变量	观测值	均值	标准差	最小值	中位数	最大值
TFP	665532	0.5909	0.0868	0	0.5919	1
lnage	665532	2.0961	0.6844	0	2.1972	5.6058
lnworker	665532	5.4220	1.1304	0.6931	5.4250	12.3717
asstes_intensity	665532	3.8351	1.3794	0.0016	3.8317	15.4502
FC	665532	0.4673	0.1530	0	0.4658	1
expduty	665532	6.1767	11.4431	0	4.4912	644
FEER	665532	1.3241	3.1702	0.0022	1.0929	203.5443
Ind_HHI	515	0.0044	0.0097	0.0001	0.0014	0.0712
Ind_stapene	515	0.1863	0.1910	0.0015	0.1125	0.9376
Ind_forpene	515	0.2670	0.1759	0.0005	0.2672	0.7964
Ind_CO_2	515	0.0094	0.0263	0.0000	0.0020	0.2625

注：本表数据由作者计算并整理得到．其中企业层面的变量在企业层面计算对应的描述性统计指标，行业层面的变量在行业层面计算对应的描述性统计指标。

从表中可以看出，样本企业清洁产品出口份额中位数为 0，表明样本中有超过一半的观测值的清洁产品出口份额为 0。与清洁产品出口份额类似，样本中有超过一半的观测值不出口污染产品。由于污染产品出口份额均值（0.21）大于清洁产品出口份额均值（0.0751），因此整体而言，中国企业出口中的污染产品含量高于清洁产品含量。与此同时本书发现，企业的 PTAs 环境条款暴露指数均值约为 2.753，低于其中位数 3.2189，表明一半以上样本观测值的 PTAs 环境条款暴露指数高于平均水平。

第二节　优惠贸易协定环境条款影响企业出口清洁度的实证结果分析

一、基准回归

利用模型（5-1），本章估计了企业 PTAs 环境条款暴露指数对企业清洁产品出口份额的影响，结果如表5-2所示。其中列（1）给出了仅在模型中加入核心解释变量、企业固定效应和年份固定效应的估计结果，表明企业的 PTAs 环境条款暴露指数对企业清洁产品出口份额的影响系数在1%的统计水平上显著为正。初步检验结果表明企业 PTAs 环境条款暴露指数能显著促进企业清洁产品出口。列（2）给出了在模型中进一步加入企业 PTAs 深度暴露指数的回归结果。此时，核心解释变量 lnExposure 的符号和显著性水平保持不变，表明在考虑了 PTAs 深度与其内在的环境条款之间的关系后，企业的 PTAs 环境条款暴露指数对企业清洁产品出口份额的影响仍然保持不变。列（3）进一步在模型中加入了企业层面随时间变化的协变量的回归结果。该结果表明，在排除了随时间变化的、可能对企业出口行为产生干扰的企业层面的因素后，PTAs 中的环境条款仍然能显著提升企业的清洁产品出口。列（4）给出了在模型中加入全部协变量后的回归结果。其结果表明，在考虑了 PTAs 深度、企业特征和行业特征以后，企业的 PTAs 环境条款暴露指数对企业清洁产品出口份额的影响仍然显著为正。具体而言，企业的 PTAs 环境条款暴露指数每提升1%，企业的清洁产品出口份额显著提升了0.13个百分点。

表5-2 基准回归结果：PTAs 中的环境条款对企业出口清洁的影响

变量	（1）	（2）	（3）	（4）
	Cleanshr	Cleanshr	Cleanshr	Cleanshr
lnExposure	0.0015***	0.0014***	0.0013***	0.0013***
	(0.0002)	(0.0002)	(0.0002)	(0.0002)
lnDepth		0.0012*	0.0012*	0.0012*
		(0.0007)	(0.0007)	(0.0007)
TFP			0.0007	0.0008
			(0.0032)	(0.0032)
lnage			0.0003	0.0003
			(0.0007)	(0.0007)
lnworker			0.0015***	0.0015***
			(0.0005)	(0.0005)
asstes_intensity			0.0008**	0.0008**
			(0.0003)	(0.0003)
FC			-0.0010	-0.0010
			(0.0016)	(0.0016)

续表

变量	（1） *Cleanshr*	（2） *Cleanshr*	（3） *Cleanshr*	（4） *Cleanshr*
expduty			−0.0000* （0.0000）	−0.0000* （0.0000）
FEER			−0.0001 （0.0001）	−0.0001 （0.0001）
Ind_stapene				0.0235*** （0.0078）
Ind_forpene				0.0146*** （0.0040）
Ind_HHI				0.3163 （0.2740）
Ind_CO$_2$				0.0232 （0.0413）
企业固定效应	Y	Y	Y	Y
年份固定效应	Y	Y	Y	Y
_cons	0.0687*** （0.0005）	0.0688*** （0.0005）	0.0577*** （0.0046）	0.0500*** （0.0049）
N	593410	593410	593410	593410
R^2	0.8431	0.8431	0.8431	0.8431

注：括号内为企业层面的聚类稳健标准误；*、**、***分别表示在10%、5%和1%的显著性水平；所有模型中均包含了企业固定效应和年份固定效应。如无特殊说明，后文同。

本章进一步估计了企业PTAs环境条款暴露指数对企业污染产品出口份额的影响，结果如表5-3所示，其中列（1）~列（4）分别呈现了在模型中依次加入固定效应、PTAs深度暴露指数、企业层面随时变化的协变量和行业层面随时变化的协变量的估计结果。比较加入不同协变量的模型回归结果可知，企业的PTAs环境条款暴露指数对企业污染产品出口额具有显著的负向效应。具体而言，当控制所有协变量的影响之后，企业PTAs环境条款暴露指数每增加1%，企业污染产品出口份额下降0.1%。

表 5-3　基准回归结果：PTAs 中的环境条款对企业出口污染产品的影响

变量	(1)	(2)	(3)	(4)
	Dirtyshr	*Dirtyshr*	*Dirtyshr*	*Dirtyshr*
ln*Exposure*	−0.0010 ***	−0.0012 ***	−0.0010 ***	−0.0010 ***
	(0.0003)	(0.0003)	(0.0003)	(0.0003)
ln*Depth*		0.0011	0.0011	0.0011
		(0.0008)	(0.0008)	(0.0008)
TFP			−0.0111 ***	−0.0115 ***
			(0.0039)	(0.0039)
ln*age*			−0.0019 **	−0.0019 **
			(0.0009)	(0.0009)
ln*worker*			−0.0018 ***	−0.0018 ***
			(0.0006)	(0.0006)
asstes_intensity			−0.0010 **	−0.0010 **
			(0.0004)	(0.0004)
FC			−0.0009	−0.0010
			(0.0020)	(0.0020)
expduty			0.0003 ***	0.0003 ***
			(0.0001)	(0.0001)
FEER			−0.0001	−0.0001
			(0.0001)	(0.0001)
Ind_stapene				0.0005
				(0.0112)
Ind_forpene				0.0002
				(0.0050)
Ind_HHI				−0.6503
				(0.5087)
Ind_CO$_2$				0.2091 ***
				(0.0665)
企业固定效应	Y	Y	Y	Y
年份固定效应	Y	Y	Y	Y
_cons	0.2131 ***	0.2131 ***	0.2348 ***	0.2346 ***
	(0.0007)	(0.0007)	(0.0059)	(0.0063)
N	625822	625822	625822	625822
R^2	0.9159	0.9159	0.9159	0.9159

综合表 5-2 和表 5-3 的结果可知，PTAs 中的环境条款有利于企业出口结构的清洁化，具体表现为企业清洁产品出口份额增加，污染产品出口份额下降，从而验证了假说 1。本章的这一发现回应了 Brandi 等（2020）、孙玉红等（2021）、王俊等（2021）和王俊等（2020）的研究结论，他们发现 PTAs 中的环境条款显著地促进了各国出口的清洁化。但本书的研究与前述研究存在显著的差异。一方面，前述研究或从全部发展中国家，或从中国整体出口的宏观视角分析了 PTAs 中的环境条款对国家层面出口清洁度的影响。另一方面，孙玉红等（2021）、王俊等（2021）和王俊等（2020）的研究主要采用了中国出口的清洁产品或者污染产品出口额单一指标作为中国出口清洁度的度量指标。事实上，PTAs 环境条款不仅对清洁产品和污染产品出口额产生影响，其作为 PTAs 中的一个组成部分，也可能会对贸易总额产生影响。如果 PTAs 环境条款同时提高了贸易总额和清洁产品出口额，或者同时降低了污染产品出口额和贸易总额，那么直接采用清洁产品出口额或者污染产品出口额作为出口清洁度的度量指标就是不精确的。相较于出口额，本书采用清洁产品和污染产品出口份额作为出口清洁度的度量指标，则已经排除了出口总额波动的干扰。

从企业层面的协变量来看，企业的 PTAs 深度暴露指数能够显著提升企业清洁产品出口份额，但对企业污染产品出口份额的影响效应并不显著，表明 PTAs 能够通过增加企业清洁产品出口来提升企业出口清洁化程度。生产率提升、企业经验的积累以及企业融资约束的下降并不必然意味着企业清洁产品出口份额的提升，但企业规模的扩大和企业资本密集度的提升有利于企业清洁产品出口份额的提升。企业面临的出口市场壁垒降低，也能显著提升企业清洁产品出口份额，但其影响系数极小。而对于企业的污染产品出口份额而言，企业生产率提升、企业经验积累、规模扩大、资本密集度提升和关税下降均对其具有显著的负向影响。企业出口有效汇率提升（人民币升值）对企业清洁产品出口份额和污染产品出口份额的影响均为负，但不具备统计意义上的显著性。其可能的原因是，汇率影响的是企业整体，而与其是否是清洁产品或者污染产品无关。

从行业层面的协变量来看，国有资本和外资资本渗透率更高的行业清洁产品出口份额更高，但其对污染产品的影响效应不显著。其可能的原因是，外资企业所在的母国具有更高的环境标准和技术标准，促使其在生产中更注重环保问题，因而其清洁产品出口份额相对更高。而国有资本在需要履行国家环境保护方面职责的同时，也受到更严格的监管，因而其产品结构更清洁。行业集聚水平对企业清洁产品出口份额的影响为正，对污染产品出口份额的影响为负，但均不具有统计意义上的显著性。二氧化碳排放密度对企业清洁产品出口份额的影响不显著，但却显著提升了企业的污染产品出口份额。

二、稳健性检验

为了证明基准回归结果的有效性，本书进行了一系列稳健性检验，本节对这些稳健性检验及其结果逐一呈现。

1. 排除序列相关性的影响

本章的基准回归模型假设样本的标准误仅对模型中企业层面的异方差或者自相关敏感，从而在回归中使用了企业层面的稳健标准误。但是，同一行业中不同企业以及同一年份中不同企业之间也可能存在序列相关性。为了排除这两种序列相关性对基准结果可能产生的偏误，本书进一步将标准误分别聚类到 2 位数行业层面和年份层面并对模型（5-1）进行回归，结果如表 5-4 所示。其中，列（1）和列（2）给出了行业层面的聚类稳健回归结果，列（3）和列（4）给出了年份层面的聚类稳健回归结果。全部结果表明，在考虑到行业和年份层面潜在的异方差和自相关问题后，模型中企业清洁产品出口份额和污染产品出口份额对 $\ln Exposure$ 的回归系数仍然至少在 10% 的统计水平下显著不为 0，这表明 PTAs 环境条款能够显著提升企业出口清洁度的基本结论保持稳健。

表 5-4　稳健性检验结果：序列相关性

变量	（1）	（2）	（3）	（4）
	行业聚类稳健标准误		年份聚类稳健标准误	
	Cleanshr	*Dirtyshr*	*Cleanshr*	*Dirtyshr*
$\ln Exposure$	0.0013 * (0.0007)	−0.0010 ** (0.0004)	0.0013 *** (0.0002)	−0.0010 *** (0.0003)
全部协变量	Y	Y	Y	Y
企业固定效应	Y	Y	Y	Y
年份固定效应	Y	Y	Y	Y
_cons	0.0500 *** (0.0086)	0.2346 *** (0.0068)	0.0500 *** (0.0046)	0.2346 *** (0.0059)
N	593410	625822	593410	625822

续表

变量	（1）	（2）	（3）	（4）
	行业聚类稳健标准误		年份聚类稳健标准误	
	Cleanshr	*Dirtyshr*	*Cleanshr*	*Dirtyshr*
R^2	0.8431	0.9159	0.8431	0.9159

注：①列（1）和列（2）括号内为2位数行业层面的聚类稳健标准误，列（3）和列（4）括号内为年份层面的聚类稳健标准误；②所有模型中均包含了全部协变量、企业固定效应和年份固定效应；③为了简洁，本表未报告协变量的估计系数，如无特殊说明，后文同。

2. 排除异常值的影响

为了排除被解释变量异常值的影响，本书已经在基准回归中对两个被解释变量进行缩尾处理。但是，核心解释变量的异常值也可能导致基准回归结果的偏误。基于此，本书进一步剔除了在企业 PTAs 环境条款暴露指数分布中处于最低 2.5% 和最高 2.5% 的样本进行回归，结果如表 5-5 中列（1）和列（2）所示。研究结果表明，在模型中协变量保持不变，但对核心解释变量进行缩尾处理后，企业清洁产品出口份额和污染产品出口份额对企业 PTAs 环境条款暴露指数的回归系数的符号、显著性以及数值均基本保持不变。这一结果证明了本章基准结果的稳健性。

表5-5　稳健性检验结果：排除异常值与地区影响因素

变量	（1）	（2）	（3）	（4）
	排除解释变量异常值		考虑城市层面遗漏变量	
	Cleanshr	*Dirtyshr*	*Cleanshr*	*Dirtyshr*
ln*Exposure*	0.0013***	−0.0010***	0.0015***	−0.0009***
	(0.0002)	(0.0003)	(0.0002)	(0.0003)
全部协变量	Y	Y	Y	Y
企业固定效应	Y	Y	Y	Y
年份固定效应	Y	Y	Y	Y
城市—年份固定效应	N	N	Y	Y
_cons	0.0496***	0.2344***	0.0468***	0.2329***
	(0.0049)	(0.0063)	(0.0051)	(0.0064)
N	577753	609152	593259	625671
R^2	0.8436	0.9163	0.8443	0.9168

注：括号内为企业层面的聚类稳健标准误。

3. 排除地区差异的影响

本章在基准模型中已经排除了不随时间变化的企业固有属性（企业固定效应）、全国层面的环境政策或全球冲击等不存在个体差异的冲击（时间固定效应）、可观测的随时间变化的企业特征（企业时变协变量）和随时间变化的行业特征（行业时变协变量）对回归结果的影响。但是，在样本期间，中国出台了大量城市层面的环境政策，例如，2010 年开始实施的低碳城市政策、2012 年开始实施的碳交易权试点政策等。这些环境政策要求企业进行技术创新、改善能源结构、提升能源效率以减小对环境的污染，不仅影响企业的出口行为（Lu et al.，2020；Martín-Tapia et al.，2010），也可能促使企业转向更清洁的产品出口结构。此外，由于这些环境政策仅在部分城市执行，从而可能对试点地区的企业产生更大影响。由于本章的基准回归中并未考虑到这些因素，从而可能使其结果遭受质疑。基于此，本小节在基准回归模型中进一步加入企业所在城市—年份层面的固定效应进行回归。理论上，加入这一固定效应意味着在基准模型中加入了所有可能随时间变化的城市特征变量，以及不随时间变化的城市固有属性变量，不仅能够排除城市层面的环境政策因素差异带来的影响，也可以排除城市层面的财政金融政策、基础设施等因素的差异对本章基准结果产生的干扰。回归结果如表 5-5 中列（3）和列（4）所示，表明在全面考虑了地区因素的差异性后，基准回归结果的系数符号及显著性保持不变，表明本章的基准回归结果不受所关注因素的干扰。

4. 替换核心解释变量

为了排除企业出口清洁度与贸易权重之间的反向因果联系而造成的被解释变量与解释变量之间的内生性问题，本书在测算核心解释变量时采用了相较于结果变量滞后 1 期的企业贸易权重进行加权。但是，在这种情况下，仍然无法排除基准结果是由贸易权重导致的可能性。基于此，进一步采用相较于结果变量滞后 2 期的企业贸易权重，以及滞后 1 期和 2 期的企业贸易权重来测算核心解释变量。具体测量方法如下所示：

$$Exposure1_{ft} = \sum_{k} \sum_{d} (exp_{fd,\,t-2}/exp_{f,\,t-2}) N_{Cdkt}$$

$$Exposure2_{ft} = \sum_{k} \sum_{d} \left(\left(\frac{exp_{fd,\,t-1}}{exp_{f,\,t-1}} + \frac{exp_{fd,\,t-2}}{exp_{f,\,t-2}} \right) / 2 \right) N_{Cdkt}$$

式中，$exp_{fd,t-1}$ 和 $exp_{fd,t-2}$ 分别表示企业 f 对目的国 d 在 $t-1$ 期和 $t-2$ 期的出口

额，$exp_{f,t-1}$ 和 $exp_{f,t-2}$ 分别表示企业 f 在 $t-1$ 期和 $t-2$ 期的总出口额。本小节分别采用新测算得到的指标的自然对数值 $\ln Exposure1$ 和 $\ln Exposure2$ 替换模型（5-1）中的核心解释变量。

然而，企业的出口目的市场总是处于动态调整的过程中，只有当企业的出口目的市场的选择存在路径依赖的情况下，企业对各国滞后期的贸易权重才与当期企业对各国的贸易权重存在较强的相关性，此时基于滞后期贸易权重测算得到的核心解释变量才能捕捉企业当期在出口市场上所面临的 PTAs 环境条款的约束。如果这种路径依赖不存在，那么基准回归中的核心解释变量可能并不能真实反映企业受到的 PTAs 环境条款的约束。此外，当企业为某一期的新进入企业时，基于滞后期贸易权重测算得到企业进入当期的 PTAs 环境条款暴露指数为 0，也不能正确反映其所面临的 PTAs 环境条款所带来的约束。基于此，本小节计算了企业 2001~2014 年对每一个目的国的出口额和该时期内的总出口额，并在此基础上计算了企业对各目的国的平均出口份额和企业的 PTAs 环境条款暴露指数 $\ln Exposure3$，并利用其替换模型（5-1）中的核心解释变量进行回归。替换核心解释变量后的回归结果如表 5-6 所示。其中列（1）~列（3）给出了企业清洁产品出口份额的回归结果，列（4）~列（6）为企业污染产品出口份额的回归结果。表中结果表明，在替换了核心解释变量的测算方法后，PTAs 环境条款仍然有利于提高企业清洁产品出口份额并降低企业污染产品出口份额，从而能够促进企业转向更清洁的出口结构。

表5-6 稳健性检验结果：替换核心解释变量

变量	(1)	(2)	(3)	(4)	(5)	(6)
	清洁产品			污染产品		
	Cleanshr	*Cleanshr*	*Cleanshr*	*Dirtyshr*	*Dirtyshr*	*Dirtyshr*
$\ln Exposure1$	0.0006*** (0.0002)			−0.0010*** (0.0003)		
$\ln Exposure2$		0.0015*** (0.0003)			−0.0013*** (0.0004)	
$\ln Exposure3$			0.0065*** (0.0005)			−0.0044*** (0.0007)
全部协变量	Y	Y	Y	Y	Y	Y
企业固定效应	Y	Y	Y	Y	Y	Y

变量	(1)	(2)	(3)	(4)	(5)	(6)
	清洁产品			污染产品		
	Cleanshr	*Cleanshr*	*Cleanshr*	*Dirtyshr*	*Dirtyshr*	*Dirtyshr*
年份固定效应	Y	Y	Y	Y	Y	Y
_ cons	0.0547***	0.0542***	0.0385***	0.2309***	0.2319***	0.2421***
	(0.0050)	(0.0050)	(0.0050)	(0.0063)	(0.0063)	(0.0065)
N	571800	571800	593410	603289	603289	625822
R^2	0.8473	0.8473	0.8432	0.9174	0.9174	0.9159

5. 排除环境产品和非环境产品划分标准的影响

在本章的基准回归中，环境产品的识别标准源自 OECD 的 CLEG。第二种识别环境产品的标准由亚太经济合作组织（Asia-Pacific Economic Cooperation, APEC）提出，该组织于 2012 年的领导人宣言中提出了一个 APEC 成员之间的环境产品列表，共涉及 47 种 6 位数 HS1992 分类标准下的产品。[①] Brandi 等（2020）就采用了 OECD 环境类产品列表和 APEC 环境产品列表的联合列表来计算发展中国家的清洁产品出口份额。基于此，本小节采用 APEC 清单作为识别清洁产品的标准并计算企业清洁产品出口份额（*Cleanshr_A*）。采用重新计算得到的清洁产品出口份额进行回归的结果如表 5-7 中列（1）所示。回归结果表明企业 PTAs 环境条款暴露指数对企业清洁产品出口份额仍然具有正向影响，且该效应仍然在 1% 的统计水平上显著。但核心解释变量的系数趋近于 0，其可能的原因是，该标准下仅有极少产品被视为清洁产品，从而导致计算得到的企业清洁产品出口份额相较于 CLEG 标准大幅下降，最终导致估计系数趋近于 0。

如前文所提及的那样，与具有明确可参考标准的清洁产品不同，由于缺乏统一的分类标准，不同学者对污染产品的定义存在差异。Cui 等（2016）借鉴了 Greenstone（2002）的分类标准，但其污染密集行业的范围更小，仅包括纸浆和纸张行业（2611-31），有机化学行业（2861-69），炼油行业（2911），橡胶和

---

① 资料来源于 APEC 官方主页中文版，http：//cn. apecgsc. org/faguizhengce/APECjingjiti/570. html。2022 年 6 月第一次查阅。

其他塑料制品行业（30），石头、黏土、玻璃和混凝土行业（32），钢铁行业（3312-25、3321-2）和有色金属行业（333-34）。[1] 为了检验企业 PTAs 环境条款暴露指数对企业污染产品出口份额的影响效应是否受污染产品的界定标准的干扰，本小节根据 SIC 代码与 HS1992 代码的对应表识别出 Cui 等（2016）分类标准下的 6 位数 HS1992 的污染产品代码，[2] 并在此基础上计算了该分类标准下的企业污染产品出口份额 Dirtyshr_C。新标准下的企业污染产品出口份额与企业 PTAs 环境条款暴露指数的回归结果如表 5-7 中列（2）所示。结果表明，在替换企业污染产品划分标准后，核心解释变量对企业污染产品出口份额的影响效应仍然为负。

表 5-7　稳健性检验结果：分类标准与估计模型

变量	（1）	（2）	（3）	（4）
	更换分类标准		更换估计模型	
	Cleanshr_A	*Dirtyshr_C*	*Cleanshr*	*Dirtyshr*
ln*Exposure*	0. 0000 *** （0. 0000）	− 0. 0004 ** （0. 0002）	0. 0279 *** （0. 0039）	− 0. 0034 ** （0. 0013）
全部协变量	Y	Y	Y	Y
企业固定效应	Y	Y	Y	Y
年份固定效应	Y	Y	Y	Y
_cons	− 0. 0001 *** （0. 0000）	0. 1271 *** （0. 0034）	− 1. 0190 *** （0. 0722）	− 0. 1827 *** （0. 0310）
N	593290	625896	255092	407791
R^2	0. 4430	0. 9151		
Pseudo_R^2			0. 4017	0. 4002

6. 更换回归模型

计算企业清洁产品出口份额和污染产品出口份额的前提是对企业所出口的产品进行分类。在这个过程中可能产生的问题是，大量企业的出口产品并不属于这两种产品范围，从而导致部分企业清洁产品出口份额和污染产品出口份额为 0。通过对被解释变量进行统计发现，在清洁产品出口份额的有效样本中，约有 73%

---

① 括号内为对应的 SIC 代码。
② Cui 等（2016）分类标准下的污染产品共包括 935 种 6 位数 HS1992 产品。

的观测值其清洁产品出口份额为0，而在污染产品出口份额的有效样本中，约有54%的观测值的污染产品出口份额为0。产生0值的原因可能是受到PTAs环境条款的冲击而导致的企业出口产品的结构调整，但也有可能是由于样本中的部分企业从未出口过清洁产品或者污染产品。基于此，本小节进一步统计了样本中这两类企业的占比。其中，在清洁产品出口份额的有效样本中，约有65%的企业从未出口过清洁产品，占全部有效观测值的58%；在污染产品出口份额的有效样本中，约有46%的企业从未出口过污染产品，占全部有效观测值的36%。被解释变量大量0值的存在可能导致本章基准回归中所使用的最小二乘估计结果产生偏误。基于此，本小节进一步采用多重高维固定效应的伪Poisson回归模型进行估计，结果如表5-7中列（3）和列（4）所示。回归结果表明，在更换估计模型后，PTAs中的环境条款仍然能显著增加企业清洁产品出口份额并降低企业污染产品出口份额。

7. 排除金融危机的影响

Eaton等（2011）、Amiti和Weinstein（2011）发现金融危机会对出口产生负向影响。李柔等（2019）认为金融危机产生的货币危机和银行危机对出口具有一定的负向影响。王俊等（2020）认为由于金融危机以及其后的欧债危机对中国的对外贸易的负面影响，导致中国与PTAs伙伴国之间的贸易规模下降。为了检验企业的PTAs环境条款暴露指数对企业出口产品清洁度的影响效应是否对金融危机敏感，本小节采用两种方法进行检验。第一，以金融危机发生年份2007年为标准，将原始样本划分为金融危机前的样本和金融危机之后的样本，并采用基准回归模型分别进行回归，回归结果如表5-8中列（1）~列（4）所示。结果表明，无论是金融危机前还是金融危机后，清洁产品出口份额的回归结果中，企业的PTAs的环境条款暴露指数的系数符号均与基准回归结果保持一致，且在1%的统计水平上拒绝原假设，表明金融危机前和金融危机后，PTAs中的环境条款均能提高企业的清洁产品出口份额。而从污染产品出口份额的回归结果来看，金融危机前PTAs中的环境条款能够显著降低企业污染产品出口份额，但该效应在金融危机后的样本中消失。第二，在原始样本中剔除2007~2011年的样本，采用剩余样本进行回归。采用这一方法的目的在于剔除金融危机较为严重时期的样本。回归结果如表5-8中列（5）~列（6）所示。结果表明，在剔除了金融危机较为严重时期的样本之后，本章的基准结论基本保持不变。因此，综合来看，在充分考虑了金融危机对企业贸易行为的影响后，PTAs中的环境条款仍然能有效促进企业出口结构向更清洁的方向发展。

表 5-8　稳健性检验：排除金融危机的影响

变量	（1）	（2）	（3）	（4）	（5）	（6）
	2001～2006 年		2007～2014 年		≠2007～2011 年	
	Cleanshr	*Dirtyshr*	*Cleanshr*	*Dirtyshr*	*Cleanshr*	*Dirtyshr*
ln*Exposure*	0.0010***	−0.0008**	0.0008***	−0.0001	0.0013***	−0.0009**
	（0.0003）	（0.0004）	（0.0003）	（0.0004）	（0.0003）	（0.0004）
全部协变量	Y	Y	Y	Y	Y	Y
企业固定效应	Y	Y	Y	Y	Y	Y
年份固定效应	Y	Y	Y	Y	Y	Y
_cons	0.0311***	0.2393***	0.0665***	0.2106***	0.0420***	0.2424***
	（0.0083）	（0.0102）	（0.0059）	（0.0068）	（0.0071）	（0.0092）
N	201292	210644	372520	395211	322379	339774
R^2	0.8785	0.9455	0.8834	0.9366	0.8641	0.9301

注：模型中均包含了全部协变量、企业固定效应和年份固定效应；为了简洁，本表未报告协变量的估计系数。

三、内生性问题

模型中存在的内生性问题可能导致估计结果产生偏误。内生性问题的来源主要包括遗漏变量、样本选择和反向因果（Hill et al.，2020）。对于遗漏变量问题，本章在基准回归中采用加入企业固定效应、时间固定效应以及随时间变化的企业和行业层面的控制变量来解决该问题，并在稳健性检验中进一步考虑了其他可能的遗漏变量，检验结果表明基准回归结果存在的遗漏变量问题较小。对于样本选择的问题，本章采用了 2001～2014 年中国海关数据库和中国工业企业数据库匹配数据中全部出口企业，而非仅出口清洁产品或污染产品的企业作为分析对象，所涵盖的企业在规模、出口额、所属地区、行业等方面均存在较大差异，因而本章的样本选择效应也较小。对于反向因果问题，本章的核心解释变量由中国与各出口国签署的 PTAs 中的环境条款数量和企业对各出口目的国的出口份额计算得到。中国与世界各国是否签署 PTAs，以及签署的 PTAs 中包含的环境条款的数量是缔约各方中央政府基于宏观层面的考虑做出的决定，此时单个企业的行为难以对国家层面的制度安排产生影响，因而反向因果问题不可能来源于环境条款数量。此外，为了尽可能缓解由贸易结构造成的反向因果问题，本章采用了企业在样本期间对各目的国滞后一期的出口份额作为权重来测算核心解释变量。但仍有未观测到的因素共同决定了企业的出口结构，进而对解释变量和被解释变量产生影响，从而产生内生性问题。

采用工具变量法可以在一定程度上解决内生性问题对估计结果产生的偏误，但这需要寻找与企业的 PTAs 环境条款暴露指数相关但与企业自身出口产品结构不相关的变量作为内生变量的工具变量。此外，由于在寻找工具变量的过程中面临着工具变量不唯一且难以观测到误差项等方面的问题，导致很难找到一个最合适的工具变量。在这种情况下，一些研究通过群组内其他个体的内生变量的平均值作为单个个体内生变量的工具变量，并以此来缓解内生性带来的估计偏误（宗庆庆等，2015；陈选娟和林宏妹，2021）。根据所使用的数据，本小节选择企业所在省份、企业年龄和企业出口额作为分组变量。具体而言，本小节将每年各省的样本分别按照企业年龄和企业出口额分为 10 组，因此在每年每个省份内部产生 100 组样本。对于企业 f，本小节计算其所在组别内的其他企业的平均 PTAs 环境条款暴露度指数（ln$Exposure\_excl$）作为工具变量进行估计。[①] 两阶段工具变量回归结果如表 5-9 中列（1）~列（4）所示。其中，列（1）和列（3）分别给出了企业清洁产品出口份额和污染产品出口份额的两阶段工具变量回归的第一阶段的结果，表明工具变量与内生核心解释变量具有较强的相关性。列（2）和列（4）汇报了工具变量回归的第二阶段的检验结果。由于本小节讨论的内生变量与工具变量数量相等，因此仅关注潜在的弱工具变量问题和工具变量识别不足问题。其中，两个回归的 Kleibergen-Paaprk LM 统计量对应 P 值均为 0.0000，拒绝了"工具变量识别不足"的原假设，表明不存在工具变量识别不足的问题。同时，两个回归的 Cragg-Donald Wald F 统计量和 Kleibergen-Paaprk Wald F 统计量值均较大，表明不存在弱工具变量的问题。上述检验表明，本小节的工具变量选取有效。第二阶段的回归结果表明，企业清洁产品出口份额对企业的 PTAs 环境条款暴露指数的估计系数值约为 0.0082，污染产品出口份额对企业 PTAs 环境

---

① 企业的 PTAs 深度暴露指数也存在相似的问题，因此本章也采用这一方法测算了组别内企业的平均 PTAs 深度暴露指数作为控制变量的工具变量。篇幅所限，表 5-9 中未报告两阶段中相关的回归结果。此外，由于回归中 2 个内生变量对应 2 个工具变量，不存在过度识别问题，因此表 5-9 中也未汇报 Hansen J 统计量。后面章节的内生性问题作相同处理。

条款暴露指数的估计系数值约为-0.0105，且均在1%的统计水平下显著，表明本章的基准回归结论在考虑了内生性之后，仍然成立。

表5-9　内生性问题处理结果：PTAs中环境条款对企业出口清洁度的影响

变量	（1）	（2）	（3）	（4）
	第一阶段	第二阶段	第一阶段	第二阶段
	ln*Exposure*	*Cleanshr*	ln*Exposure*	*Dirtyshr*
ln*Exposure_excl*	0.6573*** （0.0056）		0.6634*** （0.0055）	
ln*Exposure*		0.0082*** （0.0010）		-0.0105*** （0.0013）
全部协变量	Y	Y	Y	Y
企业固定效应	Y	Y	Y	Y
年份固定效应	Y	Y	Y	Y
识别不足检验				
Kleibergen-Paaprk LM statistic		2088.264 （0.0000）		2092.175 （0.0000）
弱工具变量检验				
Cragg-Donald Wald F statistic		2422.244		2393.816
Kleibergen-Paap Waldrk F statistic		998.790		1002.649
N		587888		619999

注：除识别不足检验部分的括号内为p值以外，其余括号内为企业层面的聚类稳健标准误。

第三节　优惠贸易协定环境条款影响企业出口清洁度的机制检验

一、不同类型环境条款的影响差异性分析

本章前文，主要论证了企业PTAs环境条款暴露指数对企业出口清洁度的平均效应。但是，根据第三章第二节的论证，PTAs中的环境条款具有不同的功能。本小节机制检验的主要目的在于验证不同类型的环境条款对企业出口清洁度的影

响效应。在 Brandi 等（2020）对环境条款的划分方法的基础上，本小节参照第四章第二节的方法分别计算了企业的 PTAs 贸易限制型环境条款暴露指数（ln$Expos\_PT$）、PTAs 贸易促进型环境条款暴露指数（ln$Expos\_LT$）和其他类环境条款暴露指数（ln$Expos\_OTH$）。

由于不同类型的环境条款可能相伴出现，例如，为了达到环境保护的目的，缔约国在 PTAs 中纳入了协调和促进清洁产品贸易自由化的环境条款的同时，也可能会增加 PTAs 中纳入的限制高污染产品贸易的环境条款的数量。在这种情况下，PTAs 中的三类环境条款的数量，以及计算得到的企业三类环境条款暴露指数之间可能存在较大的相关性。为了对这一猜想进行检验，本小节利用 Trend 数据库中收录的 1947~2018 年全部 PTAs 的数据，分别统计了它们各自的贸易促进型环境条款数量（LT_Num）、贸易限制型环境条款数量（PT_Num）和其他类型环境条款数量（OTH_Num），并计算了它们的相关系数，相关系数矩阵见本书附录的附表 A.3。研究发现，贸易促进型环境条款数量与限制型环境条款数量、其他类型环境条款数量与贸易限制型环境条款数量以及其他类型环境条款数量与贸易促进型环境条款数量的相关系数分别为 0.816、0.897 和 0.858，且在 1% 的统计水平上显著。表明三类环境条款之间的确存在伴生关系。本小节进一步计算了 ln$Expos\_PT$ 和 ln$Expos\_LT$、ln$Expos\_OTH$ 和 ln$Expos\_PT$ 以及 ln$Expos\_OTH$ 和 ln$Expos\_LT$ 之间的相关系数，相关系数矩阵见本书附录的附表 A.4。研究发现，三者分别为 0.970、0.961 和 0.970，且均在 1% 的统计水平上显著。

上述结果表明，同时将三种环境条款暴露指数放入同一模型中，可能使得估计结果由于多重共线性问题的存在而产生偏误。基于此，本小节分别采用企业的三类环境条款指数替代模型（5-1）中的核心解释变量，以分别检验企业三类环境条款指数对企业出口清洁度的影响效应，估计结果如表 5-10 所示。其中，列（1）~列（2）给出了企业清洁产品出口份额和污染产品出口份额对 ln$Expos\_PT$ 的回归结果，回归系数分别为 0.0033 和 -0.0024，且在 1% 的统计水平上拒绝"系数为 0"的原假设，表明企业的 PTAs 贸易限制型环境条款暴露指数每增加 1%，企业的清洁产品出口份额上升 0.33 个百分点，污染产品出口份额下降 0.24 个百分点。列（3）~列（4）分别给出了两个被解释变量对 ln$Expos\_LT$ 的回归结果，回归系数分别为 0.0034 和 -0.0026，且在 1% 的统计水平上显著，表明企业的 PTAs 贸易促进型环境条款暴露指数每增加 1%，企业的清洁产品出口份额上升 0.34 个百分点，污染产品出口份额下降 0.26 个百分点。列（5）~列

（6）呈现了两个被解释变量对企业 PTAs 其他类型环境条款暴露指数的回归结果。其中，企业清洁产品出口份额对 ln$Expos\_OTH$ 的回归系数表明，企业 PTAs 其他类型环境条款暴露指数每增加 1%，企业清洁产品出口份额显著增加 0.14 个百分点。同时，企业污染产品出口份额对 ln$Expos\_OTH$ 的回归系数表明，企业 PTAs 其他类型环境条款暴露指数每增加 1%，企业污染产品出口份额显著下降 0.1 个百分点。

综合上述结果，本小节发现，PTAs 中不同类型的环境条款均能提高企业的出口清洁度，但影响效应大小存在差异性，具体而言，贸易促进型环境条款的作用最明显，其次为贸易限制型环境条款，而其他类型的环境条款的作用相对更小，验证了假说 2。相较于 Brandi 等（2020）的研究，本章将重点放在中国，并且将研究对象细化到了企业层面。

表 5-10　机制检验：环境条款类型

变量	(1)	(2)	(3)	(4)	(5)	(6)
	Cleanshr	*Dirtyshr*	*Cleanshr*	*Dirtyshr*	*Cleanshr*	*Dirtyshr*
ln$Expos\_PT$	0.0033*** (0.0006)	−0.0024*** (0.0008)				
ln$Expos\_LT$			0.0034*** (0.0006)	−0.0026*** (0.0008)		
ln$Expos\_OTH$						
					0.0014*** (0.0002)	−0.0010*** (0.0003)
全部协变量	Y	Y	Y	Y	Y	Y
企业固定效应	Y	Y	Y	Y	Y	Y
年份固定效应	Y	Y	Y	Y	Y	Y
_cons	0.0500*** (0.0049)	0.2346*** (0.0063)	0.0500*** (0.0049)	0.2346*** (0.0063)	0.0500*** (0.0049)	0.2346*** (0.0063)
N	593410	625822	593410	625822	593410	625822
R^2	0.8431	0.9159	0.8431	0.9159	0.8431	0.9159

二、优惠贸易协定环境条款、污染密度与企业出口清洁度

本书假说 3 提出，不同污染密度的企业对 PTAs 环境条款的反应可能存在差异。具体而言，相较于污染型企业，企业 PTAs 环境条款暴露指数对清洁企业的出口清洁度的影响效应更大。本小节主要采用如式（5-3）所示调节效应模型检验污染密度对 PTAs 环境条款对企业出口清洁度影响效应的调节作用：

$$Y_{fjt} = \alpha + \beta_1 \ln Exposure_{ft} + \beta_2 \ln Exposure_{ft} \times Pol\_intensity_j + \beta_3 Pol\_intensity_j +$$

$$\sum_{n=1}^{N} \gamma^n F\_C_{ft}^n + \sum_{m=1}^{M} \delta^m I\_C_{jt}^m + \varphi_f + \lambda_t + \varepsilon_{fjt} \tag{5-3}$$

其中，$Pol\_intensity_j$ 表示行业 j 的总的污染排放密度。根据《中国统计年鉴》的数据，[①] 本小节分别计算了 2003 年各 2 位数行业层面的单位产值的二氧化硫、工业烟尘、工业粉尘、工业废水和工业固体废物的排放密度，并在对 5 类污染物排放密度进行标准化去量纲的前提下，获得行业总的污染排密度指数。该指标的具体计算公式如下：

$$Pollution\_intensity_j^i = \frac{Discharge_j^i}{Output_j} \tag{5-4}$$

$$Pol\_intensity_j = \sum_i^5 \frac{Pollution\_intensity_j^i - \min[Pollution\_intensity_j^i]}{\max[Pollution\_intensity_j^i] - \min[Pollution\_intensity_j^i]} \tag{5-5}$$

式（5-4）中，$Discharge_j^i$ 表示行业 j 中污染物 i 的排放量，$Output_j$ 表示行业 j 的工业总产值，因此 $Pollution\_intensity_j^i$ 表示行业 j 中污染物 i 的排放密度。式（5-5）中 $\max[Pollution\_intensity_j^i]$ 和 $\min[Pollution\_intensity_j^i]$ 分别表示所有行业污染物 i 排放密度的最大值和最小值。由于污染密度是本小节的调节变量，为了保证结果的稳健性，对式（5-5）所得的变量进行去中心化处理后应用于模型（5-3）。

根据模型（5-3），污染密度对 PTAs 环境条款暴露指数对企业出口清洁度影响效应的调节作用如表 5-11 列（1）和列（2）所示。在企业清洁产品出口份额的回归结果中，核心解释变量 $\ln Exposure$ 与行业污染密度的交乘项系数为负，且

---

① 自 2003 年开始，《中国统计年鉴》的工业总产值变量采用与 GB/T 4754-2002 一致的 2 位数行业统计口径，而本书将企业所属行业也统一到 GB/T 4754-2002 标准层面。因此，采用 2003 年的数据测算污染密度更符合数据特征。

在1%的统计水平上显著，表明随着污染密度递增，ln*Exposure* 对企业清洁产品出口份额的正向影响效应递减。在污染产品出口份额的回归结果中，核心解释变量与行业污染密度的交乘项系数为−0.0001，但不具备统计意义上的显著性，这表明平均而言，行业污染密度对 PTAs 环境条款暴露指数对污染产品出口份额的影响不存在显著的调节效应。

为了检验调节效应的稳健性，根据得到的各行业污染排放密度指数是否大于其中位数，本小节将2位数工业行业分为污染行业和清洁行业，并生成虚拟变量 *Pol_group*。当某行业的污染排放密度指数大于全部行业的污染排放密度指数的中位数时，将其视为污染行业，此时其对应的 *Pol_group* 变量取值为1，否则，*Pol_group* 的取值为0。采用 *Pol_group* 替换模型（5-3）中的调节变量进行回归，结果如表5-11中列（3）和列（4）所示。结果表明，一方面，企业清洁产品出口份额与污染产品出口份额对企业 PTAs 环境条款暴露指数的回归系数分别为0.0021 和−0.0012，表明企业 PTAs 环境条款暴露指数能够增加企业清洁产品出口份额，降低企业污染产品出口份额，进一步验证了本章的基准回归结果。另一方面，企业清洁产品出口份额对 ln*Exposure*×*Pol_group* 的回归系数为−0.0026，由于对应的企业 PTAs 环境条款暴露指数的单独项系数符号大于0，该结果表明，相较于高污染密度行业中的企业，企业 PTAs 环境条款暴露指数更能提升清洁企业的清洁产品出口份额。与污染密度回归结果保持一致，企业污染产品出口份额对 ln*Exposure*×*Pol_group* 的回归系数并不显著。

表5-11　机制检验：污染密度的调节效应

变量	（1）Cleanshr	（2）Dirtyshr	（3）Cleanshr	（4）Dirtyshr
ln*Exposure*	0.0008 *** （0.0002）	−0.0010 *** （0.0004）	0.0021 *** （0.0003）	−0.0012 *** （0.0003）
ln*Exposure*×*Pol_intensity*	−0.0023 *** （0.0006）	−0.0001 （0.0010）		
ln*Exposure*×*Pol_group*			−0.0026 *** （0.0003）	0.0007 （0.0005）
全部协变量	Y	Y	Y	Y
企业固定效应	Y	Y	Y	Y
年份固定效应	Y	Y	Y	Y

续表

变量	(1)	(2)	(3)	(4)
	Cleanshr	*Dirtyshr*	*Cleanshr*	*Dirtyshr*
_cons	0.0514***	0.2352***	0.0484***	0.2364***
	(0.0050)	(0.0065)	(0.0050)	(0.0064)
N	593410	625822	593410	625822
R^2	0.8431	0.9159	0.8431	0.9159

　　表5-11中的回归结果并不能直观地显示出不同污染密度下PTAs环境条款暴露指数对企业清洁产品出口份额和污染产品出口份额的边际影响，基于此，本小节根据模型（5-3）绘制了图5-1，其中图5-1（a）和图5-1（b）分别表示不同污染密度下企业PTAs环境条款暴露指数对企业清洁产品出口份额和污染产品出口份额的边际影响，其中横轴表示不同的污染密度水平，纵轴表示核心解释变量的边际效应，阴影区域表示95%的置信区间。从图中可以看出，当污染密度较低时，企业的PTAs环境条款暴露指数能够显著提升企业的清洁产品出口份额，随着污染密度增加，该效应逐渐减小，当污染密度较大时，PTAs中的环境条款甚至会对企业清洁产品出口份额产生负向影响。同时，当污染密度较低时，企业PTAs环境条款暴露指数可以降低企业污染产品出口份额，随着污染密度递增，PTAs中环境条款对企业污染产品出口份额的影响效应消失。

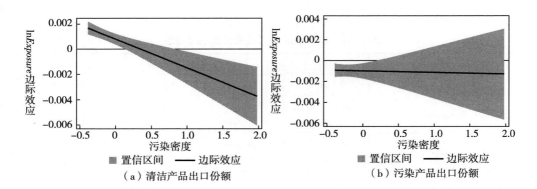

图5-1　不同污染密度下PTAs环境条款对企业出口清洁度的边际效应

资料来源：作者绘制。

三、优惠贸易协定环境条款、生产率与企业出口清洁度

本书假说 4 提出，不同生产率的企业对 PTAs 环境条款的反应可能存在差异，进而产生出口结构的异质性反应。具体而言，生产率越高的企业，在面对 PTAs 环境条款的规制时，能够以更高的能力和效率对出口产品进行调整，从而可以正向调节 PTAs 环境条款对企业出口清洁度的正向效应。基于此，本小节采用去中心化后的企业生产率替换模型（5-3）中的污染密度进行回归，以检验生产率的调节效应，回归结果如表 5-12 中列（1）和列（2）所示。从企业清洁产品出口份额的回归结果来看，在考虑到生产率调节效应的情况下，企业的 PTAs 环境条款暴露指数的线性项系数为负，但该变量与企业生产率的交乘项系数为正。由于在有效样本中，经过去中心化后的企业的平均生产率为 0，此时企业的 PTAs 环境条款暴露指数对企业清洁产品出口份额的边际影响效应为 0.0013，表明基准结果在样本企业平均生产率水平上保持不变。同时，核心解释变量与企业生产率的交乘项的系数为正，表明企业生产率能够正向激发 PTAs 环境条款对企业清洁产品出口份额的积极影响。从污染产品出口份额的回归结果来看，企业 PTAs 环境条款暴露指数线性项的系数仍然在 1% 的水平下显著为负。同时，交乘项的系数为负表明企业的生产率越高，越能激发 PTAs 环境条款对企业污染产品出口份额的负向影响。有关两种产品出口份额的结果均表明，企业生产率有利于促进 PTAs 环境条款对企业出口清洁度的正向影响，验证了本书的假说 4。

为了检验这一结果的稳健性，本小节进一步利用各行业期初的全员劳动生产率的中位数将样本分为高生产率组和低生产率组，并生成变量 HTLP。[①] 其中，当企业属于高生产率组时，HTLP 取值为 1，否则取值为 0。采用该变量替换企业生产率进行回归，结果如表 5-12 中列（3）和列（4）所示。从清洁产品出口份额来看，PTAs 环境条款暴露指数线性项的系数显著为正，同时交乘项的系数也显著为正，表明 PTA 环境条款更能促进高生产率行业企业的清洁产品出口份额提升。从污染产品出口份额来看，PTAs 环境条款暴露指数线性项系数为负，但其与 HTLP 交乘项回归系数不显著。

---

① 行业全员劳动生产率指标来自《中国统计年鉴》，由于与行业污染密度类似，本书使用 2003 年的数据对样本进行分组。

表 5-12　机制检验：生产率的调节效应

变量	(1)	(2)	(3)	(4)
	Cleanshr	*Dirtyshr*	*Cleanshr*	*Dirtyshr*
ln*Exposure*	0.0014 *** (0.0002)	−0.0010 *** (0.0003)	0.0006 ** (0.0003)	−0.0012 *** (0.0004)
ln*Exposure×TFP*	0.0088 *** (0.0022)	−0.0052 * (0.0027)		
ln*Exposure×HTLP*			0.0016 *** (0.0004)	0.0005 (0.0005)
全部协变量	Y	Y	Y	Y
企业固定效应	Y	Y	Y	Y
年份固定效应	Y	Y	Y	Y
_cons	0.0501 *** (0.0044)	0.2280 *** (0.0056)	0.0520 *** (0.0050)	0.2359 *** (0.0064)
N	593410	625822	593410	625822
R^2	0.8431	0.9159	0.8431	0.9159

　　本小节进一步绘制了不同企业生产率水平下 PTAs 环境条款暴露度对企业清洁产品出口份额和污染产品出口份额的边际影响效应图，结果如图 5-2 所示。其中图 5-2（a）和图 5-2（b）分别为不同生产率水平下，PTAs 环境条款暴露指数对清洁产品出口份额与污染产品出口份额的边际影响，其中横轴为企业不同生产率水平，纵轴表示核心解释变量的边际效应，阴影区域表示 95% 的置信区间。从图中可以看出，当企业生产率处于较低水平时，PTAs 环境条款对企业清洁产品出口份额的边际效应为负，可能的原因是低生产率企业无法有效应对 PTAs 环境条款的冲击并对其产品结构及时作出调整，当生产率处于较高水平时，PTAs 环境条款对企业清洁产品出口份额的边际效应由负转正。同时，当企业生产率由低向高递增时，PTAs 环境条款暴露指数对企业污染产品出口份额的边际影响逐渐由不显著转向负向显著，表明高生产率能够激发企业进行产品结构调整，进而降低企业污染产品出口份额。综合不同生产率下企业 PTAs 环境条款暴露指数对企业清洁产品出口份额和污染产品出口份额的影响可知，PTAs 环境条款有利于促进企业出口结构清洁化。

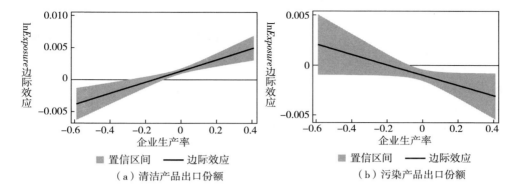

图 5-2 不同生产率下 **PTAs** 环境条款对企业出口清洁度的边际效应

资料来源：作者绘制。

第四节 本章小结

通过在 PTAs 中纳入环境条款来控制环境污染的跨国负外部性已经成为当前经贸谈判中的重点之一。然而，这些条款是否能够有效促进出口结构清洁化还是一个尚待回答的问题。尽管有部分研究已经采用国家层面的数据发现 PTAs 中的环境条款能够显著降低发展中国家的污染产品出口、增加其清洁产品出口。但不同企业由于本身出口目的地的结构存在差异，导致企业所受到的 PTAs 环境条款的冲击存在天然的差异。同时，企业才是一国经济行为的微观主体。因此，有必要从企业层面考察 PTAs 环境条款对出口清洁度的影响。

本章同时采用企业出口中清洁产品份额增加和污染产品出口占比下降来表征企业出口清洁度提升，并基于测算得到的企业 PTAs 环境条款暴露指数，从微观层面考察了 PTAs 环境条款对企业出口结构升级的影响。本章的研究得到如下结论：①PTAs 环境条款促进了企业清洁产品出口份额，并降低了企业污染产品出口份额，从而促使企业出口结构朝着更清洁的方向发展，不同的稳健性检验结果和内生性问题处理结果支持了这一结论。②PTAs 中不同类型的环境条款对企业清洁度的影响效应存在差异，其中贸易促进型环境条款对企业清洁产品出口份额的正向影响和对企业污染产品出口份额的负向影响最大，其次是贸易限制型环境条款，其他类型的环境条款对企业出口清洁度的影响相对较小。③污染属性显著影响了 PTAs 环境条款对企业出口清洁度的影响。具体而言，当初始污染密度较低时，能够激发 PTAs 环境条款对企业清洁产品出口份额的正向影响和对企业污染产品出口份额的负向影响，当企业所属行业初始污染密度较高时，PTAs 环境条款对企业清洁产品出口份额的正向影响被逆转，且其对企业污染产品出口份额的负向影响不再显著。④企业生产率有助于激发 PTAs 环境条款对企业出口清洁度的正向效应。具体而言，当企业生产率较低时，PTAs 环境条款反而会降低企业清洁产品出口份额，且其对企业污染产品出口份额的影响效应不显著。当企业生产率较高时，PTAs 环境对条款则能显著促进企业清洁产品出口份额增长以及污染产品出口份额下降。

本章的研究结论表明，在 PTAs 中纳入环境条款有助于促进中国企业出口结构向更清洁化的方向发展。这一转变既体现了中国外贸出口结构的升级，也有助于中国绿色贸易体系的构建。

第六章　优惠贸易协定环境条款
对企业出口产品质量的影响研究

本章从企业出口产品质量的角度实证检验 PTAs 中的环境条款对企业出口竞争力的影响。具体而言，在第一节给出的 PTAs 环境条款影响企业出口产品质量的实证检验策略的基础上，在第二节和第三节呈现对应的检验结果。第四节进一步探讨 PTAs 环境条款对企业出口产品质量的差异化影响。第五节则主要对本章的核心结论进行总结。

第一节　优惠贸易协定环境条款影响
企业出口产品质量的实证检验策略

一、计量模型

风险规避程度较高的企业可能考虑到出口国与中国签署的 PTAs 中的环境条款对其出口中面临的不确定性的影响，从而对出口结构进行调整。又或者出于企业文化或者维持自身品牌价值的原因，一些企业本身更为关注产品质量，在面临相同约束的情况下，这些企业更可能采用质量升级战略。由于这些因素无法从数据中观测到，因此本章采用如下双向固定效应模型估计企业对 PTAs 中环境条款对企业出口产品质量的影响效应。

$$Quality_{fjt} = \alpha + \beta \ln Exposure_{ft} + \sum_{n=1}^{N} \gamma^n F\_C_{ft}^n + \sum_{m=1}^{M} \delta^m I\_C_{jt}^m + \varphi_f + \lambda_t + \varepsilon_{fjt}$$

$$(6\text{-}1)$$

式中，$Quality_{fjt}$ 表示行业 j 中的企业 f 第 t 年的出口产品质量，其余变量及符号的含义与第五章保持一致。

由于本书假说 6 提出，PTAs 环境条款可能通过提高企业生产率和中间品进口来促使企业出口产品质量提升。基于此，本章借鉴 Baron 和 Kenny（1986）的中介效应模型来考察二者中介效应，并采用 Bootstrap 方法抽取样本 500 次对中介效应模型的估计结果进行检验。具体实证模型如下所示。

$$M_{fjt} = a + b_1 \ln Exposure_{ft} + \sum_{n=1}^{N} \gamma^n F\_C_{ft}^n + \sum_{m=1}^{M} \delta^m I\_C_{jt}^m + \varphi_f + \lambda_t + \varepsilon_{fjt} \quad (6\text{-}2)$$

$$Quality_{fjt} = a_2 + b_2 \ln Exposure_{ft} + cM_{fjt} + \sum_{n=1}^{N} \gamma^n F\_C_{ft}^n + \sum_{m=1}^{M} \delta^m I\_C_{jt}^m + \varphi_f +$$
$$\lambda_t + \varepsilon_{fjt}$$

$$(6\text{-}3)$$

上述两式中，M_{fjt} 表示中介变量，在本章分别为行业 j 中的企业 f 第 t 年的生产率（TFP_{fjt}）和中间品进口额的对数值（$\ln IM\_imp_{fjt}$）。b_1 表示核心解释变量对中介变量的影响效应。c 表示中介变量对被解释变量的影响效应大小。b_2 则表示在考虑了中介变量的中介效应之后，核心解释变量对被解释变量的影响效应大小。如果在模型（6-1）中 β 显著不为 0 的情况下，如果 b_1 和 c 至少有一个不显著，则表明中介作用不成立；如果 b_1 和 c 均显著不为零 0，但 b_2 不显著，表明存在完全中介效应；如果 b_1、b_2 和 c 均显著不为零 0，则表明中介效应成立，且中介变量具有部分中介的作用。

二、变量选择

1. 核心解释变量

本章主要从出口产品质量升级的视角分析 PTAs 中的环境条款对企业出口竞争力的影响。因此，采用第四章第二节的方法所测算的企业的 PTAs 环境条款暴露指数是本章所使用的核心解释变量。与第五章保持一致，为了排除企业当期出口行为与企业当期贸易权重之间潜在的反向因果联系，本章分析仍然采用根据滞后 1 期的贸易权重测算得到的企业的 PTAs 环境条款暴露指数进行回归。

2. 被解释变量

企业出口产品质量是本章的被解释变量，测算方法参见本书的第四章第二节。在稳健性检验中，为了排除该指标测算中所采用替代弹性对结果可能产生的影响，本章借鉴相同的方法分别测算了不同替代弹性下的企业出口产品质量。

3. 主要协变量

本章控制了一些随时间变化的、可能对企业出口产品质量产生影响的企业特征。与第五章保持一致，为了排除贸易协定深度对核心解释变量影响效应的干扰，本章在计量模型（6-1）中纳入企业的 PTAs 深度暴露指数。该指标的具体测算方法见本书第五章第一节。Fan 等（2015a）通过在异质性企业贸易模型中引入质量选择和信贷约束，发现信贷约束的存在使得企业选择生产低质量的产品。基于此，本章进一步在模型中加入企业的融资约束指数（FC）以排除资金约束对企业出口产品质量的影响。Fan 等（2015b）和 Huang 等（2020）均发现贸易自由化对企业出口产品质量的影响。基于此，本章在模型中加入了企业层面的出口关税（$expduty$），以排除该效应。汇率波动可以通过市场选择效应和中间品进口效应等渠道对企业出口产品质量产生影响（Hu et al.，2021；毛日昇和陈瑶雯，2021），因此本章在模型（6-1）中进一步纳入企业实际有效汇率（$FEER$）以排除该因素对估计结果的潜在影响。此外，本章还在模型中加入了企业生产率（TFP）以控制企业生产效率的影响；加入企业年龄的对数（$lnage$）以排除企业生产运营过程中经验积累的影响；加入企业员工数量对数值（$lnworker$）以控制企业规模的影响；加入企业资产密度（$assets\_intensity$）以控制企业要素投入结构的影响。

本章还控制了一些行业层面的协变量。Hou 等（2021）发现外资进入有利于制造业出口产品质量的提升。基于此，本章在模型中加入了 2 位数行业层面的外资渗透率（$Ind\_forpene$）作为控制变量。同时，在模型中加入了行业层面的国有资本渗透率（$Ind\_stapene$）作为控制变量。Zhou 等（2021）发现在贸易自由化背景下，经济集聚有助于企业进口更多中间品，进而提高企业最终产品质量。Zheng 和 Hu（2022）发现工业集聚显著提高了中国食品制造企业的产品质量。因此，本章在模型中加入行业层面的赫芬达尔指数（Ind_HHI）以反映行业集聚程度。此外，本章在模型中加入了行业层面的二氧化碳排放强度（Ind_CO_2）以控制行业污染密度对结果的影响。各协变量计算方法与所使用数据与第五章保持一致。本章所使用变量的描述性统计指标如表6-1所示。由表可知，有效样本企业平均出口产品质量为 0.6014，中位数为 0.6051，表明一半以上的观测样本出口产品质量高于平均水平。

表 6-1　PTAs 中的环境条款对企业出口产品质量影响研究的变量描述性统计

变量	观测值	均值	标准差	最小值	中位数	最大值
Quality	665529	0.6014	0.1325	0	0.6051	1
lnExposure	665529	2.7534	1.1091	0	3.2189	4.6634
lnDepth	665529	0.3831	0.5276	0	0.0602	2.3026
TFP	665529	0.5909	0.0868	0	0.5919	1
lnage	665529	2.0961	0.6844	0	2.1972	5.6058
lnworker	665529	5.4220	1.1304	0.6931	5.4250	12.3717
asstes_intensity	665529	3.8351	1.3794	0.0016	3.8317	15.4502
FC	665529	0.4673	0.1530	0	0.4658	1
expduty	665529	6.1767	11.4432	0	4.4912	644
FEER	665529	1.3241	3.1702	0.0022	1.0929	203.5443
Ind_stapene	515	0.1863	0.1910	0.0015	0.1125	0.9376
Ind_forpene	515	0.2670	0.1759	0.0005	0.2672	0.7964
Ind_HHI	515	0.0044	0.0097	0.0001	0.0014	0.0712
Ind_CO2	515	0.0094	0.0263	0.0000	0.0020	0.2625

第二节　优惠贸易协定环境条款影响企业出口产品质量的实证结果分析

一、基准回归

利用计量模型（6-1），本节估计了企业的 PTAs 环境条款暴露指数对企业出口产品质量的影响效应，结果如表 6-2 所示，其中，列（1）给出了仅在基准模型中加入企业固定效应和年份固定效应作为协变量的估计结果。结果表明企业的 PTAs 环境条款暴露指数对企业出口产品质量具有正向影响效应，且该效应在 1% 的统计水平下显著不为 0。进一步在模型中加入企业的 PTAs 深度暴露指数，以排除贸易协定深度对核心解释变量影响效应的干扰，结果如列（2）所示。结果表明，在考虑了这一因素后，PTAs 环境条款对企业出口产品质量仍然具有显著的正向影响。随后在模型中加入企业层面的协变量，结果如列（3）所示。结果表明，在考虑了可能对企业出口产品质量产生影响的其他随时间变化的企业特征之后，企业的 PTAs 环境条款暴露指数对企业出口产品质量的影响仍然显著为正。在模型中进一步加入随时间变化的行业层面的协变量，估计结果如列（4）所示。该结果表明，在同时排除了固定效应、PTAs 深度以及随时间变化、可能对企业出口产品质量产生影响的企业层面和行业层面的因素的影响之后，企业的 PTAs 环境条款暴露指数对企业出口产品质量仍然具有显著的正向影响效应，验证了本书假说 5。

表 6-2 基准回归结果：PTAs 中的环境条款对企业出口产品质量的影响

变量	(1)	(2)	(3)	(4)
	Quality	Quality	Quality	Quality
lnExposure	0.0044 ***	0.0032 ***	0.0026 ***	0.0026 ***
	(0.0002)	(0.0002)	(0.0002)	(0.0002)
lnDepth		0.0079 ***	0.0079 ***	0.0081 ***
		(0.0005)	(0.0005)	(0.0005)
TFP			0.0584 ***	0.0601 ***
			(0.0022)	(0.0023)
lnage			0.0006	0.0005
			(0.0006)	(0.0006)
lnworker			0.0056 ***	0.0057 ***
			(0.0003)	(0.0003)
asstes_intensity			0.0018 ***	0.0018 ***
			(0.0002)	(0.0002)
FC			−0.0108 ***	−0.0108 ***
			(0.0011)	(0.0011)
expduty			0.0001 ***	0.0001 ***
			(0.0000)	(0.0000)
FEER			−0.0001	−0.0000
			(0.0001)	(0.0001)
Ind_stapene				0.0019
				(0.0059)
Ind_forpene				−0.0249 ***
				(0.0026)
Ind_HHI				1.7206 ***
				(0.2967)
Ind_CO_2				0.0094
				(0.0287)

续表

变量	（1）	（2）	（3）	（4）
	Quality	Quality	Quality	Quality
企业固定效应	Y	Y	Y	Y
年份固定效应	Y	Y	Y	Y
_cons	0.5900 *** (0.0004)	0.5902 *** (0.0004)	0.5228 *** (0.0032)	0.5289 *** (0.0034)
N	626006	626006	626006	626006
R^2	0.7405	0.7408	0.7417	0.7419

从企业层面的协变量来看，PTAs 深度对企业出口产品质量的影响效应显著为正，这一发现回应了 Sun（2021）、Sui 等（2022）和杨勇等（2020）的研究结果。企业生产率对企业出口产品质量的影响显著为正，这与 Kugler 和 Verhoogen（2012）、Fan 等（2015a）等研究结论保持一致。此外，企业年龄对企业出口产品质量的影响系数为正，但暂时未发现统计意义上的显著性。以企业的员工数量为表征的企业规模对企业出口产品质量的影响显著为正，表明大企业的出口产品质量显著高于小企业。类似地，固定资产密度对企业出口产品质量的影响效应也显著为正。企业年龄、企业规模和企业固定资产密度对企业出口产品质量的正向影响效应与 Chen 等（2020）的研究结果保持一致。企业的融资约束指数对企业的出口产品质量的影响显著为负，表明企业融资约束的降低能够显著促进企业出口产品质量的提升。这一结论与 Fan 等（2015a）的结果保持一致。通常而言，企业进行质量升级的活动需要进行生产技术、设备和生产过程的升级，而这些过程需要大量的资金投入。当企业面临较高的融资约束时，这些质量升级中的资金需求无法得到有效满足，进而制约了企业出口产品质量的提升。企业在出口市场面临的关税越高，企业出口产品质量越高，可能的原因在于高关税会倒逼企业进行质量升级以维持利润空间以及获得更大的市场。本章的研究中暂未发现企业出口汇率对企业出口产品质量的显著影响效应。

从行业层面的协变量来看，行业的国有资本渗透率和行业二氧化碳排放密度对企业出口产品质量的影响系数为正，但暂未发现统计意义上的显著性。外资渗透率高的行业，其企业出口产品质量反而较低。此外，行业集聚水平对企业出口产品质量具有显著的影响效应，这一发现响应了 Zhou 等（2021）、苏丹妮等（2018）和曾艺和韩峰（2022）的研究结论。

二、稳健性检验

为了证明基准回归结果的有效性，本章进行了一系列稳健性检验，本节对这些稳健性检验及其结果逐一呈现。

1. 排除序列相关性的影响

本章的基准回归模型假设样本的标准误仅对企业层面的异方差或者自相关敏感，从而在回归中使用了企业层面的稳健标准误。但是，同一行业中不同企业在不同年份，或者不同企业在同一年份的产品质量升级行为也可能存在序列相关性。为了排除这两种序列相关性对基准结果可能产生的偏误，本节进一步将标准误分别聚类到2位数行业层面和年份层面，并对模型（6-1）进行回归，结果如表6-3中列（1）和列（2）所示。回归结果表明，在分别考虑到行业和年份层面潜在的异方差和自相关问题后，本章的基准结果仍然在1%的统计水平下显著不为0，表明PTAs环境条款显著促进了企业出口产品质量提升。

2. 排除城市层面因素的影响

本章的基准模型已经排除了不随时间变化的企业的固有属性、不存在个体差异的冲击、可观测的随时间变化的企业特征以及行业特征等多种因素对回归结果的影响。但是，已有研究表明，地区层面的因素也可能对企业的出口产品质量产生影响，或者对企业初始的出口结构产生影响进而影响企业的环境条款暴露指数，最终使得本章的估计结果产生偏误。俞毛毛和马妍妍（2022）发现地区层面的绿色金融政策有助于提升出口产品质量。毛其淋（2022）发现地区层面的经济刺激计划可以促使企业出口规模增加，同时也会促使企业在国际市场上采取低价策略。马淑琴等（2018）发现中国各省份的基础设施禀赋对出口产品质量具有平均意义上显著的正向影响效应，但该效应在东部地区和西部地区为正向促进效应，而在中部地区则表现出负向抑制效应。由此可以看出，地区层面的因素也可能使本章的基准结果产生偏误。基于此，本小节在基准回归模型中进一步加入企业所在城市—年份层面的固定效应进行回归，以更全面地排除城市层面因素的影响效应。回归结果如表6-3中列（3）所示，该结果表明，考虑了城市—年份层面的固定效应之后的回归结果与基准回归结果的系数相近，且显著性水平未发生变化，证明了基准回归结果的稳健性。

3. 排除异常值的影响

核心解释变量的异常值可能导致本章基准回归结果的偏误。基于此，本小节进一步剔除了在企业 PTAs 环境条款暴露指数分布中处于最低 2.5% 和最高 2.5% 的样本进行回归，结果如表 6-3 中列（4）所示。研究结果表明，在保持模型中协变量不变，但对核心解释变量进行缩尾处理后，企业出口产品质量对企业 PTAs 环境条款暴露指数的回归系数的符号、显著性以及数值均基本保持不变。这一结果证明了基准结果的稳健性。

表 6-3　稳健性检验结果：序列相关性、遗漏变量与异常值

变量	（1）	（2）	（3）	（4）
	行业聚类	年份聚类	遗漏变量	异常值
	Quality	*Quality*	*Quality*	*Quality*
ln*Exposure*	0.0026 *** (0.0004)	0.0026 *** (0.0003)	0.0027 *** (0.0002)	0.0026 *** (0.0002)
全部协变量	Y	Y	Y	Y
企业固定效应	Y	Y	Y	Y
年份固定效应	Y	Y	Y	Y
城市—年份固定效应	N	N	Y	N
_cons	0.5289 *** (0.0091)	0.5289 *** (0.0075)	0.5285 *** (0.0035)	0.5287 *** (0.0035)
N	626006	626006	625854	609321
R^2	0.7419	0.7419	0.7484	0.7427

注：列（3）额外包括了城市—年份固定效应。

4. 替换核心解释变量

本书的核心解释变量与企业出口产品质量的测算中均需要使用企业的贸易权重，因此，为了排除由于贸易权重之间而导致的解释变量和被解释变量之间的反向因果联系，在测算核心解释变量时采用了相较于结果变量滞后 1 期的企业贸易权重进行加权。但是，在这种情况下，仍然无法排除基准结果是由贸易权重导致的可能性。基于此，本节进一步采用相较于结果变量滞后 2 期的企业贸易权重，以及滞后 1 期和滞后 2 期的企业贸易权重所测算得到的核心解释变量和来替换模型（6-1）中的核心解释变量进行回归，回归结果如表 6-4 中列（1）和列（2）所示。该结果表明，采用更加滞后期的贸易权重测算得到的企业 PTAs 环境条款暴露指数对企业出口产品质量的影响效应仍然显著为正。

前述指标均基于企业滞后期的贸易权重测算的核心解释变量进行回归。为了进一步排除贸易权重可能对基准结论的干扰，本节进一步借鉴第五章的方法，采用样本观测期内企业平均贸易权重测算核心解释变量，将得到的变量替换基准模型中的核心解释变量进行回归，结果如表6-4中列（3）所示。该结果表明，核心解释变量对企业出口产品质量的影响效应仍然显著为正，但估计系数绝对值显著增加。

表6-4　稳健性检验结果：替换解释变量

变量	(1)	(2)	(3)
	Quality	*Quality*	*Quality*
ln*Exposure*1	0.0015*** (0.0001)		
ln*Exposure*2		0.0034*** (0.0002)	
ln*Exposure*3			0.0174*** (0.0004)
全部协变量	Y	Y	Y
企业固定效应	Y	Y	Y
年份固定效应	Y	Y	Y
_cons	0.5325*** (0.0034)	0.5309*** (0.0034)	0.4897*** (0.0035)
N	603471	603471	626006
R^2	0.7528	0.7532	0.7466

5. 替换被解释变量

截至目前，本章所使用的企业出口产品质量采用的是2位数行业层面的替代弹性测量得到。但不同的学者所测算得到的替代弹性存在差异。Anderson 和 Van Wincoop（2004）总结了基于引力模型测算得到的阿明顿替代弹性，发现其合理的取值范围在5~10。Eaton 等（2011）的替代弹性取值为2.98。此外，Eaton 等（2012）在对企业对不同目的国的销售额进行模拟时，分别采用了2.98、5.64和7.09三个替代弹性的取值，并发现不同替代弹性取值下的模拟结果存在差异。为了排除基准结果是由产品质量估计中替代弹性取值造成的偶然性结果的潜在可能性，本小节对替代弹性分别取值为5、10、2.98、5.64和7.09，并基于本书第四章第二节的计算方法对企业出口产品质量进行重新估计。

采用重新估计得到的产品质量替代基准回归模型中的被解释变量进行回归，结果如表6-5中列（1）～列（5）所示。一方面，无论产品替代弹性取何值，企业的PTAs环境条款暴露指数均能显著促进企业出口产品质量提升，论证了本章基准结论的有效性。另一方面，随着产品替代弹性的提升，企业的PTAs的环境条款暴露度对企业出口产品质量的正向效应逐渐减小。

表6-5 稳健性检验结果：替换被解释变量

变量	（1） = 5	（2） = 10	（3） = 2.98	（4） = 5.64	（5） = 7.09
ln$Exposure$	0.0031*** (0.0002)	0.0003** (0.0002)	0.0064*** (0.0002)	0.0024*** (0.0002)	0.0014*** (0.0002)
全部协变量	Y	Y	Y	Y	Y
企业固定效应	Y	Y	Y	Y	Y
年份固定效应	Y	Y	Y	Y	Y
_cons	0.5268*** (0.0033)	0.5141*** (0.0033)	0.5388*** (0.0032)	0.5243*** (0.0033)	0.5201*** (0.0033)
N	626006	626006	626006	626006	626006
R^2	0.7414	0.7470	0.7361	0.7422	0.7440

6. 排除金融危机的影响

Song等（2021）在分析中国出口产品质量变动的趋势时指出，金融危机的存在使得中国2007~2011年的出口产品质量呈现出下降的趋势。本小节沿用第五章的做法，采用两种方法检验企业的PTAs的环境条款暴露指数对企业出口产品质量的影响效应是否在金融危机前后均存在。第一，以2007年为标准，将原始样本划分为金融危机发生前的样本和金融危机发生后的样本并进行分样本检验，回归结果如表6-6中列（1）和列（2）所示。第二，考虑到Song等（2021）所指出的2007~2011年中国出口产品质量的异常趋势，本小节在原始样本中对该时期的样本予以剔除，并采用剩余样本进行回归，结果如表6-6中列（3）所示。两种结果均表明，在剔除了金融危机较为严重时期的样本之后，本章的基准结论保持不变。

表6-6　稳健性检验结果：排除金融危机的影响

变量	(1)	(2)	(3)
	2001~2006年	2007~2014年	≠2007~2011年
	Quality	*Quality*	*Quality*
ln*Exposure*	0.0029*** (0.0003)	0.0024*** (0.0002)	0.0029*** (0.0002)
全部协变量	Y	Y	Y
企业固定效应	Y	Y	Y
年份固定效应	Y	Y	Y
_cons	0.5046*** (0.0072)	0.5555*** (0.0039)	0.5186*** (0.0052)
N	210681	395354	339891
R^2	0.7716	0.8009	0.7635

三、内生性问题

本章沿用了第五章的方法，通过测算群组内其他个体内生变量的均值，并将其作为单个个体内生变量的工具变量，采用两阶段工具变量法来缓解内生性问题。具体方法为，选择企业所在省份、年龄和出口额作为分组变量，首先将每个省份每年的样本按照企业年龄大小划分为10组，以及按照出口规模划分为10组，因此在每年每个省份中将产生100个分组。对于企业，本节计算其所在组别内的其他企业的平均PTAs环境条款暴露指数（ln*Exposure_excl*）作为工具变量进行估计。估计结果如表6-7所示。其中列（1）给出了第一阶段的回归结果，该结果表明工具变量与核心被解释变量之间存在显著的正相关关系。由于本节讨论的内生变量与工具变量数量相等，因此仅关注潜在的弱工具变量问题和工具变量识别不足问题。其中，Kleibergen-Paaprk LM 统计量为 2145.783，对应 p 值为0.0000，拒绝了"工具变量识别不足"的原假设，表明不存在工具变量识别不足的问题。同时，Cragg-Donald Wald F 统计量和 Kleibergen-Paaprk Wald F 统计量值均较大，表明不存在弱工具变量的问题。列（2）汇报了工具变量检验的结果，该结果表明，企业 PTAs 环境条款暴露指数对企业出口产品质量的影响系数为 0.0451，但仍然在1%的统计水平下显著为正。这表明本章的基准回归结论在考虑了内生性之后，仍然成立。

表6-7 内生性问题处理结果：PTAs 中环境条款对企业出口产品质量的影响

变量	（1）	（2）
	第一阶段	第二阶段
	ln*Exposure*	*Quality*
ln*Exposure_excl*	0.6644***	
	（0.0055）	
ln*Exposure*		0.0451***
		（0.0009）
全部协变量	Y	Y
企业固定效应	Y	Y
年份固定效应	Y	Y
识别不足检验		
Kleibergen-Paaprk LM statistic		2145.783
		（0.0000）
弱工具变量检验		
Cragg-Donald Wald F statistic		2463.309
Kleibergen-Paap Waldrk F statistic		1035.052
N		620108

第三节 优惠贸易协定环境条款影响企业出口产品质量的机制检验

一、生产率效应

本小节采用本章第一节所提出的中介效应模型来检验生产率效应，回归结果如表6-8所示，其中，列（1）呈现了不纳入生产率作为控制变量的模型（6-1）的估计结果，结果表明，在不考虑生产率的情况下，企业的PTAs环境条款暴露指数对企业出口产品质量具有显著的正向影响效应。列（2）给出了模型（6-2）的估计结果，表明企业的PTAs环境条款暴露指数的增加有利于企业生产率的提升。为了便于观察，本小节将企业层面控制变量包含企业全要素生产率的基准回归结果汇报在表 6-8 列（3）中。进一步对生产率中介效应进行 Sobel 检验和 Bootstrap 检验。检验结果表明，Sobel 检验通过了 1% 的显著性水平检验，表明生产率效应的机制有效。此外，生产率的中介效应占比为 8.6%。Bootstrap 检验结果显示，间接效应通过了 1% 的显著性水平的检验，表明间接效应成立。中介效应模型的结果一方面验证了波特假说，且与现有基于波特假说的实证研究结论保持一致，表明环境规制有利于提升企业的生产率。另一方面这一结论也将对环境规制政策的波特假说的检验从国内环境规制政策维度扩展到国际环境政策维度。结合表 6-8 中的列（1）、列（2）和基准回归结果列（3）可知，企业 PTAs 环境条款暴露指数的确通过提高企业的全要素生产率，进而提高了企业出口产品质量，部分验证了本书假说 6。

为了进一步检验生产率机制的稳健性，本小节采用以工业产值与企业员工数量的比值来衡量的企业劳动生产率（TLP）来替换企业的全要素生产率，结果如表 6-8 中的列（4）和列（5）所示。列（4）的结果表明，采用劳动生产率替换企业的全要素生产率后，其对企业的 PTAs 环境条款暴露指数的回归系数仍然为正，且在 1% 的统计水平上拒绝其为 0 的原假设，表明企业的 PTAs 环境条款暴露指数能够显著提升企业的劳动生产率。列（5）的结果表明，在纳入劳动生产率作为生产率的衡量指标后，企业的 PTAs 环境条款暴露指数对企业出口产品质量的直接影响效应仍然显著为正。对劳动力中介效应的 Sobel 检验结果显示在 1% 的显著性水平上通过检验，表明劳动生产率效应是稳健的，劳动生产率的中介效应占比约为 11.3%。Bootstrap 检验结果显示，间接效应通过了 1% 的显著性水平的检验，这表明劳动生产率的间接效应成立。列（3）和列（5）的结果均表明，企业生产率在 PTAs 环境条款暴露指数对企业出口产品质量的影响效应中具有部分中介的作用。

表 6-8　机制检验：生产率效应

变量	(1)	(2)	(3)	(4)	(5)
	全要素生产率			全员劳动生产率	
	Quality	*TFP*	*Quality*	*TLP*	*Quality*
ln*Exposure*	0.0029***	0.0041***	0.0026***	0.0389***	0.0026***
	(0.0002)	(0.0001)	(0.0002)	(0.0009)	(0.0002)
TFP_secstd			0.0601***		
			(0.0023)		

续表

变量	（1）	（2）	（3）	（4）	（5）
	全要素生产率			全员劳动生产率	
	Quality	*TFP*	*Quality*	*TLP*	*Quality*
TLP					0.0084*** （0.0003）
Sobel 检验	中介变量：全要素生产率			中介变量：劳动生产率	
	0.0002*** 机制有效——正向传导			0.0003*** 机制有效——正向传导	
Ind_ eff 检验 （P-value）	0.000			0.000	
	间接效应存在			间接效应存在	
全部协变量	Y	Y	Y	Y	Y
企业固定效应	Y	Y	Y	Y	Y
年份固定效应	Y	Y	Y	Y	Y
_cons	0.5670*** （0.0031）	0.6334*** （0.0033）	0.5289*** （0.0034）	7.0898*** （0.0271）	0.5073*** （0.0038）
N	626006	626006	626006	626006	626006
R^2	0.7413	0.6286	0.7419	0.8471	0.7420

二、中间品进口效应

本小节在中介效应模型中代入中间品进口额的对数值（$\ln IM\_imp$）来检验中间品进口效应。测算这一指标的数据来源于中国海关进出口数据库，相关回归结果如表 6-9 所示。作为参考，本小节将企业层面控制变量包含企业全要素生产率的基准回归结果汇报在表 6-9 中列（1）中。列（2）给出了模型（6-2）的回归结果，该结果表明，在考虑了 PTAs 环境条款的生产率效应的基础上，企业中间品进口对数值对企业的 PTAs 环境条款暴露指数的回归系数为 0.2192，且在 1% 的统计水平上显著。这一回归结果表明，企业的 PTAs 环境条款暴露指数每上升 1%，企业的中间品进口额增加 0.22%。列（3）给出了模型（6-3）的回归结果，该结果表明，企业的中间品进口额对数值对企业出口产品质量的影响效应显著为正。这一结果支持了已有有关中间品进口对出口产品质量影响效应的相关研究的结论（李方静，2016；马述忠和吴国杰，2016；刘海洋等，2017；许家云等，2017；邓国营等，2018；宋跃刚和郑磊，2020；魏浩和张文情，2022；Xu and Mao，2018；Song et al.，2021）。同时，列（3）的结果还表明，在加入中介变量后，核心解释变量的影响系数进一步下降，表明企业的中间品进口额在PTAs 环境条款对企业出口产品质量的影响效应中具有部分中介的作用。对中间品进口中介效应的 Sobel 检验结果显示在 1% 的显著性水平上通过检验，表明这一中介效应有效，效应占比约为 8.9%。Bootstrap 检验结果也显示，间接效应通过了 1% 的显著性水平的检验，表明中间品进口的间接效应成立。表 6-9 的结果进一步验证了本书假说 6。

表 6-9　机制检验：中间品效应

变量	（1）	（2）	（3）
	Quality	ln*IM_imp*	*Quality*
ln*Exposure*	0.0026 ***	0.2192 ***	0.0024 ***
	（0.0002）	（0.0057）	（0.0002）
ln*IM_imp*			0.0011 ***
			（0.0000）
Sobel 检验	中介变量：中间品进口额 0.0002 *** 机制有效——正向传导		
Ind_eff 检验（P-value）	0.000 间接效应存在		
全部协变量	Y	Y	Y
企业固定效应	Y	Y	Y
年份固定效应	Y	Y	Y
_cons	0.5289 ***	−0.5585 ***	0.5295 ***
	（0.0034）	（0.1381）	（0.0034）
N	626006	626006	626006
R^2	0.7419	0.8534	0.7423

以上结果验证了企业中间品进口的中介效应。但是，根据海关进出口数据库的记载，大量企业只出口而不进口，甚至部分企业从未进口。据统计，在本章的有效样本中，约有 46.4% 的观测样本中间品进口额为 0，同时，在有效样本企业中，约有 41.5% 的企业的进口额一直为 0。为了考察本章生产率和中间品进口中介效应的稳健性，进一步在样本中剔除了从未进行中间品进口的企业样本进行中介效

应检验，检验结果见本书附录中的附表 A.5。结果表明，样本改变后不改变生产率和中间品进口在 PTAs 环境条款对企业出口产品质量影响效应中的中介作用。

第四节　优惠贸易协定环境条款对企业出口产品质量的差异化影响

一、基于环境条款类型的异质性

本小节沿用第五章的方法，采用企业出口产品质量分别对企业的 PTAs 贸易限制型环境条款暴露指数（ln$Expos\_PT$）、PTAs 贸易促进型环境条款暴露指数（ln$Expos\_LT$）和其他类环境条款暴露指数（ln$Expos\_OTH$）进行回归，以考察不同类型的环境条款对企业出口产品质量的异质性效应，结果如表 6-10 所示。表中结果表明，企业的三类环境条款的暴露指数对企业出口产品质量的影响系数分别为 0.0063、0.0073 和 0.0028，且均通过了统计上的显著性检验。

表 6-10　异质性效应：环境条款异质性

变量	(1)	(2)	(3)
	Quality	Quality	Quality
ln$Expos\_PT$	0.0063 *** (0.0005)		
ln$Expos\_LT$		0.0073 *** (0.0005)	
ln$Expos\_OTH$			0.0028 *** (0.0002)
全部协变量	Y	Y	Y
企业固定效应	Y	Y	Y
年份固定效应	Y	Y	Y
_cons	0.5289 *** (0.0034)	0.5290 *** (0.0034)	0.5289 *** (0.0034)
N	626006	626006	626006
R^2	0.7418	0.7418	0.7419

首先，贸易促进型环境条款对企业出口产品质量升级的正向影响效应最大。

其可能的原因是，贸易促进型环境条款强调各国国内环境措施的协调、鼓励环境类产品和服务的贸易往来，并主张采用市场工具来实行对环境的保护。这些举措将有助于中国通过环境条款从缔约国获得技术，尤其是清洁技术，并促进中国环境类产品的出口，通过技术溢出效应和市场工具的激励效应实现技术升级。

其次，旨在要求各国在制定、实施或应用相关政策时不能对环境产生影响，或者出于对贸易双方环境保护的目的而限制某些贸易行为的环境条款也对企业出口产品质量具有较强的正向影响。其原因在于，由于受到贸易限制，出口方的企业将会进行技术升级以生产更清洁的产品或质量更高的产品，从而增强自身产品在目的市场的吸引力，最终产生企业出口产品质量升级效应。

最后，其他类型的环境条款对企业出口产品质量的影响效应弱于前两类环境条款的影响效应。相较于 Brandi 等（2020）的研究，本书的这一发现有以下两个方面的拓展：一方面，将研究视角从出口额转向出口质量，探讨了不同类型的环境条款对企业出口产品质量的影响效应；另一方面，进一步将研究重点细化到了中国企业层面。

二、基于产品类别的异质性

1. 基于产品用途的异质性

不同产品在其他产品生产过程中扮演的角色存在差异。国民核算体系中的基本货物类别包括资本品、中间品和消费品。其中，主要用于工业中的其他产品生产的产品属于中间品，例如运输设备的零配件；主要用于家庭消费的则属于消费品，例如用于家庭消费的食品和饮料；而资本品则主要用于固定资本形成，例如工业运输设备等。联合国统计署发布的《按大类经济类别分类》（Classification by Broad Economic Categories，BEC）给出了三类产品下所包含的不同产品种类。由于联合国统计署没有提供 HS1992 产品代码与 BEC 产品代码之间的直接转换表。基于此，本书整理了 HS1992 产品代码与 BEC 产品代码的转换表。获得转换表的具体流程为：首先，根据联合国统计署提供的 HS1992 产品代码与第三次修订标准的《国际贸易标准分类》（Standard International Trade Classification，SITC）产品代码的转换表，获得每一种 HS1992 产品对应的 SITC 第三次修订标准的代码；其次，采用该机构提供转换表，获得每一种 SITC 第三次修订标准的产品代码对应的 BEC 产品代码；最后，将前述两个步骤获得的转换表匹配，得到每一种 HS1992 产品代码所对应的 BEC 代码以及每一种 HS1992 产品所对应的产品类别。

本小节统一将资本品和消费品划归为非中间品，并计算了企业的中间品出口质量（Qua_INT）和非中间品的出口质量（Qua_NINT）并用其替代基准模型中的被解释变量进行回归，[①]结果如表 6-11 中列（1）和列（2）所示。其中，企业的 PTAs 环境条款暴露指数对企业中间品出口质量的影响系数为 0.0022，对企业的非中间品出口质量的影响系数为 0.0024，且均在 1% 的统计水平下显著。这一结果表明，企业的 PTAs 环境条款暴露指数能够同时促进企业的中间品和非中间品出口质量的升级，但相较于中间品，其对企业非中间品出口质量的提升效应更大。

本小节进一步按照 BEC 的分类标准，将非中间品划分为资本品和消费品，并分别计算了企业的资本品出口质量（Qua_CP）和消费品出口质量（Qua_CS）。将基准回归模型的被解释变量分别替换为企业资本品出口质量和消费品出口质量的回归结果如表 6-11 中列（3）和列（4）所示。根据表中的结果显示，企业的 PTAs 环境条款暴露指数对企业的资本品出口质量的影响系数为 0.0009，在 5% 的统计水平上显著，对消费品的出口质量的影响系数为 0.0028，且在 1% 的统计水平上显著，表明在非中间品中，企业的 PTAs 环境条款暴露指数对企业消费品出口质量的影响效应大于对企业资本品出口质量的影响。总体而言，PTAs 环境条款更有利于企业消费品质量升级，其次是中间品，其对资本品所产生的质量升级效应最小。

表 6-11　异质性效应：产品用途的异质性

变量	（1）	（2）	（3）	（4）
	Qua_INT	Qua_NINT	Quc_CP	Qua_CS
ln$Exposure$	0.0022 ***	0.0024 ***	0.0009 **	0.0028 ***
	（0.0002）	（0.0002）	（0.0004）	（0.0003）
全部协变量	Y	Y	Y	Y
企业固定效应	Y	Y	Y	Y
年份固定效应	Y	Y	Y	Y
_cons	0.5048 ***	0.5167 ***	0.4735 ***	0.5286 ***
	（0.0044）	（0.0045）	（0.0078）	（0.0052）

---

①　中间品、非中间品以及后文的资本品和消费品的出口质量的测算方法分别为 $Qua\_INT_{ft} = \sum\limits_{h \in I}(Exp_{fht} \times \ln quality_{jht}/Exp_{ft})$、$Qua\_NINT_{ft} = \sum\limits_{h \in NI}(Exp_{fht} \times \ln quality_{jht}/Exp_{fNt})$、$Qua\_CP_{ft} = \sum\limits_{h \in CP}(Exp_{fht} \times \ln quality_{jht}/Exp_{fCPt})$ 和 $Qua\_CS_{ft} = \sum\limits_{h \in CS}(Exp_{fht} \times \ln quality_{jht}/Exp_{fCSt})$。其中，$CP$、$I$、$CS$ 和 NI 分别表示资本品、中间品、最终品以及非中间品的产品集合，$\ln quality_{jht} = \sum\limits_{j}(Exp_{fjht} \times \ln quality_{fjht}/Exp_{fht})$。

续表

变量	(1)	(2)	(3)	(4)
	Qua_INT	Qua_NINT	Qua_CP	Qua_CS
N	464169	392729	162602	285723
R^2	0.6953	0.7438	0.7621	0.7003

2. 基于产品清洁度的异质性

PTAs 中的环境条款通常鼓励对环境友好的产品的贸易，并且要求缔约国不得为了贸易而降低环境保护标准。企业为了维持与缔约国之间的贸易，可能会提高其出口产品的质量以维持其产品在出口市场上的吸引力。基于此，PTAs 中的环境条款对企业出口的环境产品和非环境产品质量的影响可能存在异质性。本小节沿用第五章的 CLEG 标准识别企业的环境类产品，并借鉴 Greenstone（2002）的标准识别企业的污染产品，且将其余产品归类为"其他产品"，在此基础上测算了企业的清洁产品出口质量（Qua_Clean）、污染产品出口质量（Qua_Dirty）以及其他类产品出口质量（Qua_Other）。① 分别采用前述三个指标替代基准模型中的被解释变量进行回归分析，结果如表 6-12 所示。相较可知，PTAs 环境条款对企业清洁产品出口质量的影响效应不显著，但能同时提升企业污染产品和其他产品出口质量。可能的原因是，在样本观测期内，中国企业的生产和出口具有高污染的特性，且国内清洁类产品市场发育还处于起步阶段，PTAs 环境条款会对污染产品产生直接的规制效应，促使企业针对这些产品进行生产工艺和生产流程升级，同时企业的技术升级效应会进一步向其他类产品溢出，从而大幅提高了这两类产品的出口质量。

表6-12　异质性效应：产品清洁度

变量	(1)	(2)	(3)
	清洁产品	污染产品	其他产品
$\ln Exposure$	0.0003 (0.0004)	0.0023 *** (0.0002)	0.0023 *** (0.0002)

① 清洁产品出口质量、污染产品和其他产品出口质量的测算方法分别为 $Qua\_Clean_{ft} = \sum\limits_{h\in C}(Exp_{fht}\times \ln quality_{jht}/Exp_{fCt})$、$Qua\_Dirty_{ft} = \sum\limits_{h\in D}(Exp_{fht}\times \ln quality_{jht}/Exp_{fDt})$ 和 $Qua\_Other_{ft} = \sum\limits_{h\in O}(Exp_{fht}\times \ln quality_{jht}/Exp_{fOt})$。其中，$C$，$D$ 和 O 分别表示清洁产品、污染产品和其他类产品的集合。

变量	（1）	（2）	（3）
	清洁产品	污染产品	其他产品
全部协变量	Y	Y	Y
企业固定效应	Y	Y	Y
年份固定效应	Y	Y	Y
_cons	0.4909*** （0.0072）	0.5237*** （0.0037）	0.5244*** （0.0039）
N	180140	557072	516961
R^2	0.6972	0.7470	0.7369

三、基于行业特征的异质性

1. 基于行业污染密集度的异质性

本小节沿用第五章的方法，采用行业污染密度的中位数将样本企业分为污染企业和清洁企业，并分别计算了两类企业的清洁产品出口份额和非清洁产品出口份额。结果表明，污染行业中企业的平均非清洁产品出口份额约为 97.8%，清洁行业中企业的平均非清洁产品出口份额约为 90.2%，两者间的差异为 7.6%，且在 1% 的水平上显著。

根据前文基于产品清洁度的异质性检验结果，PTAs 环境条款对企业清洁产品质量的影响效应不显著，但却能显著提升企业非清洁类产品出口质量。基于此，相较于清洁行业中的企业，PTAs 环境条款应该更能提高污染行业中企业的出口产品质量。本小节在模型中加入核心解释变量与行业污染密度虚拟变量的交乘项（$\ln Exposure \times Pol\_group$）对这一可能的异质性效应进行检验，结果如表 6-13 列（1）所示。表中结果表明，企业 PTAs 环境条款暴露指数线性项的系数仍然为正，且在 1% 的统计水平上显著，表明本章的基准结论保持不变。污染密度分组虚拟变量系数在 1% 的统计水平上显著为负，表明平均而言，清洁行业中企业的出口产品质量高于污染行业中企业的出口产品质量。核心解释变量与污染密度分组虚拟变量的交乘项的系数为 0.0020，且在 1% 的统计水平上显著为正。这意味着，当企业属于清洁行业（$Pol\_group = 0$）时，企业的 PTAs 环境条款暴露指数对其出口产品质量的影响效应为 0.0020，而当企业属于污染行业（$Pol\_group = 1$）时，企业的 PTAs 环境条款暴露指数对其出口产品质量的影响效应上升为 0.004。因此，相较于清洁行业，PTAs 环境条款更能促进污染行业中企业出口产品质量升级。

2. 基于技术水平的异质性

清洁产品的生产通常需要更高的技术水平，基于此，本小节进一步统计了不同技术水平行业中企业的清洁产品出口份额和非清洁产品出口份额。为了实现这一目的，本小节根据中国国家统计局发布的《高技术产业统计分类目录》(2002) 识别出企业所在的 4 位数行业是否为高技术行业，[①] 并在此基础上对两类行业中企业的清洁产品和非清洁产品平均出口份额进行统计。结果表明，样本中高技术行业中企业的平均非清洁产品出口份额约为 88.5%，低技术行业中企业的平均非清洁产品出口份额约为 93.0%，组间差异为 4.6%，对应 t 统计量为 53.54。

由于 PTAs 环境条款更能显著提升企业非清洁类产品出口质量，因此，相较于高技术行业中的企业，PTAs 环境条款可能更能促进低技术行业中企业的出口产品质量。基于此，本小节在基本模型中纳入核心解释变量与表征行业技术水平的虚拟变量（$Htech\_group$）的交乘项来对这一潜在的异质性进行检验。其中，当企业所属行业为高技术行业时，变量 $Htech\_group$ 的取值为 1，否则其取值为 0。回归结果如表 6-13 中列 (2) 所示。首先，核心解释变量的线性项的系数仍然为正，且在 1% 的统计水平上拒绝了"系数等于 0"的原假设，表明基准结果的稳健性。其次，高技术行业分组虚拟变量的系数为 0.0088，且在 1% 的水平上拒绝原假设，表明高技术行业中企业的出口产品质量高于非高技术行业中企业的出口产品质量。最后，核心解释变量与高技术行业分组虚拟变量交乘项的系数也在 1% 的显著性水平下为负。其中，对于低技术行业中的企业（$Htech\_group = 0$），企业 PTAs 环境条款暴露指数对其出口产品质量的影响系数为 0.0027，而对于高技术行业中的企业（$Htech\_group = 1$），企业 PTAs 环境条款暴露指数对其出口产品质量的影响系数下降至 0.0016。因此，这一异质性检验结果表明，相较于高技术行业中的企业，PTAs 环境条款更能促进低技术行业中企业的出口产品质量升级。

---

① 资料来源于国家统计局官方网站，http://www.stats.gov.cn/tjsj/tjbz/201310/P020131021347576415205.pdf。2022 年 7 月第一次查阅。

四、基于产品市场发育的异质性

产品市场发育程度更高的地区，其市场对产品价格具有更大的决定作用，从而使得企业产品生产中的投入品价格扭曲程度更低，也更有利于企业产品质量升级（吴艳芳和王明益，2018）。此外，产品市场发育程度越高的地区其产品市场贸易壁垒更低，从而使得企业能够获得更多的进口中间投入品，并提高企业的资源配置效率，使得企业可以投入更多资源在生产效率提升上。为了对这一猜想进行检验，根据樊纲等（2007）提供的 2001 年中国各省份产品市场发育程度指数，按照其中位数将样本划分为产品市场发育度高的样本和产品市场发育度低的样本，并分别统计各组企业全要素生产率和中间产品在总进口所占份额的均值。结果表明，产品市场发育程度较高地区企业的平均生产率为 0.5913，产品市场发育程度低地区企业的平均生产率为 0.5870，前者比后者高 0.0043。同时，产品市场发育程度较高地区的企业的平均中间品进口份额为 45.3%，而产品市场发育程度较低地区企业的这一指标约为 42.2%，前者比后者高 3%。这表明，产品市场发育程度更高地区的企业具有更高的中间品进口倾向。

本章的机制检验结果表明，PTAs 中的环境条款可以通过生产率效应和中间品效应来促进企业出口产品质量升级。由于产品市场发育度较高地区的企业无论是在生产率还是在中间品进口倾向上，都比产品市场发育度较低地区的企业具有更好的表现，因此 PTAs 中的环境条款对产品市场发育度较高地区的企业可能产生更大的出口产品质量升级效应。对此，本小节在基准模型中加入核心解释变量与企业所属地区产品市场发育程度的哑变量（*Prod_group*）的交乘项来对这一可能的异质性效应进行检验。当企业所处地区的产品市场发育程度高于全国产品市场发育程度的中位数时，*Prod_group* 取值为 1，否则取值为 0。异质性检验结果如表 6-13 中列（3）所示。一方面，核心解释变量线性项系数仍然在 1% 的显著性水平上为正，表明企业的 PTAs 环境条款暴露指数对企业出口产品质量具有正向影响。另一方面，核心解释变量与产品市场发育程度分组变量的交乘项系数为 0.0012，且在 1% 的显著性水平上拒绝原假设。结合核心解释变量线性项的回归结果可知，当企业处于产品市场发育度较低的地区（*Prod_group* = 0）时，其 PTAs 环境条款暴露指数对其出口产品质量的影响效应为 0.0015，而当企业处于产品市场发育度较高的地区时，该效应上升至 0.0027。这一结果表明 PTAs 环境条款更有利于促进产品市场发育更完善地区企业的出口产品质量升级。此外，产品市场发育程度哑变量线性项的回归系数不具备统计意义上的显著性，但由于其与核心解释变量交乘项的系数显著为正，且核心解释变量均值大于 0，因而产品市场发育程度较高地区的产品质量仍然较高。

表6-13 异质性效应：污染密度、技术与产品市场发育

变量	(1)	(2)	(3)
	Quality	*Quality*	*Quality*
ln*Exposure*	0.0020***	0.0027***	0.0015***
	(0.0002)	(0.0002)	(0.0006)
ln*Exposure*×*Pol_group*	0.0020***		
	(0.0003)		
Pol_group	−0.0070***		
	(0.0014)		
ln*Exposure*×*Htech_group*		−0.0011**	
		(0.0005)	
Htech_group		0.0088***	
		(0.0020)	
ln*Exposure*×*Prod_group*			0.0012**
			(0.0006)
Prod_group			−0.0716
			(0.0854)
_cons	0.5308***	0.5296***	0.5948***
	(0.0034)	(0.0034)	(0.0785)
N	626006	626006	626006
R^2	0.7419	0.7419	0.7419

<h2 align="center">第五节 本章小结</h2>

2021 年，"十四五"规划纲要提出了"完善出口政策，优化出口商品质量和结构"的要求。同时，党的二十大报告指出"要坚持推动高质量发展为主题，把实施扩大内需战略同深化供给侧结构性改革有机结合起来，增强国内大循环内

生动力和可靠性，提升国际循环质量和水平"。提升中国出口产品质量是中国对外贸易的高质量发展的内容之一，同时也有利于提高国际循环质量。大量研究关注了环境规制对出口产品质量的影响效应，部分研究的结论支持了污染天堂假说，而另一部分研究的结论则支持了波特假说。通过在 PTAs 中纳入环境条款来控制污染跨国负外部性已经成为当前经贸谈判中的重点之一。PTAs 中的环境条款已经成为企业所面临的环境规制的来源之一。但是，这些条款是否对出口产品质量产生影响的研究仍然属于空白。

基于此，本章基于测算得到的企业 PTAs 环境条款暴露指数，从微观层面考察了 PTAs 环境条款对企业出口产品质量升级的影响。本章研究得到如下结论：①PTAs 中的环境条款有利于促进企业出口产品质量升级，不同的稳健性检验结果和内生性检验结果证明这一结论具有稳健性。②PTAs 环境条款的出口产品质量升级效应主要通过生产率提升效应和中间品进口效应实现，且两者均在传导机制中扮演部分中介的作用。③基于环境条款异质性的检验结果表明，贸易促进型环境条款的出口产品质量升级效应最大，其次是贸易限制型环境条款，其他类环境条款的出口产品质量升级效应最小。④基于产品用途异质性的检验结果表明，PTAs 中的环境条款对非中间产品中的消费品的出口产品质量的影响效应更大，同时基于产品清洁度的异质性检验结果表明，PTAs 中的环境条款更能提升非清洁产品的出口产品质量。⑤PTAs 环境条款更能提升污染行业、低技术行业和产品市场发育度更高地区企业的出口产品质量。本章的研究结论表明，在 PTAs 中纳入环境条款有助于促进中国企业出口质量的提升，从而有助于提升中国对外贸易和国际循环的质量。

第七章 优惠贸易协定环境条款
对企业出口国内增加值率的影响研究

本章从企业出口国内增加值率的角度实证检验 PTAs 中的环境条款对企业出口竞争力的影响。具体而言，在第一节给出的 PTAs 环境条款影响企业出口国内增加值率的实证检验策略的基础上，在第二节和第三节呈现检验结果。第四节进一步探讨 PTAs 环境条款对企业出口国内增加值率的差异化影响。第五节则主要对本章的核心结论进行总结。

第一节 优惠贸易协定环境条款影响
企业出口国内增加值率的实证检验策略

一、计量模型

本节先检验 PTAs 环境条款对企业出口国内增加值率的影响效应，然后分别检验进口扩张效应。

一些无法观测的固有属性可能影响企业受 PTAs 中环境条款冲击的程度或企业的出口国内增加值率。例如，风险规避程度较高的企业可能考虑到出口国与中国签署的 PTAs 中的环境条款对其出口中面临的不确定性的影响而对出口结构进行调整，又或者企业文化致使其对国内中间品具有更大的偏好。由于这些因素无法从数据中观测到，因此本章采用如下双向固定效应模型估计 PTAs 中环境条款对企业出口国内增加值率的影响效应：

$$DVAR_{fjt} = \alpha + \beta \ln Exposure_{ft} + \sum_{n=1}^{N} \gamma^n F\_C_{ft}^n + \sum_{m=1}^{M} \delta^m I\_C_{jt}^m + \varphi_f + \lambda_t + \varepsilon_{fjt}$$

$$(7-1)$$

式中，$DVAR_{fjt}$ 表示行业 j 中的企业 f 第 t 年的出口国内增加值率。其余变量及符号的含义与第五章保持一致。

此外，同样借鉴 Baron 和 Kenny（1986）的中介效应模型来考察 PTAs 环境条款是否通过技术效应和进口扩张效应来影响企业出口国内增加值率，并采用 Bootstrap 方法抽取样本 500 次对中介效应模型的估计结果进行检验。模型设定与第六章第一节的中介效应模型相似。

二、变量选择

1. 核心解释变量

本章主要从出口国内增加值率的视角分析 PTAs 中的环境条款对企业出口竞争力的影响。由于被解释变量的测算需要纳入企业加工贸易和一般贸易在其总出口额中的份额，为了排除企业当期出口行为与企业当期贸易权重之间潜在的反向因果联系，本章仍然将第四章第二节所测算企业的 PTAs 环境条款暴露指数作为本章的核心解释变量。

2. 被解释变量

企业出口国内增加值率 DVAR 是本章的被解释变量，用于测算企业在出口市场上创造价值的能力。其详细测算方法见本书的第四章第三节。

3. 主要协变量

与第五章和第六章保持一致，为了排除贸易协定深度对核心解释变量影响效应的干扰，在计量模型（7-1）中纳入企业的 PTAs 深度暴露指数 lnDepth。借鉴邵昱琛等（2017）、张盼盼和陈建国（2019）等的研究结论，本章在计量模型中纳入了企业层面的融资约束指数（FC）以排除资金约束对企业出口国内增加值率的影响。贸易自由化会对企业出口国内增加值率产生影响（毛其淋和许家云，2019），考虑到本章主要考察了企业在出口市场上的环境暴露指数对企业在出口市场上的国内增加值率，因此本章在模型中纳入了企业的出口关税（expduty），以排除该效应。汇率波动会对企业的中间品进口行为产生影响，进而影响到企业生产中的中间品使用结构，因此本章在模型中纳入企业层面的实际有效汇率（FEER）作为协变量。此外，本章还在模型中加入了企业生产率（TFP）以控制企业生产效率的影响；加入企业年龄的对数（lnage）以排除企业生产运营的经验积累的影响；加入企业员工数量对数值（lnworker）以控制企业规模的影响；加入企业资产密度（assets_intensity）以控制企业要素投入结构的影响。

本章还控制了一些行业层面的协变量。借鉴邵朝对等（2020）的研究结论，在模型中控制了 2 位数行业层面的外资渗透率（Ind_forpene）。同时在模型中加入行业层面的国有资本渗透率（Ind_stapene）以控制行业国有属性对企业出口国内增加值率的影响。借鉴邵朝对和苏丹妮（2019）的研究结论，本章进一步控制了行业集聚程度（Ind_HHI）对企业出口国内增加值率的影响效应。此外，本章在模型中加入了行业层面的二氧化碳排放强度（Ind_CO_2）以控制行业污染属性对结果可能产生的干扰。各协变量的计算方法与所使用数据与第五章保持一致。本章所使用变量的描述性统计指标如表 7-1 所示。从表中统计结果可知，样本企业出口国内增加值率的平均值为 0.8537，中位数为 0.9572，表明一半以上企业出口国内增加值率位于均值以上。

表 7-1　PTAs 中环境条款对企业出口国内增加值率影响研究的变量描述性统计

变量	观测值	均值	标准差	最小值	中位数	最大值
DVAR	659923	0.7498	0.3498	0	0.9418	1
lnExposure	659923	2.7572	1.1047	0	3.2189	4.6634
lnDepth	659923	0.3832	0.5270	0	0.0612	2.3026
TFP	659923	0.5911	0.0866	0	0.5919	1
lnage	659923	2.0964	0.6837	0	2.1972	5.6058
lnworker	659923	5.4234	1.1287	0.6931	5.4250	12.3717
asstes_intensity	659923	3.8329	1.3781	0.0016	3.8301	15.4502
FC	659923	0.4673	0.1530	0	0.4659	1
expduty	659923	6.1694	11.2077	0	4.4976	644
FEER	659923	1.3230	3.1312	0.0022	1.0929	203.5443
Ind_stapene	515	0.1863	0.1910	0.0015	0.1125	0.9376
Ind_forpene	515	0.2670	0.1759	0.0005	0.2672	0.7964
Ind_HHI	515	0.0044	0.0097	6.92E-05	0.0014	0.0712
Ind_CO_2	515	0.0094	0.0263	4.92E-05	0.0020	0.2625

第二节   优惠贸易协定环境条款影响企业
出口国内增加值率的实证结果分析

一、基准回归

利用计量模型（7-1），本节估计了企业的 PTAs 环境条款暴露指数对企业出口国内增加值率的影响效应，基准回归结果如表7-2所示。其中，列（1）给出了仅在基准模型中加入核心解释变量、企业固定效应和年份固定效应的回归结果。该结果表明，企业的 PTAs 环境条款暴露指数对企业出口国内增加值率具有显著的负向影响，影响系数为-0.0070。进一步在模型中加入企业的 PTAs 深度暴露指数，以排除贸易协定深度对核心解释变量影响效应的干扰，结果如列（2）所示。估计结果表明，在考虑了这一因素后，企业的 PTAs 环境条款暴露指数对企业出口国内增加值率的影响效应仍然显著为负。随后在模型中加入企业层面随时间变化的协变量进行估计，结果如列（3）所示。该结果表明，在考虑了可能对企业出口国内增加值率产生影响的随时间变化的企业特征后，企业 PTAs 环境条款暴露指数对企业出口国内增加值率的影响效应仍然显著为负。在模型中进一步加入随时间变化的行业层面的协变量，估计结果如列（4）所示。该结果表明，在考虑了所有的干扰性变量后，PTAs 环境条款对企业出口国内增加值率的负向影响效应仍然保持不变。结合本书假说7a和假说7b来看，本章的基准回归结果支持了假说7b，拒绝了假说7a。

从企业层面的协变量来看，贸易协定深度对企业出口国内增加值率的影响效应显著为负。可能的原因是，随着缔约国之间贸易往来的深化，企业可以以更低的成本获得进口中间品，从而改变了企业中间投入品结构，降低了企业出口国内增加值率。与 Wu 等（2021）的结论保持一致，生产率越高的企业，其出口国内增加值率越高，同时规模越大、资本密集度越高的企业，其出口国内增加值率反而越低。与邵朝对和苏丹妮（2019）保持一致，企业年龄的增加对企业出口国内增加值率产生了显著的正向影响效应。此外，企业所面临的融资约束程度越低，企业出口国内增加值率越高，这回应了邵昱琛等（2017）与张盼盼和陈建国

（2019）等的研究结论。

从行业层面的协变量来看，行业国有资本渗透率对企业出口国内增加值率的影响效应显著为正，而外资渗透率对企业出口国内增加值率的影响效应为负。可能的原因是，国有企业承担着国家产业扶持的使命，从而更可能通过采购国内材料进行生产，而外资企业由于与母国具有更强的联系，因此在生产中可能会使用更多的国外中间投入。此外，产业集聚程度的增加，或者说行业垄断程度的增加不利于企业出口国内增加值率提升。本节还发现，行业污染排放量越高，企业出口国内增加值率越高。

表7-2　基准回归结果：PTAs中环境条款对企业出口国内增加值率的影响

变量	（1）	（2）	（3）	（4）
	DVAR	DVAR	DVAR	DVAR
ln*Exposure*	-0.0070 ***	-0.0059 ***	-0.0054 ***	-0.0057 ***
	(0.0003)	(0.0004)	(0.0004)	(0.0004)
ln*Depth*		-0.0076 ***	-0.0075 ***	-0.0035 ***
		(0.0012)	(0.0011)	(0.0011)
TFP			0.0177 ***	0.0376 ***
			(0.0062)	(0.0061)
ln*age*			0.0135 ***	0.0115 ***
			(0.0014)	(0.0013)
ln*worker*			-0.0239 ***	-0.0223 ***
			(0.0009)	(0.0009)
asstes_intensity			-0.0165 ***	-0.0165 ***
			(0.0006)	(0.0006)
FC			-0.0158 ***	-0.0157 ***
			(0.0030)	(0.0030)
expduty			0.0004 ***	0.0004 ***
			(0.0001)	(0.0001)
FEER			-0.0005 ***	-0.0004 ***
			(0.0002)	(0.0002)
Ind_stapene				0.2953 ***
				(0.0185)
Ind_forpene				-0.3951 ***
				(0.0099)

续表

变量	（1）	（2）	（3）	（4）
	DVAR	*DVAR*	*DVAR*	*DVAR*
Ind_ HHI				-12.5100*** (1.3462)
Ind_ CO₂				0.8914*** (0.0688)
企业固定效应	Y	Y	Y	Y
年份固定效应	Y	Y	Y	Y
_cons	0.7651*** (0.0009)	0.7649*** (0.0009)	0.9236*** (0.0085)	1.0339*** (0.0094)
N	620703	620703	620703	620703
R²	0.7834	0.7834	0.7842	0.7889

二、稳健性检验

为了证明基准回归结果的有效性，本章进行了一系列稳健性检验，具体结果将在本节逐一呈现。

1. 排除序列相关性的影响

本章的基准回归模型假设样本的标准误仅对企业层面的异方差或者自相关敏感，从而在回归中使用了企业层面的稳健标准误。但是，同一行业中不同企业在不同年份或者不同企业在同一年份的要素使用、中间品进口及出口行为也可能存在序列相关性。为了排除这两种序列相关性对基准结果可能产生的偏误，本小节进一步将标准误分别聚类到2位数行业层面和年份层面，并对模型（7-1）进行回归，结果如表7-3中列（1）和列（2）所示。回归结果表明，在分别考虑到行业和年份层面潜在的异方差和自相关问题后，基准结果仍然在1%的统计水平下显著为负，表明PTAs环境条款显著降低了企业出口国内增加值率。

2. 排除异常值的影响

核心解释变量的异常值可能导致基准回归结果的偏误。基于此，本小节进一步剔除了在企业PTAs环境条款暴露指数分布中处于最低2.5%和最高2.5%的样本进行回归，结果如表7-3中列（3）所示。研究结果表明，在保持模型中协变量不变，但对核心解释变量进行缩尾处理后，企业出口产品质量对企业PTAs环境条款暴露指数的回归系数的符号、显著性以及数值均基本保持不变。这一结果证明了本章基准结果的稳健性。

与核心解释变量异常值类似，少数过高或过低的解释变量异常值也可能导致估计结果的偏误，因此，本小节进一步剔除了在企业出口国内增加值率分布中处于最低2.5%和最高2.5%的样本进行回归，结果如表7-3列（4）所示。该结果表明，在保持模型中变量不变，但对被解释变量进行缩尾处理后，企业出口国内增加值率仍然受到来自PTAs环境条款的显著的负向影响。

表7-3 稳健性检验结果：序列相关性、异常值与过度进出口商

变量	（1） 行业聚类 DVAR	（2） 年份聚类 DVAR	（3） 解释变量 异常值 DVAR	（4） 被解释变量 异常值 DVAR	（5） 剔除超额 进出口商 DVAR
lnExposure	−0.0057*** (0.0007)	−0.0057*** (0.0013)	−0.0054*** (0.0004)	−0.0058*** (0.0004)	−0.0065*** (0.0005)
全部协变量	Y	Y	Y	Y	Y
企业固定效应	Y	Y	Y	Y	Y
年份固定效应	Y	Y	Y	Y	Y
_cons	1.0339*** (0.0873)	1.0339*** (0.0618)	1.0273*** (0.0094)	1.0101*** (0.0096)	0.9757*** (0.0133)
N	620703	620703	604168	605704	387238
R^2	0.7889	0.7889	0.7914	0.7935	0.7956

3. 超额进出口商

由于加工贸易企业可以从其他加工贸易企业进口中间品，从而使得部分企业成为 Kee 和 Tang（2016）所提到的超额出口商或者超额进口商。Kee 和 Tang（2016）认为由于加工贸易企业生产所需的原材料几乎全部来自国外，因此其出口国内增加值率通常低于一般贸易企业。基于此，他们的研究采用一般贸易企业出口国内增加值率的25%分位数或者50%分位数作为参考依据，将出口国内增加值率低于该数值的加工贸易企业样本予以剔除以解决这一问题。但这一解决方法面临以下两个制约：一方面，Kee 和 Tang（2016）的研究中只考虑了全部出口为加工贸易的纯加工贸易企业和全部出口均为一般贸易的纯一般贸易企业，忽视了

同时以加工贸易方式和一般贸易方式出口的混合贸易企业。理论上，只要企业采用了加工贸易方式进口，就可能导致"超额进口商"或者"超额出口商"的存在，而 Kee 和 Tang（2016）的方法无法对此进行识别。另一方面，中国自2003 年开始进行加工贸易转型升级，于 2004 年颁布《加工贸易禁止类商品目录》，并于 2005 年颁布《出口加工区加工贸易管理暂行办法》。这两个文件对加工贸易企业进行了限制，从而使更多的纯加工贸易企业转向混合贸易企业。这也就使得 2007 年以后的样本中，纯加工贸易企业数量锐减。考虑到前述两个原因，Kee 和 Tang（2016）提出的识别超额进口商或者超额出口商的方法将不再适用。

基于此，本书根据海关进出口交易数据库中所统计的企业进出口状态，来识别超额进口商和超额出口商，并在样本中予以剔除。具体识别标准如本书附表 A.6 所示。在剔除潜在的超额进口商和超额出口商样本后，本小节进一步采用剩余样本进行回归，结果如表 7-3 中列（5）所示。回归结果显示，尽管在剔除前述样本后，PTAs 环境条款对企业出口国内增加值率的影响系数的绝对值变大，但其影响方向和显著性水平仍然保持不变，表明本章的基准回归结论较为稳健。

4. 替换被解释变量

国内中间品使用是构成出口国内增加值的重要部分，进而会影响到企业出口国内增加值率的测算结果。其中，企业所使用中间品中的国外成分低估将导致国内中间品使用的高估，进而导致企业出口国内增加值率的高估。根据 Kee 和 Tang（2016）的研究，企业生产中所使用的国外部分不仅来自直接的国外中间品进口，也来自产品生产过程中的投入产出关联导致的国内投入品中所包含的国外成本，而对于这一部分国外成分的估计则需要获得企业中间投入总额相关的数据。但是，中国工业企业数据库自 2008 年开始不再对这一指标进行统计，因此无法在企业出口国内增加值率计算中对这一部分予以剔除。为了尽可能保证数据的时效性，本章在分析中主要采用了不考虑国外中间品间接进口所得的指标进行回归。但为了排除由于这一问题对结果所可能产生的潜在偏误，本小节采用 2007 年及以前的数据计算了排除中间品间接进口的企业出口国内增加值率（DVAR1），并采用其替换基准回归模型中的被解释变量进行回归，结果如表 7-4 中列（1）所示。该结果表明，在考虑了国内中间品中所包含的国外成分后，PTAs 中的环境条款对企业出口国内增加值率的影响效应仍然显著为负。但是，采用新指标的回归系数的绝对值相较于基准回归结果而言变化较大，这一差异部分可能来自对间接进口问题的解决，部分可能源于样本考察期间的变化。

5. 替换核心解释变量

基准结果也可能是由核心解释变量计算方法偶然产生的。在基准回归中，为了排除由于贸易权重之间而导致的解释变量和被解释变量之间的反向因果联系，本书在测算核心解释变量时采用了相较于结果变量滞后 1 期的企业贸易权重进行加权。基于此，本小节进一步采用相较于结果变量滞后 2 期的企业贸易权重，以及滞后 1 期和滞后 2 期的企业贸易权重平均值所测算得到的核心解释变量 ln$Exposure$1 和 ln$Exposure$2 来替换模型（7-1）中的核心解释变量进行回归，回归结果如表 7-4 中列（2）和列（3）所示。在存在新进入企业的情况下，采用滞后期的贸易权重测算的核心解释变量可能并不能真实反映新进入企业在进入出口市场当期所面临的 PTAs 环境条款的约束。基于此，本章进一步借鉴前两章的方法，采用观测期内企业平均贸易权重来测算核心解释变量，将得到的变量 ln$Exposure$3 替换基准模型中的核心解释变量进行回归，结果如表 7-4 中列（4）所示。全部结果表明，替换核心解释变量测算方法后，PTAs 环境条款对企业出口国内增加值率的影响效应仍然显著为负。

表 7-4　稳健性检验结果：变量替换

变量	（1）	（2）	（3）	（4）
	DVAR1	DVAR	DVAR	DVAR
ln$Exposure$	−0.0153 *** (0.0006)			
ln$Exposure$1		−0.0062 *** (0.0003)		
ln$Exposure$2			−0.0072 *** (0.0004)	
ln$Exposure$3				−0.0161 *** (0.0008)
全部协变量	Y	Y	Y	Y
企业固定效应	Y	Y	Y	Y
年份固定效应	Y	Y	Y	Y
_cons	1.0455 *** (0.0170)	1.0087 *** (0.0093)	1.0166 *** (0.0093)	1.0653 *** (0.0095)
N	270300	598385	598385	620703
R^2	0.7990	0.7912	0.7912	0.7891

6. 排除金融危机的影响

金融危机导致全球经济低迷，部分遭受冲击的国家生产行为的转变可能沿着产业链传导，进而对中国企业中间品进口行为及其出口行为产生影响。基于此，本小节与第五章和第六章保持一致，仍然采用两种方法检验 PTAs 环境条款对企业出口国内增加值率的影响效应是否在金融危机前后均存在。第一，以 2007 年为标准，将原始样本划分为金融危机发生前的样本和金融危机发生之后的样本进行分样本回归。回归结果如表 7-5 中列（1）和列（2）所示。结果表明，无论是金融危机前还是金融危机后，企业的 PTAs 的环境条款暴露指数的系数在 1% 的统计水平上拒绝原假设，证明了基准结果的有效性。但金融危机前后的影响系数绝对值存在较大的差异，可能的原因是，在 2007 年以前，中国对国外中间品依赖程度较高，因此所受的冲击更大。第二，从图 4-7 可知，中国企业出口国内增加值率在 2009 年增长放缓甚至在 2010～2011 年出现负增长。基于此，本小节在原始样本中剔出了金融危机较严重的 2007～2011 年的样本，并采用剩余样本进行回归，结果如表 7-5 中列（3）所示。结果表明，在剔除了金融危机较为严重时期的样本之后，本章的基准结论保持不变。

表 7-5　稳健性检验：排除金融危机的影响

变量	（1）	（2）	（3）
	DVAR	DVAR	DVAR
lnExposure	−0.0051*** (0.0005)	−0.0020*** (0.0005)	−0.0065*** (0.0005)
全部协变量	Y	Y	Y
企业固定效应	Y	Y	Y
年份固定效应	Y	Y	Y
_cons	1.0291*** (0.0167)	0.9152*** (0.0105)	1.0741*** (0.0135)
N	209287	391591	337210
R^2	0.8960	0.7986	0.8397

三、内生性问题

本小节沿用了前两章的方法，通过测算群组内其他个体内生变量的均值，并将其作为单个个体内生变量的工具变量，采用两阶段工具变量法来缓解内生性问题。估计结果如表 7-6 所示。其中列（1）给出了第一阶段的回归结果，该结果表明工具变量与核心被解释变量之间存在显著的正相关关系。由于本章讨论的内生变量与工具变量数量相等，因此仅关注潜在的弱工具变量问题和工具变量识别不足问题。其中，两个回归的 Kleibergen-Paaprk LM 统计量为 2100.619，对应 p 值为 0.0000，拒绝了"工具变量识别不足"的原假设，表明不存在工具变量识别不足的问题。同时，Cragg-Donald Wald F 统计量为 2433.427，Kleibergen-Paaprk Wald F 统计量为 1015.640，高于 Stock-Yogo 弱工具变量 15% 水平下的关键值 4.58，表明不存在弱工具变量的问题。列（2）汇报了工具变量检验的结果，该结果表明，企业 PTAs 环境条款暴露指数对企业出口国内增加值率的影响系数为-0.0351，且仍然在 1% 的统计水平下显著。这表明本章的基准回归结论在考虑了内生性之后，仍然成立。

表 7-6　内生性问题处理结果：PTAs 中环境条款对企业出口国内增加值率的影响

变量	（1）	（2）
	第一阶段	第二阶段
	ln*Exposure*	*DVAR*
ln*Exposure_ excl*	0.6637*** (0.0055)	
ln*Exposure*		-0.0351*** (0.0017)
全部协变量	Y	Y
企业固定效应	Y	Y
年份固定效应	Y	Y
识别不足检验		
Kleibergen-Paaprk LM statistic		2100.619 (0.0000)
弱工具变量检验		
Cragg-Donald Wald F statistic		2433.427
Kleibergen-Paap Waldrk F statistic		1015.640
N		614879

第三节 优惠贸易协定环境条款影响企业 出口国内增加值率的机制检验

一、生产率效应

本书假说 8 提出，PTAs 环境条款可能通过技术效应影响企业出口国内增加值率。本小节采用企业的全要素生产率来检验这一效应，结果如表 7-7 所示。为了便于比较，本小节在表 7-7 中列（3）给出了包含生产率的基准回归模型结果。列（1）的结果表明，在不考虑全要素生产率效应的情况下，企业的 PTAs 环境条款暴露指数对企业出口国内增加值率的影响效应显著为负，这与基准回归结果保持一致。列（2）的结果表明，PTAs 环境条款暴露指数对企业全要素生产率的影响效应显著为正，这一估计结果与第六章的估计结果保持一致，进一步验证了 PTAs 环境条款对企业生产率提升的积极效应。结合列（1）～列（3）的结果可以发现，核心解释变量系数在考虑了全要素生产率的效应后，系数绝对值变大，证明 PTAs 中的环境条款可以通过提升企业的全要素生产率来提高企业出口国内增加值率。也就是说，生产率具有反向部分中介作用。进一步对全要素生产率的中介效应进行 Sobel 检验和随机抽样 500 次的 Bootstrap 检验。其中，Sobel 检验结果显示在 1% 的显著性水平上通过检验，表明中介效应有效。效应占比约为 −2.8%，进一步肯定了全要素生产率在 PTAs 环境条款对企业出口国内增加值率的影响效应中的反向中介作用。Bootstrap 检验结果显示，间接效应通过了 1% 的显著性水平的检验，表明全要素生产率的间接效应成立。

借鉴第六章的方法，本小节进一步采用企业全员劳动生产率（TLP）替换模型中的全要素生产率，来检验生产率机制的稳健性，结果如表 7-7 中列（4）和列（5）所示。列（4）的结果表明，在采用企业的全员劳动生产率替换企业的全要素生产率后，企业的 PTAs 环境条款对生产率的效应仍然在 1% 的显著性水平上显著为正，表明 PTAs 环境条款能够促进企业全员劳动生产率的提升。列（5）的结果表明，全员劳动生产率提升有利于企业出口国内增加值率的提升。结合列（4）和列（5）的结果，以及对中介效应的 Sobel 检验和随机抽样 500 次

的 Bootstrap 检验结果表明，采用全员劳动生产率替换企业全要素生产率，生产率
在 PTAs 环境条款与企业出口国内增加值率之间的部分中介作用仍然存在，验证
本书的部分假说 8。但从结果来看，无论是采用哪种计算方法，生产率在 PTAs
环境条款对企业出口国内增加值率负向影响中所发挥的反向中介效应都较小。

表 7-7 机制检验结果：生产率效应

变量	(1)	(2)	(3)	(4)	(5)
	全要素生产率			全员劳动生产率	
	DVAR	*TFP*	*DVAR*	*TLP*	*DVAR*
ln*Exposure*	−0.0055***	0.0041***	−0.0057***	0.0390***	−0.0056***
	(0.0004)	(0.0001)	(0.0004)	(0.0009)	(0.0004)
TFP			0.0376***		
			(0.0061)		
TLP					0.0016**
					(0.0008)
Sobel 检验	中介变量：全要素生产率 0.0002*** 机制有效——反向传导			中介变量：劳动生产率 0.0001** 机制有效——反向传导	
Ind_eff 检验 （P-value）	0.000 间接效应存在			0.041 间接效应存在	
全部协变量	Y	Y	Y	Y	Y
企业固定效应	Y	Y	Y	Y	Y
年份固定效应	Y	Y	Y	Y	Y
_cons	1.0579***	0.6361***	1.0339***	7.1221***	1.0467***
	(0.0083)	(0.0033)	(0.0094)	(0.0269)	(0.0104)
N	620703	620703	620703	620703	620703
R^2	0.7888	0.6310	0.7889	0.8485	0.7888

二、中间品进口效应

本书假说 8 中进一步提出，由于 PTAs 环境条款提高了企业进口中间品使用，
从而降低了企业出口国内增加值率。基于此，本小节采用中介效应模型来检验这
一机制。由于企业出口国内增加值率的测算需要使用企业的中间品进口额，因此
采用 6 位数 HS1992 标准下的企业进口中间品种类数的对数值（ln*Var_imp*）而不

是中间品进口额来度量企业的进口中间品扩张情况。测算该指标的数据来源于中国海关进出口数据库。

检验结果如表7-8所示，为了便于比较，将基准回归结果汇报在表7-8的列（1）中。企业的PTAs环境条款暴露指数对企业中间品进口种类具有显著的正向影响，影响系数为0.0401，表明企业的PTAs环境条款暴露指数每上升1%，企业的中间品进口增加0.04个百分点。企业的PTAs环境条款暴露指数对企业出口国内增加值率的影响系数仍然负向显著，系数绝对值由0.0057下降至0.0024。中介变量的系数为-0.0803，且在1%的统计水平下显著，表明企业的中间品进口种类增加1%，企业的出口国内增加值率下降8.03个百分点。Sobel检验结果的系数符号与主回归系数符号保持一致且在1%的统计水平上显著，表明中间品进口种类是PTAs环境条款对企业出口国内增加值率的负向影响的传导机制，间接效应占比为56.8%。Bootstrap检验结果显示间接效应通过了1%的显著性水平检验。列（1）~列（3）的结果验证了本书的假说8的剩余部分。

为了检验中间品进口中介效应的稳健性，本小节也采用企业的中间品进口额对数值替换企业的中间品进口种类对数值进行回归，回归结果如表7-8中列（4）和列（5）所示。列（4）的结果表明，企业的PTAs环境条款暴露指数每上升1%，企业的中间品进口额增加0.2202个百分点。同时，列（5）的结果表明，企业的中间品进口额每增加1%，企业的出口国内增加值率下降1.23个百分点。Sobel检验结果和Bootstrap检验结果均与进口中间品种类的中介效应检验结果在机制传导方向以及显著性水平等方面具有内在一致性，但相较于中间品进口种类，中间品进口额所发挥的间接效应占比略低，为48.8%。综合表7-8的实证结果，PTAs环境条款对通过增加企业生产中的进口中间品使用降低了企业出口国内增加值率。

表7-8　机制检验结果：中间品进口

变量	(1)	(2)	(3)	(4)	(5)
	中间品进口种类			中间品进口额	
	DVAR	ln*Var_imp*	*DVAR*	ln*IM_imp*	*DVAR*
ln*Exposure*	-0.0057***	0.0401***	-0.0024***	0.2202***	-0.0029***
	(0.0004)	(0.0009)	(0.0003)	(0.0058)	(0.0003)
ln*Var_imp*			-0.0803***		
			(0.0009)		

续表

变量	(1)	(2)	(3)	(4)	(5)
	中间品进口种类			中间品进口额	
	DVAR	ln*Var_imp*	*DVAR*	ln*IM_imp*	*DVAR*
ln*IM_imp*					−0.0123 *** (0.0001)
Sobel 检验	中介变量：中间品进口种类 −0.0032 *** 机制有效——正向传导			中介变量：中间品进口额 −0.0027 *** 机制有效——正向传导	
Ind_eff 检验 （P-value）	0.000 间接效应存在			0.000 间接效应存在	
全部协变量	Y	Y	Y	Y	Y
企业固定效应	Y	Y	Y	Y	Y
年份固定效应	Y	Y	Y	Y	Y
_cons	1.0339 *** (0.0094)	−0.3759 *** (0.0239)	1.0038 *** (0.0090)	−0.5802 *** (0.1391)	1.0268 *** (0.0091)
N	620703	620703	620703	620703	620703
R^2	0.7889	0.9100	0.7972	0.8534	0.7969

　　已有研究主要采用企业国内投入在中间投入总额中的占比来度量企业采用国内中间品替代进口中间品的程度，但由于中国工业企业数据库中 2008 年及以后年份的统计数据中缺乏企业中间品进口使用总额指标，因此本小节主要采用了企业中间品进口种类和中间品进口额作为企业进口中间品使用情况的代理变量。为了检验进口中间品对国内中间品的替代效应的稳健性，本小节进一步采用企业进口中间品占企业中间品总投入的比重（*IM_ratio*）来度量进口中间品渗透程度，并采用排除国内中间投入品中的国外成分的被解释变量 *DVAR*1 进行中介效应模型回归，结果如表 7-9 所示。需要注意的是，本部分分析所使用的数据期间仅为 2001~2007 年，且剔除了企业进口中间品进口份额不合理的观测值。其中，列（1）的结果表明，在考虑了企业所使用国内投入品中所包含的国外成分后，PTAs 环境条款暴露指数对企业的出口国内增加值率的影响效应仍然显著为负。列（2）的结果则表明，PTAs 环境条款会促使企业在生产中使用进口中间品替代国内中间品。企业的 PTAs 环境条款暴露指数每上升 1 个百分点，企业的进口中间品渗透率提高 0.97 个百分点。列（3）的结果则表明，企业进口中间品渗透率提升会

降低企业出口国内增加值率，具体而言，企业进口中间品渗透率每提升1个百分点，企业出口国内增加值率降低0.57个百分点。Sobel检验结果表明，中间品进口渗透率的间接效应占比约为39.9%。表7-9的结果进一步证实了进口中间品在PTAs环境条款与企业出口国内增加值率关系中存在同向的部分中介作用。

表7-9　机制检验结果：中间品进口渗透率

变量	(1)	(2)	(3)
	DVAR1	IM_ratio	DVAR1
lnExposure	−0.0139*** (0.0006)	0.0097*** (0.0003)	−0.0084*** (0.0006)
IM_ratio			−0.5704*** (0.0054)
Sobel 检验	中介变量：中间品进口渗透率 −0.0056*** 机制有效——正向传导		
Ind_eff 检验 （P-value）	0.000 间接效应存在		
全部协变量	Y	Y	Y
企业固定效应	Y	Y	Y
年份固定效应	Y	Y	Y
_cons	1.1745*** (0.0184)	0.1131*** (0.0110)	1.2390*** (0.0174)
N	230758	230758	230758
R^2	0.7764	0.8233	0.8016

第四节　优惠贸易协定环境条款对企业出口国内增加值率的差异化影响

一、基于环境条款类型的异质性

本小节进一步检验了PTAs贸易限制型环境条款、PTAs贸易促进型环境条款

以及其他类型环境条款对企业出口国内增加值率是否存在差异化影响，回归结果
如表 7-10 所示，表中变量含义与前文保持一致。表中结果表明，企业对三类环
境条款暴露程度对企业出口国内增加值率的影响系数分别为 -0.0136，-0.0138
和 -0.0060，且均通过了统计意义上的显著性检验。比较三类环境条款的影响效
应可知，贸易限制型环境条款和贸易促进型环境条款对企业出口国内增加值率的
负向影响效应更大，而其他类型的环境条款对企业出口国内增加值率的负向影响
相对较小。可能的原因是，贸易促进型环境条款通过提供便利化条件促进贸易双
方的贸易往来，从而为中国企业主动获得进口中间品提供了良好的环境，而贸
易促进型环境条款通过限制污染性产品贸易迫使企业减少污染型中间品的生
产，进而增强企业被迫从国外获得进口中间品的可能性。而相较于直接与贸易
相关的环境条款，其他类型的环境条款强调对缔约国双方环境技术的支持和协
调，从而有利于中国企业技术进步，进而对企业出口国内增加值率的负向影响
效应更小。

表 7-10 异质性效应：环境条款异质性

变量	（1）	（2）	（3）
	DVAR	DVAR	DVAR
ln$Expos\_PT$	-0.0136*** (0.0010)		
ln$Expos\_LT$		-0.0138*** (0.0010)	
ln$Expos\_OTH$			-0.0060*** (0.0004)
全部协变量	Y	Y	Y
企业固定效应	Y	Y	Y
年份固定效应	Y	Y	Y
_cons	1.0340*** (0.0094)	1.0338*** (0.0094)	1.0340*** (0.0094)
N	620703	620703	620703
R^2	0.7888	0.7888	0.7889

二、基于国内市场发育程度的异质性

1. 基于国内中间品市场发育程度的异质性

根据 Kee 和 Tang（2016）的研究发现，企业所使用的国内中间投入品构成企业的国内增加值。发育成熟的国内中间品市场可以为企业提供更多样化、更高质量、低价格的国内中间投入品。基于此，本小节检验了 PTAs 环境条款对位于国内中间品市场发育程度不同地区的企业出口国内增加值率的影响效应的差异性。首先，本小节基于中国海关进出口数据库计算了 2001 年各省份的一般贸易中间品出口种类，基于中位数将各省划分为国内中间品市场发育度较高的省份和国内中间品市场发育度较低的省份，并生成虚拟变量 Int_group。① 其中，当企业所在省份的一般贸易中间品出口种类高于中位数时，该虚拟变量取值为 1，否则其取值为 0。通过在基准模型中纳入核心解释变量与这一虚拟变量的交乘项来考察这一异质性效应，结果如表 7-11 中列（1）所示。其中，企业 PTAs 环境条款暴露指数线性项对企业出口国内增加值率的影响效应仍然为负，但其与国内中间品市场发育水平虚拟变量的交乘项的系数在 1% 的显著性水平上为正。当企业所处地区的国内中间品市场发育水平较低时（$Int\_group=0$），企业的 PTAs 环境条款暴露指数对企业出口国内增加值率的影响效应为 -0.0095，而当企业所处地区的国内中间品市场发育水平较高时（$Int\_group=1$），该负向效应减弱至 -0.0054。这一结果表明，国内中间品市场发育有利于缓解 PTAs 环境条款对企业在出口市场上的国内增值能力的负向冲击。

本小节进一步分析了国内中间品市场发育程度差异导致的 PTAs 环境条款对企业出口国内增加值率影响效应差异的原因。表 7-11 中列（2）和列（3）分别给出了企业全要素生产率和企业中间品进口种类对数值对核心解释变量与国内中间品市场发育程度虚拟变量交乘项的回归结果。一方面，在两个回归结果中，核心解释变量线性项的显著性和影响系数符号均与本章第三节中机制检验结果保持一致，证明了前文机制检验结论的稳健性。另一方面，交乘项系数对企业全要素生产率的影响效应显著为正，表明 PTAs 环境条款更有利于促进中间品市场发育程度更高地区企业的全要素生产率提升。可能的原因是，企业所在地区的国内中

---

① 之所以不继续采用第六章中的产品市场化指数，是因为该指数衡量的是产品市场的总体发育程度，进口中间品的可获得性增强也是产品市场发育成熟的体现，因而并不能排除国外中间品所产生的干扰。

间品市场发育程度越高表明该地区的企业的生产能力越强，在面临 PTAs 环境条款的冲击时，越有能力进行设备升级和生产效率的提升，也越能获取 PTAs 中具有技术性特征的环境条款所产生的技术溢出效应。与预期存在差异的是，尽管企业中间品进口种类对数值对企业的 PTAs 环境条款暴露指数的回归系数为正，但并不具有统计意义上的显著性。这表明 PTAs 环境条款对国内中间品市场发育程度不同地区企业的中间品进口种类的影响并不存在显著的差异性。

表 7-11　异质性检验：中间产品市场发育

变量	(1)	(2)	(3)
	DVAR	*TFP*	ln*Var_imp*
ln*Exposure*×*Int_group*	0.0041***	0.0022***	0.0043
	(0.0013)	(0.0004)	(0.0030)
ln*Exposure*	−0.0095***	0.0021***	0.0361***
	(0.0013)	(0.0004)	(0.0030)
Int_group	0.1011	−0.0202***	0.3306***
	(0.0683)	(0.0067)	(0.1078)
全部协变量	Y	Y	Y
企业固定效应	Y	Y	Y
年份固定效应	Y	Y	Y
_cons	0.9371***	0.6555***	−0.6927***
	(0.0662)	(0.0073)	(0.1064)
N	620703	620703	620703
R^2	0.7889	0.6310	0.9100

2. 基于要素市场发育程度的异质性

同样根据 Kee 和 Tang（2016）的研究，企业的劳动力成本、资本成本也是企业国内增加值的主要构成部分，二者共同构成了企业的要素成本。企业所在地要素市场发育成熟时，当企业面临外部冲击而需要进行资本投入和技术升级时，国内市场能够为企业的生产经营活动提供足够的资金支持和充足的劳动力及人力资本保障，促使企业在出口中的国内要素投入收益增加，进而有利于企业出口国内增加值率的提升。基于此，本小节检验了 PTAs 环境条款对不同要素市场发育程度地区企业的出口国内增加值率的影响效应的差异性。根据樊纲等（2007）提供的 2001 年中国各省份要素市场发育程度指数及计算所得的中位数，将各省份划分为要素市场发育度较高的省份和要素市场发育度较低的省份,并生成虚拟变量 *Fac_group*。其中,当企业属于生产要素市场发育程度较高省份时,该变量取值为 1;反之则为 0。在基准模型中引入企业 PTAs 环境条款暴露指数与该虚拟变量的交乘项并进行回归,结果如表 7-12 中列(1)所示。核心解释变量与要素市场发育程度分组变量交乘项系数显著为正,表明 PTAs 环境条款对要素市场发育程度更高地区的企业出口国内增加值率的负向影响效应更小。具体来说,当企业所在地区的要素市场发育程度较低时(*Fac_group* = 0),企业的 PTAs 环境条款暴露指数对企业出口国内增加值率的影响效应约为−0.0101,而当企业所在地区的要素市场发育程度较高时(*Fac_group* = 1),企业的 PTAs 环境条款暴露指数对企业出口国内增加值率的负向影响极小。

本小节进一步考察了生产率中介效应和中间品进口中介效应在两类地区企业间的差异程度,结果见表 7-12 中的列(2)和列(3)。从全要素生产率的角度来看,核心解释变量与要素市场发育程度分组变量交乘项的系数在 1% 的显著性水平上为正,表明 PTAs 环境条款暴露指数更能提高要素市场发育更能完善地区企业的全要素生产率。从中间品进口的角度来看,核心解释变量与要素市场发育程度分组变量的交乘项的系数在 1% 的显著性水平为正,表明 PTAs 环境条款对要素市场发育程度更高地区企业的中间品进口的正向影响效应更小。可能的原因是,当地区要素市场发育程度较高时,企业可以以更低成本生产更多品类和更高质量的国内中间品,进而缓解了企业对进口中间品的依赖。综上可知,PTAs 环境条款同时通过生产率效应和进口中间品效应两条渠道对要素发育程度不同地区企业出口国内增加值率产生异质性影响。

表 7-12　异质性检验:要素市场发育

变量	(1)	(2)	(3)
	DVAR	TFP	lnVar_imp
lnExposure×Fac_group	0.0101 ***	0.0018 ***	−0.0106 ***
	(0.0006)	(0.0002)	(0.0015)
lnExposure	−0.0101 ***	0.0033 ***	0.0448 ***
	(0.0004)	(0.0001)	(0.0011)
Fac_group	0.0675	−0.0654 ***	0.5790
	(0.1255)	(0.0250)	(0.4704)
全部协变量	Y	Y	Y

续表

变量	（1）	（2）	（3）
	DVAR	*TFP*	ln*Var_imp*
企业固定效应	Y	Y	Y
年份固定效应	Y	Y	Y
_cons	0.9974***	0.6828***	−0.6725***
	（0.0654）	（0.0146）	（0.2436）
N	620703	620703	620703
R^2	0.7890	0.6311	0.9100

三、基于行业的异质性

1. 基于行业技术水平的异质性

技术水平越高的企业更容易实现生产设备、流程和技术的升级，因此 PTAs 环境条款对不同技术水平企业的出口国内增加值率可能产生差异化的影响效应。本小节沿用第六章的方法识别企业所在的 4 位数行业是否为高技术行业，并生成虚拟变量 *Htech_group*。在基准模型中引入核心解释变量与高技术行业虚拟变量进行回归，结果如表 7-13 中列（1）所示。该结果表明，交乘项系数为正，且在 1% 的统计水平上显著，表明 PTAs 环境条款对高技术行业中的企业的出口国内增加值率的负向效应更小。具体而言，当企业所属行业为非高技术行业时（*Htech_group*=0），企业的 PTAs 环境条款暴露指数对企业出口国内增加值率的影响效应为 −0.0070，而当企业所属行业为高技术行业时（*Htech_group*=1），PTAs 环境条款暴露指数能够促进企业出口国内增加值率提升，影响系数为 0.0075。

本小节进一步检验了 PTAs 环境条款的生产率效应和进口中间品效应是否在两类企业中存在差异。检验结果如表 7-13 中列（2）和列（3）所示。从生产率效应来看，核心解释变量与高技术行业分组变量的交乘项对企业全要素生产率的影响系数为正，且在 1% 的统计水平上显著，表明相较于非高技术行业，PTAs 环境条款对高技术行业企业的全要素生产率提升效应更大。而从中间品进口的角度来看，核心解释变量与高技术行业分组虚拟变量的交乘项对企业中间品进口种类的影响系数趋近于 0，且不具有统计意义上的显著性，表明 PTAs 环境条款并没有导致不同技术水平行业的企业的中间品进口行为的差异。由此可知，PTAs 环境条款对技术水平不同的行业中的企业出口国内增加值率的影响差异主要来源于 PTAs 环境条款的生产率效应。

表 7-13　异质性检验：行业技术水平

变量	(1)	(2)	(3)
	DVAR	TFP	lnVar_imp
lnExposure×Htech_group	0.0145 ***	0.0009 ***	−0.0000
	(0.0011)	(0.0004)	(0.0025)
lnExposure	−0.0070 ***	0.0041 ***	0.0401 ***
	(0.0004)	(0.0001)	(0.0009)
Htech_group	−0.3278 ***	0.0038 *	0.0099
	(0.0063)	(0.0020)	(0.0115)
全部协变量	Y	Y	Y
企业固定效应	Y	Y	Y
年份固定效应	Y	Y	Y
_cons	0.9771 ***	0.6379 ***	−0.3737 ***
	(0.0090)	(0.0033)	(0.0239)
N	620703	620703	620703
R^2	0.7936	0.6311	0.9100

2. 基于行业所处产业链位置的异质性

通常而言，采矿业、化学原料及化学制品制造业以及炼焦等上游行业的产品生产主要基于原始要素和原材料投入，对中间品的依赖程度较低。而相对下游的行业，如设备制造业，其产成品的生产需要投入大量生产链前端的中间品，对中间品依赖程度相对较高。因此，当 PTAs 环境条款促进企业中间品进口时，其可能对下游行业中企业的出口国内增加值率产生更大的负向效应。基于此，本小节借鉴 Antràs 等（2012）的方法，基于 WIOD2016 数据库测算了 2001 年 WIOD 行业分类标准下各行业的上游度指数，并手动将 WIOD 行业分类标准与 2002 年版的中国国民经济行业分类标准进行对应，得到企业所属行业的上游度指数。基于上游度指数的中位数，生成虚拟变量 Down_group。当企业所在行业的上游度指数低于中位数时，表明该行业属于相对下游行业，变量 Down_group 取值为 1，否则其取值为 0。在基准回归模型中引入核心解释变量与下游行业虚拟变量的交乘项来考察 PTAs 环境条款对处于产业链上不同位置行业中的企业出口国内增加值率的异质性效应，结果如表 7-14 中列（1）所示。该结果表明，交乘项的系数在 1% 的统计水平上显著为负，且核心解释变量线性项的系数仍然为负，表明 PTAs 环境条款对下游行业的出口国内增加值率的负向效应更大。具体而言，当企业所处行业属于相对上游行业时（$Down\_group = 0$），企业的 PTAs 环境条款暴露指数对企业出口国内增加值率的影响效应为 -0.0031，而当该企业所处行业属于相对下游行业时（$Down\_group = 1$），该影响效应变为 -0.0074。

本小节进一步考察了生产率和中间品进口在 PTAs 环境条款对处于不同生产链位置行业中的企业出口国内增加值率的差异性影响中所起的作用，结果如表 7-14 中列（2）和列（3）所示。从生产率来看，企业的 PTAs 环境条款暴露指数与企业所属行业所在生产链位置的虚拟变量的交乘项系数并不具有统计意义上的显著性，表明 PTAs 环境条款对上游行业中的企业和下游行业中的企业生产率的影响并不存在显著的差异。从中间品进口来看，交乘项系数为正，表明相较于上游行业中的企业，PTAs 环境条款更能促进下游行业中的企业进口更多的中间品。该结果意味着，PTAs 环境条款对处于生产链上不同位置行业中的企业出口国内增加值率的差异化效应主要是通过中间品进口渠道实现的。

表 7-14　异质性检验：行业下游度

变量	（1） DVAR	（2） TFP	（3） ln Var_imp
ln Exposure × Down_group	-0.0043 *** （0.0006）	0.0001 （0.0002）	0.0035 ** （0.0015）
ln Exposure	-0.0031 *** （0.0005）	0.0041 *** （0.0002）	0.0381 *** （0.0012）
Down_group	0.0862 *** （0.0036）	-0.0143 *** （0.0016）	-0.0119 （0.0075）
全部协变量	Y	Y	Y
企业固定效应	Y	Y	Y
年份固定效应	Y	Y	Y
_cons	0.9744 *** （0.0095）	0.6456 *** （0.0034）	-0.3689 *** （0.0244）
N	620703	620703	620703
R^2	0.7895	0.6314	0.9100

第五节 本章小结

随着贸易自由化和产品内生产分段化的深化，企业不再进行完整的产品生产过程，而仅仅只负责产品生产全过程中的一个或者部分任务，在这种情况下，企业的出口价值不仅包含了企业为国内创造的价值，也包含了来自国外进口的中间投入品的价值。此时，企业的出口概率或出口额不能反映出企业在国际市场上为国内创造的贸易利得。而企业出口的国内增加值率则被视为度量企业在出口市场上的"国内增值能力"的指标。由于企业的国内增加值包含了企业生产所使用的国内要素投入和国内中间品投入，因此国内增加值率的提升可以体现出我国国内大循环的情况。同时企业出口国内增加值率是指企业在出口市场上的"增值能力"，因而体现出了企业参与国际循环的水平。已有部分研究关注了国内环境规制对企业出口国内增加值率的影响效应，而对 PTAs 环境条款对其产生影响的研究尚属空白。PTAs 环境条款相较于国内环境规制手段而言，具有一定的跨国特性，当其与贸易协定相结合时，就增加了处于其影响下企业的进口中间品获取渠道，进而可能对企业出口国内增加值率产生影响。

本章基于测算得到的企业 PTAs 环境条款暴露指数，考察了 PTAs 环境条款对企业出口国内增加值率的影响效应。本章的研究得到了如下核心结论：①PTAs 中的环境条款不利于企业出口国内增加值率的提升，多种稳健性检验和内生性检验结果证明了这一结论的稳健性。②PTAs 环境条款对企业出口国内增加值率的影响主要是通过生产率提升效应和中间品进口效应来实现的。其中，PTAs 环境条款通过提升企业的生产率对企业出口国内增加值率来产生正向影响，但与此同时，PTAs 环境条款也会增加企业的中间品进口，从而降低了企业出口国内增加值率。总体来看，中间品进口效应远高于生产率效应。③基于环境条款类别的异质性检验结果表明，PTAs 中的贸易促进型环境条款和贸易限制型环境条款对企业出口国内增加值率的负向影响更大，而 PTAs 中与贸易不直接相关的其他类型的环境政策则对企业出口国内增加值率的负向影响相对较小。④基于国内中间品市场发育程度和要素市场发育程度的异质性检验结果表明，PTAs 环境条款对国内中间品市场和要素市场发育程度较高地区的企业出口国内增加值率的负向影响更小。其中，前一种异质性效应主要通过 PTAs 环境条款的生产率效应来实现，而在后一种异质性效应中，PTAs 环境条款的生产率效应和中间品进口效应则同时发挥作用。⑤基于技术水平差异的异质性效应检验结果表明，PTAs 环境条款更能促进高技术行业中企业的生产率提升，但对高技术行业和非高技术行业中企业的中间产品进口并不存在差异化的影响，进而导致其对高技术行业中企业出口国内增加值率的负向影响更小。⑥基于所处产业链位置的异质性检验结果表明，相较于上游行业中的企业，PTAs 环境条款更能促进下游行业中企业的中间品进口，但对两类行业中企业的生产率的影响效应并不存在显著差异，因而其对下游行业企业的出口国内增加值率的负向影响效应更大。

基于企业出口国内增加值率的 PTAs 环境条款对企业出口竞争力的检验结果表明，当前中国所缔结的优惠贸易协定中的环境条款在一定程度上对企业参与"国内大循环"的能力造成了冲击。基于此，中国要进一步完善国内中间品市场和要素市场，提升整体技术水平，为企业生产提供更易获得、更高质量和价格低廉的投入要素和中间品，为企业更好地参与"国内大循环"保驾护航。

第八章　结论与政策建议

第一节　主要结论

随着多边环境协定谈判受阻，PTAs 条款中越来越多地纳入了环境条款，这表明 PTAs 的侧重点逐渐由促进贸易自由化向全球环境治理转移。中国与多个国家缔结的 PTAs 中都包含了不同数量、不同类型的环境条款。但作为出现在以促进贸易自由化为核心宗旨的 PTAs 中的环境条款，其对贸易具有何种影响仍然有待探索。本书从中国对外贸易高质量发展的现实要求出发，以微观企业出口竞争力为落脚点，从企业出口清洁度、企业出口产品质量和企业出口国内增加值率三个角度，考察了 PTAs 环境条款对出口竞争力的影响。并得到了以下主要结论：

第一，PTAs 环境条款有助于提高中国企业的出口清洁度。具体而言，中国企业的 PTAs 环境条款暴露指数每提升 1%，企业的清洁产品出口份额显著提升了 0.13 个百分点，污染产品出口份额下降了 0.1 个百分点。不同类型的 PTAs 环境条款对企业出口清洁度的影响效应存在差异，其中贸易促进型环境条款和贸易限制型环境条款的影响效应大于其他类型的环境条款。此外，PTAs 环境条款对企业出口清洁度的影响受到污染密度和企业产生率的调节作用。具体而言，当污染密度较小时，PTAs 环境条款能够显著提升企业的清洁产品出口份额，降低企业污染型产品的出口份额，随着污染密度的增加，PTAs 环境条款反而会抑制企业的清洁产品出口份额。当生产率水平较低时，PTAs 环境条款会降低企业的清洁产品出口份额，对企业污染型产品出口份额的影响效应不显著。随着生产率由低向高递增时，PTAs环境条款能够显著减少企业污染型产品出口份额，增加清洁产品出口份额。

第二，PTAs环境条款有助于提高企业的出口产品质量。PTAs环境条款对中国企业出口产品质量升级存在显著的促进效应，这一效应是通过提高企业生产率和增加企业进口中间品使用来实现的。同时，PTAs中的贸易促进型环境条款和贸易限制型环境条款对企业出口产品质量的影响效应大于其他类型的环境条款。PTAs环境条款对企业不同类型产品的质量提升效应也存在差异，其更能提升消费品和非清洁型产品的出口质量，并且由于污染行业和低技术行业中的中国企业的污染产品出口份额更高，因而PTAs环境条款的质量升级效应在这两类行业更为突出。此外，PTAs环境条款更有利于产品市场发育程度更高地区企业的出口产品质量升级。

第三，PTAs环境条款对企业在出口市场上的国内增值能力造成了一定冲击。PTAs环境条款可以通过生产率效应提高企业出口国内增加值率，但与此同时通过中间品进口效应降低了企业出口国内增加值率，而由于中间品进口效应大于生产率效应，导致其对中国企业出口国内增加值率总体上呈现出显著的负向影响。同时，贸易限制型环境条款和贸易促进型环境条款对企业出口国内增加值率的负向影响效应更大。此外，由于生产率效应和进口中间品效应在不同类型企业中发挥的作用存在差异，PTAs环境条款对国内中间品市场和要素市场发育程度较高地区的企业、高技术行业中的企业以及上游行业企业的出口国内增加值率的负向影响更小。

中国在对外贸易发展过程中始终坚持维护多边主义和自由贸易，通过与各国、各区域缔结PTAs的方式积极参与并融入到国际分工体系的重塑中。当前，中国正处于对外贸易高质量发展时期，调整出口结构、提升出口产品质量和增强在出口中的国内价值创造能力是维持中国出口竞争力的重要手段。与此同时，中国作为一个负责任的大国，也积极承担国际责任，高度重视贸易与环境的关系，积极参与PTAs协定中环境条款的谈判和全球环境治理。对中国出口结构而言，在PTAs中纳入环境条款有助于增加中国企业清洁产品的出口份额，减少中国企业污染产品的出口份额，从而推动中国企业出口结构向绿色化发展。对于出口产品质量而言，PTAs环境条款通过对企业施加成本压力、增进技术合作，推动中国企业生产效率提升以及增加中间品进口实现出口产品质量升级。但是，从在出口中的附加值创造能力来看，由于PTAs环境条款所产生的成本压力促使企业采用更多的进口品来替换国内中间品，降低了企业的出口国内增加值率。因此，如何在国际经贸规则"绿色化"发展趋势逐渐凸显的背景下，进一步增加中国在出口中的国内附加值创造能力，仍然是中国需要解决的问题。

第二节　政策建议

基于主要研究结论，本书提出如下政策建议：

第一，帮助微观经济主体正确认识 PTAs 中的环境条款与贸易之间的关系。全球性的环境恶化已经对生物多样性、生态系统的稳定性和人类健康产生了广泛的影响，从而影响了人类社会的可持续发展。作为世界上最大的发展中国家，尽管中国仍然面临着经济发展和环境保护的双重挑战，但其已经以鲜明的态度向世界表明了保护环境、捍卫"绿水青山"的坚定决心。在面对 PTAs 的侧重点从促进贸易自由化向环境保护转移的趋势时，微观企业主体可能出于贸易利益损失的担忧而对 PTAs 中的环境条款产生错误的认识。本书的研究结论表明，PTAs 中的环境条款是国际贸易规则"绿色化"的体现，可以通过提高清洁产品出口份额和降低污染产品的出口帮助中国实现绿色贸易体系的构建，从而为实现经济和环境协调发展的双赢局面创造条件。因此，政策谈判者和制定者可以在就 PTAs 环境条款的磋商阶段，向微观经济主体及社会公众传达有关 PTAs 环境条款的积极效应，从而帮助微观经济主体正确认识 PTAs 中的环境条款与贸易之间的关系。

第二，中国应积极参与全球环境治理，增强中国在全球环境治理体系中的影响。中国应积极融入国际循环，参与到双边或区域贸易协定环境条款的谈判当中，在积极维护多边主义和自由贸易的过程中承担全球环境治理责任。尽管本书发现 PTAs 环境条款对企业出口国内增加值率具有显著的负向影响，从而减少企业在国际市场上的利得，但这并不意味着中国要停止、退出未来的 PTAs 中环境条款的谈判。一方面，PTAs 中纳入更多的环境条款是一种全球趋势。另一方面，需要注意的是，本书的研究仅关注的是 PTAs 环境条款的经济效应，而未讨论其环境效应。从现有研究表明，这些条款有助于降低全球范围内污染（Baghdadi et al.，2013；Zhou et al.，2017）。考虑到全球范围内环境保护的重要性，中国也积极参与到双边或区域贸易协定中环境条款的谈判当中，在积极维护多边主义和自由贸易的过程中承担全球环境治理责任。

　　通过观察中国缔结的 PTAs 中的环境条款的发展趋势，早期中国缔结的 PTAs 中包含的环境条款类别较少，且较少以单独的章节对环境问题进行规范，而后期的 PTAs 所纳入的环境条款数量、所覆盖的环境保护事项则呈现出明显的递增趋势，单独的环境保护章节也逐渐出现。在未来 PTAs 谈判过程中，中国应该更积极主动地参与环境条款谈判，通过设置专门的环境章节来深化国际环境合作。同时，主动参与和引领环境规则的设计，设计并制定既符合中国经济发展和对外贸易高质量发展的要求，又符合全球环境保护和全人类可持续发展共同目标的环境条款，从而扩大中国在全球环境治理体系中的影响力。例如，本书的研究结论表明，PTAs 中的贸易促进型环境条款和贸易限制型环境条款尽管在中国所缔结的 PTAs 中所覆盖的环境条款中的密度较低，但其对中国企业出口竞争力的影响却相较于其他类型的环境条款的影响效应更大。因此，未来中国在参与和引领环境条款谈判时，可以适当增加目标更为明确的贸易限制型环境条款和贸易促进型环境条款的比例。此外，本书还发现，PTAs 环境条款所产生的生产率效应远远低于中间品进口效应，从而使得中国企业的出口国内增加值率降低。因此，未来中国在参与和引领 PTAs 中的环境条款相关谈判时，应该增加能够激发其技术效应的相关规则。

　　第三，增强国际环境治理规制与国内环保立法、普法和执法等领域的良性互动。中国在积极参与国际环境治理的同时，也要加强国内环保立法、普法和执法环节与国际环境治理规则的对接，并形成良性互动。在国内环保立法环节方面，要进一步将国际环境治理规则与一般性的 PTAs 环境条款作为国内行业、地区环保立法的基础，强化国际环境治理规则对国内环保立法的指导作用。在普法环节，除了对国内相关的环保法律法规的普及，也应加强对企业，尤其是外贸企业有关国际环境治理规制以及相关 PTAs 环境条款的普及，强化企业国际环保意识。在执法环节方面，要通过加大执法力度来规范企业损害环境的行为，加大惩罚的力度和及时性，从而增强企业的环境保护意识并减少企业的环境损害行为，进而减少或规避企业在对外贸易中可能面临的来自国际环境治理规则的贸易争端。

　　第四，继续落实和深化国内供给侧改革，完善国内要素市场和中间品市场，增强企业参与"国内大循环"的机会和能力。本书的研究结论表明，通过在 PTAs 中纳入环境条款，有助于实现中国企业出口结构的绿色化转型和出口产品质量升级，从而增强了中国企业参与"国际循环"的能力和质量。但研究结果还表明，PTAs 环境条款的增加使得企业在生产中对国外中间投入品的依赖程度增加，而国内投入品对企业出口竞争力提升的贡献度降低，进而降低了企业出口国内增加值率，不利于企业在出口市场上的国内附加值创造能力的提升。同时，PTAs 环境条款对国内中间品市场发育程度高和要素市场发育程度较高地区的企业能够产生更强的生产率效应或较小的进口中间品效应。因此，中国应该不断深化国内供给侧结构性改革，一方面继续完善国内的产品市场，从而为国内企业提供更多样、更高质量的和更低成本的中间投入品；另一方面也要完善国内的要素市场改革，促进劳动力和资本要素的积累和跨区域流动，从而为企业参与"国内大循化"提供更多的机会。此外，要不断提高国内产业的技术水平和产业链地位，从而提升企业参与"国内大循环"的能力。本书的研究发现，PTAs 环境条款对高技术行业和位于价值链上游行业的企业的出口国内增加值率的负向影响更小，因此中国应该采取积极的创新激励政策，助力国内产业实现技术升级和在全球价值链地位的提升，最终助力中国对外贸易高质量发展和"双循环"新发展格局的构建。

第三节　研究的不足与展望

本书相关的研究不足在于数据时效性的问题。由于本书的关注点是 PTAs 环境条款对中国企业出口竞争力的影响，因此微观企业层面的数据是本书使用的主要数据基础。为了增强结论对样本企业的普适性，本书主要使用了中国工业企业数据库和中国海关进出口数据库作为微观数据来源。但受到中国工业企业数据库数据时效的限制，本书的样本观测期为 2000～2014 年。然而，随着全球经贸格局的重塑以及这些环境条款在 PTAs 中重要性的凸显，PTAs 环境条款对新时期中国企业出口竞争力的影响是否存在不一样的特征则难以在本书中得到检验。待时效性更强且与本书研究方法相契合的微观数据更新后，作者将对本书的核心结论进行进一步的验证。

此外，在未来的研究中，将继续从以下几个方面深化本主题下的研究。第一，探索 PTAs 环境条款对中国企业其他出口行为的研究，例如，出口产品转换、出口持续时间等，拓宽研究视角。第二，探索不同类型的 PTAs 环境条款对企业出口竞争力的差异化影响效应。由于当前没有更好地判定 PTAs 中不同环境条款的效力差异的标准，本书采用了环境条款数量来作为 PTAs 环境条款整体规制水平的度量指标。同时本书的研究主要基于环境条款是否与贸易直接相关的标准，将环境条款分为贸易促进型环境条款、贸易限制型环境条款以及其他类型的环境条款三类，来检验不同类型的环境条款对企业出口竞争力的影响。未来的研究中，还可以采用文本分析的方法，基于环境条款的可执行性、强制性、与技术改进的相关程度等标准对环境条款进行分类，以考察 PTAs 环境条款的设计对企业出口竞争力的影响效应。第三，本书研究的理论主要建立在已经发展较为成熟的污染天堂假说和波特假说的基础上，且主要通过逻辑推理的方式形成本书的研究假说。在未来的研究中，还可以在异质性企业贸易框架下引入 PTAs 环境条款，通过数理模型来搭建本书的理论框架。

参考文献

[1] Aghapour Sabbaghi, M., and Naeimifar, A. (2022). Analysis of import substitution policy with an emphasis on environmental issues based on environmental input-output (EIO) model. *Environment, Development and Sustainability*, 24: 14130-14162.

[2] Ahn, J., Khandelwal, A. K., and Wei, S. -J. (2011). The role of intermediaries in facilitating trade. *Journal of International Economics*, 84 (1): 73-85.

[3] Alcalá, F. (2016). Specialization across goods and export quality. *Journal of International Economics*, 98: 216-232.

[4] álvarez, R., and Fuentes, J. R. (2011). Entry into export markets and product quality. *The World Economy*, 34 (8): 1237-1262.

[5] Amiti, M., and Khandelwal, A. M. (2013). Import competition and quality upgrading. *Review of Economics and Statistics*, 95 (2): 476-490.

[6] Amiti, M., and Weinstein, D. E. (2011). Exports and financial shocks. *Quarterly Journal of Economics*, 126 (4): 1841-1877.

[7] Anderson, J. E., Van Wincoop, E. (2004). Trade costs. *Journal of Economic Literature*, 42 (3): 691-751.

[8] Antràs, P., Chor, D., Fally, T., and Hillberry, R. (2012). Measuring the upstreamness of production and trade flows. *American Economic Review*, 102 (3): 412-416.

[9] Anuradha, R. V. (2011). Environment. In preferential trade agreement policies for development: A handbook, edited by jean-pierre chauffour and jean-christophe maur. Washington, DC: World Bank Publications, 407-425.

[10] Baghdadi, L., Martinez-Zarzoso, I., and Zitouna, H. (2013). Are RTA agreements with environmental provisions reducing emissions? *Journal of International Economics*, 90 (2): 378-390.

[11] Baron, R. M. and Kenny, D. A. (1986). The moderator-mediator variable distinction in social psychological research: Conceptual, strategic, and statistical consideration. *Journal of Personality and Social Psychology*, 51 (6): 1173-1182.

[12] Bas, M., and Strauss-Kahn, V. (2015). Input-trade liberalization, export prices and quality upgrading. *Journal of International Economics*, 95 (2): 250-262.

[13] Bas, M., and Paunov, C., 2021. Input quality and skills are complementary and increase output quality: Causal evidence from Ecuador's trade liberalization. *Journal of Development Economics*, 151: 102668.

[14] Bättig, M. B., and Bernauer, T. (2009). National institutions and global public goods: Are democracies more cooperative in climate change policy? *International Organization*, 63 (2): 281-308.

[15] Bernauer, T., and Nguyen, O. (2015). Free trade and/or environmental protection? *Global Environmental Politics*, 15 (4): 105-129.

[16] Bernini, M., Guillou, S., and Bellone, F. (2015). Financial leverage and export quality: Evidence from France. *Journal of Banking & Finance*, 59: 280-296.

[17] Brandi, C., Blümer, D., and Morin, J. F. (2019). When Do international treaties matter for domestic environmental legislation? *Global Environmental Politics*, 19: 4, 14-44.

[18] Brandi, C., Morin, J. F., and Stender, F. (2022). Do greener trade agreements call for side-payments? *The Journal of Environment & Development*, 0 (0): 1-28.

[19] Brandi, C., Schwab, J., Berger, A., and Morin, J-F. (2020). Do environmental provisions in trade agreements make exports from developing countries greener? *World Development*, 129 (C): 104899.

[20] Broda, C., and Weinstein, D. E. (2006). Globalization and the Gains from Variety. *The Quarterly Journal of Economics*, 121 (2): 541-585.

［21］Blümer, D. , Morin, J. F. , Brandi, C. , and Berger, A. （2020）. Environmental provisions in trade agreements: Defending regulatory space or pursuing offensive interests? *Environmental Politics*, 29 （5）: 866-889.

［22］Cai, X. , Yi, Lu, Y. , Wu, M. , and Yu, L. （2016）. Does environmental regulation drive away inbound foreign direct investment? evidence from a quasi-natural experiment in China. *Journal of Development Economics*, 123: 73-85.

［23］Can, M. , and Gozgor, G. （2018）. Effects of export product diversification on quality upgrading: An empirical study. *The Journal of International Trade & Economic Development*, 27 （3）: 293-313.

［24］Can, M. , Ahmed, Z. , Mercan, M. , Kalugina O. A. （2021）. The role of trading environment-friendly goods in environmental sustainability: Does green openness matter for OECD countries? *Journal of Environmental Management*, 295: 113038.

［25］Carbonell, J. R. , and Juliann, E. A. （2015）. Democracy and state environmental commitment to international environmental treaties. *International Environmental Agreements: Politics, Law and Economics*, 15 （2）: 79-104.

［26］Chai, J. （2022）. The impact of green innovation on export quality. *Applied Economics Letters*, https: //doi. org/10. 1080/13504851. 2022. 2045249.

［27］Chaytor, B. （2009）. Environmental Issues in Economic Partnership Agreements: Implications for Developing Countries. International Centre for Trade and Sustainable Development, Geneva, Switzerland.

［28］Chen, G. （2020）. The influence of quality and variety of new imports on enterprise innovation: Evidence from China. *Sustainability*, 12 （22）: 9537.

［29］Cherniwchan, J. , Copeland, B. R. , and Taylor, M. S. （2017）. Trade and the environment: New methods, measurements, and results. *Annual Review of Economics*, 9 （1）: 59-85.

［30］Copeland, B. （2000）. Trade and environment: Policy linkages. *Environment and Development Economics*, 5 （4）: 405-432.

［31］Copeland, B. R. , and Taylor, M. S. （1994）. North-South Trade and the Environment. *The Quarterly Journal of Economics*, 109 （3）: 755-787.

［32］Copeland, B. R. , and Taylor M. S. （2003）. Trade and the Environment: Theory and Evidence, Princeton University Press, Princeton, NJ.

[33] Cui, J. B. , Lapan, H. , Moschini, G. (2016). Productivity, Export and Environmental Performance: Air Pollutants in the United States. *American Journal of Agricultural Economics*, 98 (2): 447-467.

[34] d'Arge, R. C. , and Kneese, A. V. (1972). Environmental quality and international trade. *International Organization*, 26 (2): 419-465.

[35] Deng, Y. , Wu, Y. , and Xu, H. (2021). On the relationship between pollution reduction and export product quality: Evidence from Chinese firms. *Journal of Environmental Management*, 281: 111883.

[36] Didier, Laurent. (2018). Do environmental provisions in regional trade agreements affect trade in services? *Economics Bulletin*, 38 (2): 733-750.

[37] Dong, B. , Guo, Y. , and Hu, X. (2022). Intellectual property rights protection and export product quality: Evidence from China. *International Review of Economics & Finance*, 77: 143-158.

[38] Dong, J. , Mi, Y. , and Yu, Z. (2022). Industrial plans, export destinations and product quality. *The World Economy*, 45 (3): 812-840.

[39] Dür, A. , Baccini, L. , and Elsig, M. (2014). The Design of International Trade Agreements: Introducing a New Dataset. *Review of International Organizations*, 9 (3): 353-375.

[40] Eaton, J. , Kortum, S. S, and Kramarz, F. (2011). An Anatomy of International, Trade: Evidence from French Firms. *Econometrica*, 79: 1453-1498.

[41] Eaton, J. , Kortum, S. S, Neiman, B. , and Romalis, J. (2016). Trade and the Global Recession. *The American Economic Review*, 106 (11): 3401-3438.

[42] Eaton, J. , Kortum, S. S. , and Sotelo, S. (2012). International Trade: Linking Micro and Macro. *NBER Working Paper* No. 17864.

[43] Fan, H. , Lai, E. L. C. , and Li, Y. A. (2015a). Credit constraints, quality, and export prices: Theory and evidence from China. *Journal of Comparative Economics*, 43 (2): 390-416.

[44] Fan, H. , Li. , Y. A. , and Yeaple, S. R. (2015b). Trade liberalization, quality, and export prices. *Review of Economics and Statistics*, 97 (5):

1033-1051.

[45] Faruq, H. A. (2011). How institutions affect export quality. *Economic Systems*, 35 (4): 586-606.

[46] Faruq, H. A. , and Webb, M. A. (2016). Does culture drive innovation and export quality? *International Economic Journal*, 30 (1): 19-38.

[47] Gallagher, P. and Y. Serret. (2010). Environment and Regional Trade Agreements: Developments in 2009. OECD Trade and Environment Working Papers, 2010/1, OECD Publishing.

[48] Ganguly, S. , and Acharyya, R. (2022). Money, exchange rate and export quality. *The Journal of International Trade & Economic Development*, https: // doi. org/10. 1080/09638199. 2022. 2159059.

[49] Gao, Y. N. , Cheng, W. Y. , and Yuan, Q. X. (2018). Understanding the global imbalance from the perspective of processing trade value added of China. *Journal of Chinese Economics and Business Studies*, 16 (4): 337-356.

[50] Ge, T. , Li, J. , Sha, R. , and Hao, X. (2020). Environmental regulations, financial constraints and export green-sophistication: Evidence from China's enterprises. *Journal of Cleaner Production*, 251: 119671.

[51] Glaessens, S. , and Tzioumis, K. (2006). Measuring firms' access to finance. *World Bank Working Paper*.

[52] Greenaway, D. , and Kneller, R. (2007). Industry differences in the effect of export market entry: Learning by exporting? *Review of World Economics*, 143 (3): 416-432.

[53] Greenstone, M. , and Rema, H. (2014). Environmental regulations, air and water pollution, and infant mortality in India. *The American Economic Review*, 104 (10): 3038-3072.

[54] Grossman, G. M. , and Krueger, A. B. (1991). Environmental Impacts of a North American Free Trade Agreement. *NBER Working Paper* No. 3914.

[55] Hallak, J. C. , and Sivadasan, J. (2013). Product and process productivity: Implications for quality choice and conditional exporter premia. *Journal of International Economics*, 91 (1): 53-67.

[56] He, G. , Wang, S. , and Zhang, B. (2020). Watering down environ-

mental regulation in China. *The Quarterly Journal of Economics*, 135 (4): 2135-2185.

[57] Hill, A. D., Johnson, S. G., Greco, L. M., O'Boyle, E. H., and Walter, S. L. (2020). Endogeneity: A review and agenda for the methodology-practice divide affecting micro and macro research. *Journal of Management*, 47 (1): 014920632096053.

[58] Hong, L., Liu, X., Zhan, H., and Han, F. (2022). Use of industrial robots and Chinese enterprises' export quality upgrading: Evidence from China. *The Journal of International Trade & Economic Development*, 31 (6): 860-875.

[59] Hou, X., Shi, Y., and Sun, P. (2021). Foreign entry liberalization and export quality: Evidence from China. *Contemporary Economic Policy*, 39 (1): 205-219.

[60] Hu, C., and Lin, FQ. (2016). Product standards and export quality: Micro evidence from China. *Economics Letters*, 145: 274-277.

[61] Hu, C., Parsley, D., and Tan, Y. (2021). Exchange rate induced export quality upgrading: A firm-level perspective. *Economic Modelling*, 98 (0): 336-348.

[62] Huang, X., Liu, Kun., and Chen, H. (2020). The puzzle of quality upgrading of Chinese exports from the trade liberalization perspective. *Pacific Economic Review*, 25 (2): 161-184.

[63] Imbruno, M., and Ketterer, T. (2018). Energy efficiency gains from importing intermediate inputs: Firm-level evidence from indonesia. *Journal of Development Economics*, 135: 117-141.

[64] Jaffe, A. B., Peterson, S., Portney, P., and Stavins, R. N. (1993). Environmental Regulations and the Competitiveness of U. S. Industry. Economics Resource Group, Cambridge, Mass.

[65] Jayawardane, C., and Edirisinghe, J. C. (2014). Environmental stringency and dirty exports: An empirical analysis. *International Journal of Economic Practices & Theories*, 4 (6): 1018-1023.

[66] Jinnah, S., and Lindsay, A. (2016). Diffusion through issue linkage: environmental norms in US trade Agreements. *Global Environmental Politics*, 16 (3):

41-61.

[67] Jinnah, S. , and Morgera, Elisa. (2013). Environmental provisions in american and EU free trade agreements: A preliminary comparison and research agenda. *Review of European Community and International Environmental Law*, 22 (3): 324-339.

[68] Jinnah, S. , and Morin, J. F. (2020). Greening through trade: How American trade policy is linked to environmental protection abroad. MIT Press.

[69] Kee, H. L. , and Tang, H. (2016). Domestic value added in exports: Theory and firm evidence from China. *American Economic Review*, 106 (6): 1402-1436.

[70] Khandelwal, A. , Schott, P. , and Wei, S. J. (2013). Trade liberalization and embedded institutional reform, evidence from Chinese exporters. *American Economic Review*, 103: 2169-2195.

[71] Kiuila, O. (2015). Interactions between trade and environmental policies in the Czech Republic. *Journal of International Trade and Economic Development*, 24 (7): 1014-1035.

[72] Klassen, R. D. , and McLaughlin, C. P. (1996). The impact of environmental management on firm performance. *Management Science*, 42 (8): 1199-1214.

[73] Koenig, P. , Mayneris, F. , Poncet, S. (2010). Local export spillovers in france. *European Economic Review*, 54 (4): 622-641.

[74] Kolcava, D. , Nguyenb, Q. , and Bernauer, T. (2019). Does trade liberalization lead to environmental burden shifting in the global economy? *Ecological Economics*, 163 (C): 98-112.

[75] Kong, D. , and Xiong, M. (2021). Unintended consequences of tax incentives on export product quality: Evidence from a natural experiment in China. *Review of International Economics*, 29 (4): 802-837.

[76] Koopman, R. , Wang, Z. , and Wei, S. -J. (2012). Estimating domestic content in exports when processing trade is pervasive. *Journal of Development Economics*, 99 (1): 178-189.

[77] Kuang, H. , and Xiong, Y. (2022). Could environmental regulations

improve the quality of export products? Evidence from China's implementation of pollutant discharge fee. *Environmental Science and Pollution Research*, 29 (54): 81726-81739.

[78] Kugler, M. and Verhoogen, E. (2012). Prices, plant size and product quality. *Review of Economic Studies*, 79 (1): 307-339.

[79] Lechner, L. (2016). The domestic battle over non-trade issues in preferential trade agreements. *Review of International Political Economy*, 23 (5): 840-871.

[80] Lechner, L. , and Spilker, G. (2021). Taking it seriously: Commitments to the environment in South-South preferential trade agreements. *Environmental Politics*, 31 (6): 1-23.

[81] Lee, K. , Szapiro, M. , and Mao, Z. (2018). From global value Chains (GVC) to innovation systems for local value chains and knowledge creation. *European Journal of Development Research*, 30 (3): 424-441.

[82] Li, G. , Li, J. , Zheng, Y. , and Egger, Peter. (2021). Does property rights protection affect export quality? Evidence from a property law enactment. *Journal of Economic Behavior & Organization*, 183: 811-832.

[83] Li, H. , Cai, H. , Lin, X. , and Gu, J. (2020). Quality Imports and Quality Exports: Micro Evidence from China. *Emerging Markets Finance and Trade*, 56 (1): 106-125.

[84] Liang, Y. , Dang, J. , and Chen, S. (2022). The effect of export tax rebates on product quality: Evidence from China's agricultural product processing industry. *China Agricultural Economic Review*, 14 (2): 315-330.

[85] Lin, C. , Xiao, S. , and Yin, Z. (2022). How do industrial robots applications affect the quality upgrade of Chinese export trade? *Telecommunications Policy*, 46 (10): 102425.

[86] Lin, Y. , Lin, S. , Wang, X. , and Wu, J. (2021). Does institutional quality matter for export product quality? Evidence from China. *The Journal of International Trade & Economic Development*, 30 (7): 1077-1100.

[87] Liu, C. , and Lenka, R. (2022). Are there the impacts of environmental regulations on manufacturing export? Empirical evidence from Chinese manufacturing. *Agris On-Line Papers in Economics & Informatics*, 14 (2): 57-72.

[88] Liu, X., Pan, Z., and Fang, D. (2022). Agglomeration, resource reallocation and domestic value-added ratio in exports. *Growth & Change*, https://doi.org/10.1111/grow.12645.

[89] Lu, J., Li, B., Li, H., and Zhang, Y. (2020). Sustainability of enterprise export expansion from the perspective of environmental information disclosure. *Journal of Cleaner Production*, 252: 119839.

[90] Lu, Y., Shi, H., Luo, W., and Liu, B. (2018). Productivity, financial constraints, and firms' global value chain participation: Evidence from China. *Economic Modelling*, 73: 184-194.

[91] Luong, T. A. (2021). The impact of ethnic diversity on the quality of exports: evidence from China. *Journal of Economic Studies*, 48 (7): 1323-1335.

[92] Manova, K. and Zhang, Z. W. (2012). Export prices across firms and destinations. *Quarterly Journal of Economics*, 127 (1): 379-436.

[93] Martín-Tapia, I., Aragón-Correa, J. A., and Rueda-Manzanares, A. (2010). Environmental strategy and exports in medium, small and micro-enterprises. *Journal of World Business*, 45 (3): 266-275.

[94] McAlexander, R. J., and Urpelainen, J. (2020). Elections and policy responsiveness: Evidence from environmental voting in the U. S. Congress. *Review of Policy Research*, 37 (1): 39-63.

[95] Melitz, M. J. (2003). The impact of trade on intra-industry reallocations and aggregate industry productivity. *Econometrica*, 71 (6): 1695-1725.

[96] Midlarsky, M. (1998). Democracy and the environment: An empirical assessment. *Journal of Peace Research*, 35 (3): 341-361.

[97] Monteiro, J. A. (2016). Typology of Environment-Related Provisions in Regional Trade Agreements. Working Paper ERSD-2016-13, World Trade Organization.

[98] Morin, J. F., Blümer, D., Brandi, C., and Berger, A. (2019). Kick-starting diffusion: Explaining the varying frequency of preferential trade agreements' environmental provisions by their initial conditions. *World Economy*, 42 (9): 2602-2628.

[99] Morin, J. F., Dür, A., and Lechner, L. (2018). Mapping the trade

and environment nexus: Insights from a new data set. *Global Environmental Politics*, 18 (1): 122-139.

[100] Mukherjee, X., and Sohrabji, N. (2022). Environmental regulation and export performance: Evidence from the USA. *Eastern Economic Journal*, 48 (2): 198-225.

[101] Ndubuisi, G., and Owusu, S. (2021a). Trust, efficient contracting and export upgrading. *European Journal of Development Research*, 34 (6): 2708-2729.

[102] Ndubuisi, G., and Owusu, S. (2021b). How important is GVC participation to export upgrading? *The World Economy*, 44 (10): 2887-2908.

[103] Neumayer, E. (2002). Do democracies exhibit stronger international environmental commitment? A Cross-country analysis. *Journal of Peace Research*, 39 (2): 139-164.

[104] Nguyen, C. P., and Su, T. D. (2022). Export quality dynamics: Multidimensional evidence of financial development. *The World Economy*, 44 (8): 2319-2343.

[105] OECD. (2007). Regional trade agreements and environment. Document COM/ENV/TD (2006) 47/FINAL.

[106] Oladi, R., Beladi, H., and Chau, N. (2008). Multinational corporations and export quality. *Journal of Economic Behavior & Organization*, 65 (1): 147-155.

[107] Peng, H, Yu, J. (2021). Absorptive capacity and quality upgrading effect of OFDI: Evidence from China. *Pacific Economic Review*, 26 (5): 651-671.

[108] Pethig, R. (1976). Pollution, welfare, and environmental policy in the theory of Comparative Advantage. *Journal of Environmental Economics and Management*, 2 (3): 160-169.

[109] Poncet, S., Steingress, W., and Vandenbussche, H. (2010). Financial constraints in China: Firm-level evidence. *China Economic Review*, 21 (3): 411-422.

[110] Porter, M. E., and Van der Linde, C. (1995). Toward a new conception of the environment-competitiveness relationship. *Journal of Economic Perspectives*,

9 (4): 97-118.

[111] Poupakis, S. (2022). Does FDI in upstream and downstream sectors facilitate quality upgrading? Evidence from russian exporters. *Oxford Bulletin of Economics and Statistics*, 84 (2): 451-471.

[112] Runge, C. F. (1990). Trade protectionism and environmental regulations: The new nontariff barriers. *Northwestern Journal of International Law & Business*, 11 (1): 47-61.

[113] Sauvage, J. (2014). The stringency of environmental regulations and trade in environmental goods. *OECD Trade and Environment Working Papers*.

[114] Schott, P. (2008). The relative sophistication of Chinese exports. *Economic Policy*, 23: 5-49.

[115] Shan, Y. L., Guan, D. B., Liu, J. H., et al. (2017). Methodology and applications of city level CO_2 emission accounts in China. *Journal of Cleaner Production*, 161: 1215-1225.

[116] Sheng, J., Xin, J. and Zhou, W. (2022). The impact of environmental regulations on corporate productivity via import behaviour: The case of China's manufacturing corporations. *Environment, Development and Sustainability*, https://doi.org/10.1007/s10668-022-02193-x.

[117] Siebert, H. (1974). Environmental protection and international specialization. *Review of World Economics*, 110 (3): 494-508.

[118] Song, X., Huang, X. and Qing, Tao. (2021). Intellectual property rights protection and quality upgrading: Evidence from China. *Economic Modelling*, 103: 105602.

[119] Song, Y., Wu, Y., Deng, G., and Deng, P. (2021). Intermediate imports, institutional environment, and export product quality upgrading: Evidence from Chinese micro-level enterprises. *Emerging Markets Finance and Trade*, 57 (2): 400-426.

[120] Sprinz, D., and Vaahtoranta, T. (1994). The interest-based explanation of international environmental policy. *International Organization*, 48 (1): 77-105.

[121] Subramanian, A. (1992). Trade measures for environment: A nearly

empty box? *World Economy*, 15 (1): 135-152.

[122] Sui, H., Li, X., Raza, A., and Zhang, S. (2022). Impact of trade policy uncertainty on export products quality: New evidence by considering role of social capital. *Journal of Applied Economics*, 25: 1, 997-1024.

[123] Sun, C., Zhan, Y., and Gao, X. (2023). Does environmental regulation increase domestic value-added in exports? An empirical study of cleaner production standards in China. *World Development*, 163: 106154.

[124] Sun, J (2021). Do Higher-Quality Regional Trade Agreements Improve the Quality of Export Products from China to "One-Belt One-Road" Countries? *Asian Economic Journal*, 35 (2): 142-165.

[125] Sun, J., Luo, Y., and Zhou, Y. (2022). The impact of regional trade agreements on the quality of export products in China's manufacturing industry. *Journal of Asian Economics*, 80: 101456.

[126] Taylor, M. S. (2004). Unbundling the pollution haven hypothesis. *Advances in Economic Analysis & Policy*, 4 (2): 1-26.

[127] Triebswetter, U., and Hitchens, D. (2005). The impact of environmental regulation on competitiveness in the German manufacturing industry: A comparison with other countries of the European Union. *Journal of Cleaner Production*, 13 (7): 733-745.

[128] Upward, R., Wang, Z., and Zheng, J. (2013). Weighing China's export basket: The domestic content and technology intensity of Chinese exports. *Journal of Comparative Economics*, 41 (2): 527-543.

[129] Verhoogen, E. (2008). Trade, quality upgrading, and wage inequality in the Mexican manufacturing sector. *Quarterly Journal of Economics*, 123 (2): 489-530.

[130] Vrh, N. (2019). The DNA of the domestic value added (DVA) in exports: Firm-level analysis of DVA in exports. *The World Economy*, 42 (9): 2566-2601.

[131] Walter, I. (1974). International trade and resource diversion: The case of environmental management. *Review of World Economics*, 110 (3): 482-493.

[132] Wang, Z., Wei, S. J., and Zhu, K. (2013). Quantifying interna-

tional production sharing at the bilateral and sector level. *NBER Working Paper* No. 19677.

［133］ Wang, Z. , and Xu, M. N. （2018）. Aid for trade and the quality of exports. *Applied Economics Letters*, 25 （10）: 668-673.

［134］ Weinberger, A. （2020）. Markups and misallocation with evidence from exchange rate shocks. Journal of Development Economics, 146: 102494.

［135］ Wheeler, D. , and Mody, A. （1992）. International investment location decisions: The case of U. S. Firms. *Journal of International Economics*, 33 （1-2）: 57-76.

［136］ Wu, S. , Lu, Y. , and Lv, X. （2021）. Does value-added tax reform boost firms' domestic value added in exports? Evidence from China. *Review of International Economics*, 29 （5）: 1275-1299.

［137］ Xie, D. , Li. , X, and Zhou, D. （2022）. Does environmental information disclosure increase firm exports? *Economic Analysis and Policy*, 73: 620-638.

［138］ Xie, J. , Sun, Q. , Wang, S. , Li. , X. , and Fan, F. （2020）. Does Environmental Regulation Affect Export Quality? Theory and Evidence from China. *International Journal of Environmental Research and Public Health*, 17 （21）: 8237.

［139］ Xie, W. , and Xue, T. （2020）. FDI and improvements in the quality of export products in the Chinese manufacturing industry. *Emerging Markets Finance & Trade*, 56 （13）: 3106-3116.

［140］ Xu, J. , and Mao, Q. （2018）. On the relationship between intermediate input imports and export quality in China. *Economics of Transition*, 26 （3）: 429-467.

［141］ Xuan, Y. , and Yue, Q. （2017）. Scenario analysis on resource and environmental benefits of imported steel scrap for China's steel industry. *Resources, Conservation and Recycling*, 120: 186-198.

［142］ Yi, K. （2003）. Can vertical specialization explain the growth of world Trade? *Journal of Political Economy*, 111 （1）: 52-102.

［143］ Zhang, D. （2022）. Environmental regulation and firm product quality improvement: How does the greenwashing response? *International Review of Financial*

Analysis, 80: 102058.

[144] Zhang, G., Liao, W., Ren, Y., and Yu, Y. (2023). Impact of environmental regulation on firm exports: Evidence from a quasi-natural experiment in China. *Emerging Markets Finance and Trade*, 59 (2): 363-375.

[145] Zhang, H., and Yang., X. (2016). Intellectual property rights protection and export quality. *International Journal of Development*, 15 (2): 168-180.

[146] Zheng, J., and Hu, H. (2022). Industrial agglomeration and product quality improvement of food enterprises: Empirical analysis based on data from Chinese enterprises. *Food Science and Technology*, 42: e38521.

[147] Zhou, L., Tian, X., and Zhou, Z. (2017). The effects of environmental provisions in RTAs on PM2.5 air pollution. *Applied Economics*, 49 (27): 2630-2641.

[148] Zhu, Y., and Sun, C. (2022). Carbon Reduction, Pollution intensity, and firms' ratios of value added in exports: Evidence from China's low-carbon pilot policy. *Sustainability*, 14: 12687.

[149] Zhu, Y., Sun, C., Jiang, H., and Qin, Q (2022): Cleaner production regulation and firms' ratio of domestic value added in exports: Evidence from China's cleaner production standards. *The Journal of International Trade & Economic Development*, https://doi.org/10.1080/09638199.2022.2155690.

[150] Zhou, Dinggen; Liu, Yanguang; Ren, Xiaohang; Yan, Cheng; Shi, Yukun. (2021). Economic agglomeration and product quality upgrading: Evidence from China. *Journal of Chinese Economic and Business Studies*, 20 (4): 1-19.

[151] 白东北, 王珏, 高强. 创业活动是否提高企业出口国内附加值率 [J]. 国际经贸探索, 2019, 35 (7): 21-39.

[152] 白东北, 张营营. 产业协同集聚与制造业企业出口国内附加值率 [J]. 财贸研究, 2020, 31 (4): 18-35.

[153] 蔡承彬. 政府补贴对企业出口国内附加值的影响研究 [J]. 宏观经济研究, 2018 (7): 103-113.

[154] 蔡震坤, 綦建红. 工业机器人的应用是否提升了企业出口产品质量——来自中国企业数据的证据 [J]. 国际贸易问题, 2021 (10): 17-33.

[155] 曹慧平, 沙文兵. 契约环境、FDI 与出口产品质量 [J]. 经济经纬,

2021，38（1）：75-85.

[156] 曹慧平. 契约执行效率如何影响中国制造业价值链升级？——基于产品升级视角 [J]. 财贸研究，2022，33（9）：15-28.

[157] 曹平，肖生鹏，林常青. 产品关联密度与企业出口产品质量升级 [J]. 中南财经政法大学学报，2021（6）：105-115+160.

[158] 曹毅，陈虹. 外商直接投资、全要素生产率与出口产品质量升级——基于中国企业层面微观数据的研究 [J]. 宏观经济研究，2021（7）：54-65+175.

[159] 陈爱贞，闫中晓. 出口强度、资源错配与产品质量 [J]. 厦门大学学报（哲学社会科学版），2020（6）：91-104.

[160] 陈凤兰，武力超，戴翔. 制造业数字化转型与出口贸易优化 [J]. 国际贸易问题，2022（12）：70-89.

[161] 陈明，曾春燕，姚洋洋. 金融服务开放与制造业企业出口产品质量：影响机制与经验证据 [J]. 南方经济，2021（1）：64-82.

[162] 陈晓芳，刘其军. 区域贸易协议中的环境条款研究——兼论中国在自由贸易区战略下的选择 [J]. 法制与社会，2019（2）：61-63+66.

[163] 陈选娟，林宏妹. 住房公积金与家庭风险金融资产投资——基于2013年CHFS的实证研究 [J]. 金融研究，2021（4）：92-110.

[164] 陈雯，庄嘉霖，曾荣. 美国对华反倾销与我国出口产品质量——以中间品进口为视角 [J]. 厦门大学学报（哲学社会科学版），2022，72（3）：32-45.

[165] 程虹，袁璐雯. 机器人使用、工艺创新与质量改进——来自中国企业综合调查（CEGS）的经验证据 [J]. 南方经济，2020（1）：46-59.

[166] 程玲. 集聚效应或选择效应：城市规模与出口产品质量 [J]. 国际贸易问题，2022（10）：107-123.

[167] 程锐，马莉莉. 高级人力资本扩张与制造业出口产品质量升级 [J]. 国际贸易问题，2020（8）：36-51.

[168] 崔晓敏，余淼杰，袁东. 最低工资和出口的国内附加值：来自中国企业的证据 [J]. 世界经济，2018，41（12）：49-72.

[169] 戴金平，甄筱宇. 人民币国际化与企业出口质量升级 [J]. 南开学报（哲学社会科学版），2022（4）：22-36.

[170] 戴美虹，李丽娟. 民营经济破局"出口低端锁定"：互联网的作用

［J］．世界经济研究，2020（3）：16-32+135.

［171］戴觅，施炳展．中国企业层面有效汇率测算：2000~2006［J］．世界经济，2013，36（5）：52-68.

［172］戴翔，李亚，占丽．消费需求升级与企业出口国内增加值提升［J］．消费经济，2022，38（1）：44-56.

［173］戴翔，马皓巍，杨双至．数字基础设施对制造业GVC分工地位的影响［J］．国际商务（对外经济贸易大学学报），2022（5）：20-35.

［174］戴翔，秦思佳．营商环境优化如何提升企业出口国内增加值率［J］．国际贸易问题，2020（11）：15-29.

［175］单豪杰．中国资本存量K的再估算：1952~2006年［J］．数量经济技术经济研究，2008，25（10）：17-31.

［176］邓国营，宋跃刚，吴耀国．中间品进口、制度环境与出口产品质量升级［J］．南方经济，2018（8）：84-106.

［177］杜莉，董玥．高水平FTA对中国高技术产品出口质量的影响——基于总深度及知识产权条款深度的研究［J］．产经评论，2022，13（4）：130-146.

［178］杜明威，耿景珠，刘文革．企业数字化转型与中国出口产品质量升级：来自上市公司的微观证据［J］．国际贸易问题，2022（6）：55-72.

［179］杜威剑，李梦洁．对外直接投资会提高企业出口产品质量吗——基于倾向得分匹配的变权估计［J］．国际贸易问题，2015（8）：112-122.

［180］杜运苏，彭冬冬，陈启斐．服务业开放对企业出口国内价值链的影响——基于附加值率和长度视角［J］．国际贸易问题，2021（9）：157-174.

［181］段文奇，徐邦栋，刘晨阳．贸易便利化与企业出口产品质量升级［J］．国际贸易问题，2020（12）：33-50.

［182］樊纲，王晓鲁，朱恒鹏．中国市场化指数：各地区市场化相对进程2006年报告［M］．经济科学出版社，2007.

［183］范红忠，侯盖，刘洋．地方自发环境规制政策的企业出口质量效应——基于"河长制"政策的研究［J］．产经评论，2021，12（5）：22-37.

［184］范旭斌．WTO体制下自由贸易与环境保护的冲突及协调——以WTO环保例外条款的适用为视角［J］．南京社会科学，2010（12）：94-99.

［185］方森辉，毛其淋．高校扩招、人力资本与企业出口质量［J］．中国工业经济，2021（11）：97-115.

[186] 冯玉静，翟亮亮，李富民．担保物权制度改革、融资约束与制造业企业出口国内附加值率 [J]．国际贸易问题，2022（4）：125-141.

[187] 傅京燕，赵春梅．环境规制会影响污染密集型行业出口贸易吗？——基于中国面板数据和贸易引力模型的分析 [J]．经济学家，2014（2）：47-58.

[188] 高静，韩德超，刘国光．全球价值链嵌入下中国企业出口质量的升级 [J]．世界经济研究，2019（2）：74-84+136-137.

[189] 高强，宋林．区域创新、中间品与出口国内附加值率 [J]．国际贸易问题，2022（4）：158-174.

[190] 高翔，刘啟仁，黄建忠．要素市场扭曲与中国企业出口国内附加值率：事实与机制 [J]．世界经济，2018，41（10）：26-50.

[191] 耿伟，王筱依，李伟．数字金融是否提升了制造业企业出口产品质量——兼论金融脆弱度的调节效应 [J]．国际商务（对外经济贸易大学学报），2021（6）：102-120.

[192] 耿伟，杨晓亮．最低工资与企业出口国内附加值率 [J]．南开经济研究，2019a（4）：188-208.

[193] 耿伟，杨晓亮．互联网与企业出口国内增加值率：理论和来自中国的经验证据 [J]．国际经贸探索，2019b，35（10）：16-35.

[194] 龚静，盛毅，袁鹏．制造业服务化与企业出口国内附加值率——基于制造企业微观数据的实证分析 [J]．山西财经大学学报，2019，41（8）：57-70.

[195] 龚世豪，祝树金．老龄化是否会提升出口产品质量？[J]．财经理论与实践，2021，42（2）：141-147.

[196] 郭树龙．中间品进口与企业污染排放效应研究 [J]．世界经济研究，2019（9）：67-77+135.

[197] 韩超，桑瑞聪．环境规制约束下的企业产品转换与产品质量提升 [J]．中国工业经济，2018（2）：43-62.

[198] 韩超，朱鹏洲．改革开放以来外资准入政策演进及对制造业产品质量的影响 [J]．管理世界，2018，34（10）：43-62.

[199] 韩峰，周纯．国家审计治理与企业出口产品质量 [J]．南京审计大学学报，2021，18（4）：1-11.

[200] 韩峰，庄宗武，李丹．国内大市场优势推动了中国制造业出口价值攀升吗？[J]．财经研究，2020，46（10）：4-18.

[201] 韩峰，庄宗武，李启航．土地市场扭曲如何影响制造业出口产品质量升级——基于土地市场交易数据和制造业企业数据的实证分析［J］．经济理论与经济管理，2021，41（3）：68-83．

[202] 韩峰，庄宗武．国内大市场、人工智能应用与制造业出口国内附加值［J］．世界经济研究，2022（5）：33-47+135．

[203] 韩国高，刘田广．中间品进口、制度环境与中国企业能源强度［J］．经济科学，2021（3）：44-56．

[204] 韩剑，王璐，刘瑞喜．区域贸易协定的环境保护条款与外贸绿色发展转型［J］．厦门大学学报（哲学社会科学版），2022，73（4）：42-56．

[205] 韩民春，袁瀚坤．"一带一路"能否提升中国出口产品质量——基于制度环境视角的微观研究［J］．现代经济探讨，2021（11）：49-57．

[206] 韩清，朱海．进口贸易、技术效应与企业绿色转型——来自关键设备进口政策的证据［J］．上海经济研究，2022（12）：63-74．

[207] 韩亚峰，李凯杰，赵叶．价值链双向重构与企业出口产品质量升级［J］．产业经济研究，2021（2）：85-100．

[208] 韩亚峰，王全良，赵叶．价值链重塑、工序智能化与企业出口产品质量［J］．产业经济研究，2022（4）：114-126．

[209] 洪静，陈飞翔，吕冰．CAFTA框架下中国参与全球价值链的演变趋势——基于出口国内附加值的分析［J］．国际贸易问题，2017（6）：118-128．

[210] 侯欣裕，陈璐瑶，孙浦阳．市场重合、侵蚀性竞争与出口质量［J］．世界经济，2020，43（3）：93-116．

[211] 胡国恒，刘珊．知识产权保护、自主创新与中国制造业出口国内附加值提升——基于微观数据的研究［J］．软科学，2022，36（6）：17-24．

[212] 胡浩然，李坤望．企业出口国内附加值的政策效应：来自加工贸易的证据［J］．世界经济，2019，42（7）：145-170．

[213] 胡浩然．清洁生产环境规制能提升产品质量吗？［J］．经济科学，2019（3）：93-105．

[214] 胡浩然．清洁生产环境规制与中国企业附加值升级［J］．国际贸易问题，2021（8）：137-155．

[215] 黄先海，卿陶．异质性贸易成本与企业出口产品质量：机理与事实［J］．南方经济，2020（5）：79-93．

[216] 黄志刚，张霆．科技金融有助于提高企业出口产品质量吗 [J]．国际贸易问题，2022（10）：19-37.

[217] 黄倩，宋鹏，李瑞子．人民币汇率、中间品进口与企业出口产品质量 [J]．云南财经大学学报，2021，37（7）：56-69.

[218] 姜宏玉．RTA 中环境条款的出口影响研究 [D]．东北财经大学，2020.

[219] 蒋为，宋易珈，唐沁．政府挤占了企业人力资源吗——来自中国企业出口产品质量的证据 [J]．南方经济，2019（6）：111-134.

[220] 蒋雅真，毛显强，宋鹏，刘峥延．货物进口贸易对中国的资源环境效应研究 [J]．生态经济，2015，31（10）：45-49+58.

[221] 金洪飞，陈秋羽．产学研合作与价值链低端困境破解——基于制造业企业出口国内附加值率的视角 [J]．财经研究，2021，47（11）：94-108.

[222] 金祥义，施炳展．互联网搜索、信息成本与出口产品质量 [J]．中国工业经济，2022（8）：99-117.

[223] 金祥义，张文菲．数字金融发展能够促进企业出口国内附加值提升吗 [J]．国际贸易问题，2022（3）：16-34.

[224] 景光正，李平．OFDI 是否提升了中国的出口产品质量 [J]．国际贸易问题，2016（8）：131-142.

[225] 景光正，盛斌．金融结构如何影响了中国企业出口国内附加值？ [J]．经济科学，2022（5）：59-77.

[226] 兰健，张洪胜．集群商业信用与出口产品质量——来自中国企业层面的证据 [J]．国际贸易问题，2019（9）：12-25.

[227] 黎绍凯，朱文涛．企业出口模式与出口产品质量：微观理论与经验证据 [J]．南方经济，2020（11）：62-82.

[228] 李保霞，张辉，王桂军．"一带一路"倡议的发展效应：沿线国家出口产品质量视角 [J]．世界经济研究，2022（8）：103-117+137.

[229] 李长青，彭馨．税收竞争影响出口产品质量的效应与路径分析 [J]．科研管理，2021，42（9）：34-43.

[230] 李翠妮，李勇．劳动力技能结构对企业出口产品质量的影响 [J]．统计与决策，2021，37（19）：176-179.

[231] 李方静．中间产品进口与企业出口质量 [J]．世界经济研究，

2016（10）：76-88+136.

[232] 李宏，董梓梅．城市低碳治理对企业出口国内附加值率的影响［J］．国际贸易问题，2022（4）：107-124.

[233] 李宏兵，文磊，林薛栋．中国对外贸易的"优进优出"战略：基于产品质量与增加值率视角的研究［J］．国际贸易问题，2019（7）：33-46.

[234] 李宏亮，谢建国，杨继军．金融业开放与中国企业的出口国内增加值率［J］．国际贸易问题，2021（7）：54-73.

[235] 李怀政，王亚丽．劳动力市场分割对中国出口贸易国内增加值率的影响［J］．西北人口，2021，42（6）：73-84.

[236] 李景睿．收入差距、本土市场需求与出口产品质量升级——基于跨国数据的传导机制比较与优化方向选择［J］．产业经济研究，2017（1）：14-24.

[237] 李坤望，王有鑫．FDI 促进了中国出口产品质量升级吗？——基于动态面板系统 GMM 方法的研究［J］．世界经济研究，2013（5）：60-66+89.

[238] 李兰冰，路少朋．高速公路与企业出口产品质量升级［J］．国际贸易问题，2021（9）：33-50.

[239] 李磊，刘博聪．环境规制如何影响企业出口质量？——创新促进与成本挤占［J］．世界经济与政治论坛，2022（3）：94-121.

[240] 李明广，谢众．人口老龄化对企业出口国内增加值率的影响研究［J］．西北人口，2022，43（1）：100-115.

[241] 李启航，董文婷，刘斌．经济功能区设立提升了企业出口国内增加值率吗？［J］．世界经济研究，2020（12）：31-47+132-133.

[242] 李仁宇，钟腾龙，祝树金．区域合作、自由贸易协定与企业出口产品质量［J］．世界经济研究，2020（12）：48-64+133.

[243] 李仁宇，钟腾龙．创新型城市试点建设的企业出口产品质量效应［J］．当代经济科学，2021，43（3）：44-55.

[244] 李柔，梅冬州，岳云嵩．金融危机与贸易波动［J］．国际贸易问题，2019（5）：130-143.

[245] 李瑞琴，王汀汀，胡翠．FDI 与中国企业出口产品质量升级——基于上下游产业关联的微观检验［J］．金融研究，2018（6）：91-108.

[246] 李瑞琴，文俊．产业集聚对中国企业出口产品质量升级的影响——基于上下游产业关联的微观检验［J］．宏观经济研究，2021（12）：53-68.

[247] 李胜旗，毛其淋．制造业上游垄断与企业出口国内附加值——来自中国的经验证据［J］．中国工业经济，2017（3）：101-119.

[248] 李小平，丁好婕，肖唯楚．全球价值链嵌入对出口产品质量的影响——基于中国城市数据的分析［J］．财经问题研究，2021（2）：89-98.

[249] 李小平，卢现祥．国际贸易、污染产业转移和中国工业 CO_2 排放［J］．经济研究，2010，45（1）：15-26.

[250] 李小奕，左英姿．服务业"营改增"对制造业出口产品质量的影响［J］．统计与决策，2022，38（5）：151-155.

[251] 李秀芳，施炳展．补贴是否提升了企业出口产品质量？［J］．中南财经政法大学学报，2013（4）：139-148.

[252] 李秀珍，唐海燕，郑国姣．环境规制对污染密集型行业出口竞争力影响——要素产出弹性系数影响分析［J］．国际贸易问题，2014（7）：72-81.

[253] 李亚波，崔洁．数字经济的出口质量效应研究［J］．世界经济研究，2022（3）：17-32+134.

[254] 李泽鑫，赵忠秀，薛瑞．电子商务平台应用与企业出口国内增加值率——基于 B2B 商业模式的经验分析［J］．国际贸易问题，2021（5）：49-63.

[255] 李昭华，方紫薇．环境信息披露与中国出口企业加成率：影响机制与资源配置效应分析［J］．国际贸易问题，2021（11）：90-105.

[256] 李卓，赵军．价格加成、生产率与企业进出口状态［J］．经济评论，2015（3）：97-107.

[257] 李楠，史贝贝，白东北．长江经济带经济集聚与制造业出口国内附加值率提升［J］．当代财经，2021（6）：113-125.

[258] 李楠，史贝贝，白东北．新型数字基础设施是否有助于促进制造业出口国内附加值率的提升？——机理分析与效应检验［J］．商业研究，2022（1）：12-24.

[259] 连慧君，魏浩．进口竞争对中国企业出口国内附加值率的影响研究［J］．亚太经济，2022（5）：110-122.

[260] 梁洋华．自由贸易协定（FTA）环境条款与中国进出口贸易［D］．广东外语外贸大学，2020.

[261] 廖涵，方明朋，谢靖．人力资本、融资约束与企业出口产品质量［J］．产经评论，2021，12（5）：38-56.

［262］林峰，秦佳慧．数字经济、技术创新与中国企业高质量出口［J］．学术研究，2022（10）：110-116.

［263］林秀梅，孙海波．中国制造业出口产品质量升级研究——基于知识产权保护视角［J］．产业经济研究，2016（3）：21-30.

［264］林婷．清洁生产环境规制与企业环境绩效——基于工业企业污染排放数据的实证检验［J］．北京理工大学学报（社会科学版），2022，24（3）：43-55.

［265］刘啟仁，铁瑛．企业雇佣结构、中间投入与出口产品质量变动之谜［J］．管理世界，2020，36（3）：1-23.

［266］刘广威，张铭心，郑乐凯，袁征宇．地方金融发展与企业出口产品质量［J］．世界经济文汇，2021（4）：105-120.

［267］刘海洋，林令涛，高璐．进口中间品与出口产品质量升级：来自微观企业的证据［J］．国际贸易问题，2017（2）：39-49.

［268］刘海云，王利霞．海归高管促进出口产品质量提升了吗［J］．国际经贸探索，2022，38（8）：36-49.

［269］刘会政，张靖祎，方森辉．贸易数字化与企业出口国内附加值率［J］．国际商务（对外经济贸易大学学报），2022（5）：69-88.

［270］刘家悦，胡颖，李波．源头污染控制、企业家精神与出口贸易可持续发展［J］．中国人口·资源与环境，2021，31（8）：43-53.

［271］刘金焕，万广华．互联网、最低工资标准与中国企业出口产品质量提升［J］．经济评论，2021（4）：59-74.

［272］刘伟，高理翔．技能人才激励政策、技能赋能与出口质量跃升——来自微观企业的证据［J］．产业经济评论，2022（2）：74-92.

［273］刘晓宁，刘磊．贸易自由化对出口产品质量的影响效应——基于中国微观制造业企业的实证研究［J］．国际贸易问题，2015（8）：14-23.

［274］刘信恒．国内市场分割与出口产品质量升级——来自中国制造业企业的证据［J］．国际贸易问题，2020a（11）：30-44.

［275］刘信恒．产业集聚与出口产品质量：集聚效应还是拥挤效应［J］．国际经贸探索，2020b，36（7）：33-51.

［276］刘信恒．对外直接投资促进了出口国内附加值率提升吗［J］．国际商务（对外经济贸易大学学报），2020c（2）：78-93.

[277] 刘信恒. 出口退税与出口国内附加值率：事实与机制 [J]. 国际贸易问题，2020d（1）：17-31.

[278] 刘信恒. 数字经济、资源再配置与出口国内附加值率 [J]. 国际经贸探索，2023，39（1）：36-51.

[279] 刘玉海，廖赛男，张丽. 税收激励与企业出口国内附加值率 [J]. 中国工业经济，2020（9）：99-117.

[280] 卢昂获，张江，易昕. 制造业出口市场多元化与产品质量升级：移动互联网牌照发放的准自然实验 [J]. 社会科学，2022（8）：120-132.

[281] 卢盛峰，董如玉，叶初升. "一带一路"倡议促进了中国高质量出口吗——来自微观企业的证据 [J]. 中国工业经济，2021（3）：80-98.

[282] 卢晓菲，黎峰. 反倾销、贸易政策不确定性与中国企业高质量出口 [J]. 南方经济，2022（2）：55-67.

[283] 吕冰，陈飞翔. CAFTA、贸易持续时间与企业出口国内附加值率 [J]. 国际贸易问题，2020（2）：59-74.

[284] 吕越，盛斌，吕云龙. 中国的市场分割会导致企业出口国内附加值率下降吗 [J]. 中国工业经济，2018（5）：5-23.

[285] 吕越，尉亚宁. 全球价值链下的企业贸易网络和出口国内附加值 [J]. 世界经济，2020，43（12）：50-75.

[286] 吕越，余骁. 服务业开放、创新驱动与制造业企业的出口国内附加值 [J]. 国际商务研究，2022，43（3）：1-17.

[287] 吕云龙，吕越. 上游垄断会阻碍"中国制造"的价值链跃升吗？——基于价值链关联的视角 [J]. 经济科学，2018（6）：44-55.

[288] 马淑琴，邹志文，邵宇佳，王江杭. 基础设施对出口产品质量非对称双元异质性影响——来自中国省际数据的证据 [J]. 财贸经济，2018，39（9）：105-121.

[289] 马述忠，吴国杰. 中间品进口、贸易类型与企业出口产品质量——基于中国企业微观数据的研究 [J]. 数量经济技术经济研究，2016，33（11）：77-93.

[290] 毛其淋，许家云. 贸易自由化与中国企业出口的国内附加值 [J]. 世界经济，2019，42（1）：3-25.

[291] 毛其淋，许家云. 外资进入如何影响了本土企业出口国内附加值？

［J］. 经济学（季刊），2018，17（4）：1453-1488.

［292］毛其淋. 经济刺激计划的出口效应研究［J］. 世界经济与政治论坛，2022（2）：1-34.

［293］毛日昇，陈瑶雯. 汇率变动、产品再配置与行业出口质量［J］. 经济研究，2021，56（2）：123-140.

［294］明秀南，冼国明. 中国高等教育扩招与企业出口产品质量升级［J］. 国际贸易问题，2021（10）：90-104.

［295］莫莎. 美国的双边自由贸易协定与环境问题［J］. 国际贸易问题，2005（1）：45-48.

［296］欧家瑜，张乃丽. 数字经济对中国超大城市高质量发展的治理效应研究——基于产业集聚影响出口产品质量的视角［J］. 城市问题，2022（3）：84-94.

［297］彭书舟，李小平，刘培. 服务业外资管制放松与制造业企业出口产品质量升级［J］. 国际贸易问题，2020（11）：109-124.

［298］彭馨，蒋为. 税收竞争与出口产品质量：企业迁移还是效率提升？［J］. 经济评论，2021（3）：126-144.

［299］曲如晓，臧睿. 自主创新、外国技术溢出与制造业出口产品质量升级［J］. 中国软科学，2019（5）：18-30.

［300］任婉婉，梁绮慧. 虚拟集聚与企业出口国内增加值率——基于上下游关联视角［J］. 国际贸易问题，2022（11）：53-68.

［301］邵朝对，苏丹妮，李坤望. 服务业开放与企业出口国内附加值率：理论和中国证据［J］. 世界经济，2020，43（8）：123-147.

［302］邵朝对，苏丹妮. 产业集聚与企业出口国内附加值：GVC 升级的本地化路径［J］. 管理世界，2019，35（8）：9-29.

［303］邵昱琛，熊琴，马野青. 地区金融发展、融资约束与企业出口的国内附加值率［J］. 国际贸易问题，2017（9）：154-164.

［304］沈国兵，于欢. 中国企业出口产品质量的提升：中间品进口抑或资本品进口［J］. 世界经济研究，2019（12）：31-46+131-132.

［305］沈国兵，袁征宇. 互联网化、创新保护与中国企业出口产品质量提升［J］. 世界经济，2020a，43（11）：127-151.

［306］沈国兵，袁征宇. 互联网化对中国企业出口国内增加值提升的影响

[J]. 财贸经济, 2020b, 41 (7): 130-146.

[307] 盛斌, 王浩. 金融开放、自主创新与企业出口产品质量——来自外资银行进入中国的经验分析 [J]. 财贸研究, 2021, 32 (11): 1-15.

[308] 盛斌, 王浩. 银行分支机构扩张与企业出口国内附加值率——基于金融供给地理结构的视角 [J]. 中国工业经济, 2022 (2): 99-117.

[309] 宋林, 高强, 史贝贝. 国企改制能否提升出口国内附加值？——基于中间品视角的分析 [J]. 财贸研究, 2022, 33 (3): 1-15.

[310] 宋跃刚, 郑磊. 中间品进口、自主创新与中国制造业企业出口产品质量升级 [J]. 世界经济研究, 2020 (11): 26-44+135.

[311] 苏丹妮, 盛斌, 邵朝对. 产业集聚与企业出口产品质量升级 [J]. 中国工业经济, 2018 (11): 117-135.

[312] 苏理梅, 彭冬冬, 兰宜生. 贸易自由化是如何影响我国出口产品质量的？——基于贸易政策不确定性下降的视角 [J]. 财经研究, 2016, 42 (4): 61-70.

[313] 孙虹玉, 杨明, 刘徐璐. 资本逻辑视域下外资进入对中国企业出口国内附加值率影响研究 [J]. 宏观经济研究, 2022 (6): 73-92.

[314] 孙伟, 戴桂林. 开发区主导产业政策与企业出口产品质量 [J]. 国际贸易问题, 2021 (1): 64-80.

[315] 孙伟增, 吴建峰, 郑思齐. 区位导向性产业政策的消费带动效应——以开发区政策为例的实证研究 [J]. 中国社会科学, 2018 (12): 48-68+200.

[316] 孙玉红, 尚玉, 姜宏玉. RTA 中环保条款的深化与环境产品出口研究——基于 APEC 成员的分析 [J]. 亚太经济, 2021 (2): 55-64.

[317] 汤超, 祝树金. 大股东退出威胁、短视行为与出口产品质量升级 [J]. 财贸经济, 2022, 43 (6): 160-173.

[318] 铁瑛, 何欢浪. 城市劳动供给与出口产品质量升级——"成本效应"抑或"技能效应" [J]. 国际贸易问题, 2019 (9): 26-39.

[319] 铁瑛, 何欢浪. 金融开放、示范效应与中国出口国内附加值率攀升——基于外资银行进入的实证研究 [J]. 国际贸易问题, 2020 (10): 160-174.

[320] 铁瑛, 黄建忠, 高翔. 劳动力成本上升、加工贸易转移与企业出口附加值率攀升 [J]. 统计研究, 2018, 35 (6): 43-55.

［321］万淑贞，葛顺奇，罗伟．跨境并购、出口产品质量与企业转型升级［J］．世界经济研究，2021（6）：18-31+61+135.

［322］汪建新，黄鹏．信贷约束、资本配置和企业出口产品质量［J］．财贸经济，2015（5）：84-95+108.

［323］王海成，邵小快．高校扩招提升了企业出口质量吗［J］．宏观经济研究，2020（8）：131-145.

［324］王海成，许和连，邵小快．国有企业改制是否会提升出口产品质量［J］．世界经济，2019，42（3）：94-117.

［325］王浩，孙禄，屠年松．银行业竞争、融资约束与中国制造业出口产品质量［J］．国际经贸探索，2021，37（5）：82-98.

［326］王杰，段瑞珍，孙学敏．环境规制、产品质量与中国企业的全球价值链升级［J］．产业经济研究，2019（2）：64-75+101.

［327］王杰，刘斌．环境规制与中国企业出口表现［J］．世界经济文汇，2016（1）：68-86.

［328］王俊，陈丽娴，梁洋华．FTA环境条款是否会推动中国出口产品"清洁化"？［J］．世界经济研究，2021（3）：49-66+135.

［329］王俊，徐明，梁洋华．FTA环境保护条款会制约污染产品进出口贸易吗——基于产品层面数据的实证研究［J］．国际经贸探索，2020，36（9）：103-118.

［330］王亮．中国自由贸易协定环境条款研究［J］．河南财政税务高等专科学校学报，2022，36（1）：41-45.

［331］王明涛，谢建国．贸易政策不确定性与企业出口产品质量：来自中国—东盟FTA的经验证据［J］．亚太经济，2022（4）：62-73.

［332］王明益，刘晓宇，李冉．自贸试验区促进了企业高质量出口吗［J］．国际商务（对外经济贸易大学学报），2022（6）：38-55.

［333］王明益，戚建梅．我国出口产品质量升级：基于劳动力价格扭曲的视角［J］．经济学动态，2017（1）：77-91.

［334］王明益．要素价格扭曲会阻碍出口产品质量升级吗——基于中国的经验证据［J］．国际贸易问题，2016（8）：28-39.

［335］王培志，孙利平．对外直接投资能否提高企业出口国内附加值率［J］．经济与管理评论，2020，36（5）：147-160.

[336] 王圣博，颜晓畅．地方政府产业政策对企业出口产品质量的影响——基于中国制造业企业的实证研究［J］．江西财经大学学报，2021（3）：43-55.

[337] 王思语，郑乐凯．制造业服务化是否促进了出口产品升级——基于出口产品质量和出口技术复杂度双重视角［J］．国际贸易问题，2019（11）：45-60.

[338] 王孝松，周钰丁．经济政策不确定性、企业生产率与贸易高质量发展［J］．中国人民大学学报，2022，36（2）：8-23.

[339] 王雅琦，张文魁，洪圣杰．出口产品质量与中间品供给［J］．管理世界，2018，34（8）：30-40.

[340] 王毅，黄先海，余骁．环境规制是否降低了中国企业出口国内附加值率［J］．国际贸易问题，2019（10）：117-131.

[341] 王永进，施炳展．上游垄断与中国企业产品质量升级［J］．经济研究，2014，49（4）：116-129.

[342] 王知博，耿强．新兴市场海外供应链构建与出口产品质量升级——来自"一带一路"倡议的准自然实验［J］．世界经济与政治论坛，2022（4）：44-65.

[343] 王瀚迪，袁逸铭．数字经济、目的国搜寻成本和企业出口产品质量［J］．国际经贸探索，2022，38（1）：4-20.

[344] 魏浩，连慧君．进口竞争与中国企业出口产品质量［J］．经济学动态，2020（10）：44-60.

[345] 魏浩，张文倩．中间品进口市场数量、市场转换与企业出口产品质量［J］．国际贸易问题，2022（11）：35-52.

[346] 吴群锋，刘冲，祁涵．交通基础设施建设、市场可达性与企业出口产品质量［J］．经济科学，2021（2）：33-46.

[347] 吴艳芳，王明益．我国出口产品质量升级：基于中间品价格扭曲的视角［J］．南开经济研究，2018（1）：124-139.

[348] 武昭媛，洪俊杰．国际舆论与企业出口产品质量［J］．国际经贸探索，2022，38（9）：55-69.

[349] 谢建国，章素珍．反倾销与中国出口产品质量升级：以美国对华贸易反倾销为例［J］．国际贸易问题，2017（1）：153-164.

[350] 谢靖，王少红．数字经济与制造业企业出口产品质量升级［J］．武汉

大学学报（哲学社会科学版），2022，75（1）：101-113.

［351］谢锐，刘岑婕．国内环境规制对垂直专业化分工的影响研究［J］．世界经济与政治论坛，2015（1）：107-121.

［352］谢申祥，范鹏飞，王晖．服务业"营改增"与出口贸易高质量发展［J］．当代经济科学，2022，44（2）：1-15.

［353］谢申祥，范鹏飞．增值税全面转型对企业出口产品质量的影响与机理［J］．财政研究，2020（12）：73-91.

［354］谢申祥，冯玉静．经济政策不确定性与企业出口产品质量——基于中国工业企业微观数据的经验分析［J］．当代财经，2020（5）：100-111.

［355］谢众，李明广．国内交通基础设施与出口国内增加值率——对构建"双循环"新发展格局的启示［J］．技术经济，2021，40（9）：146-158.

［356］熊琴．地区金融发展、融资约束与企业出口的国内附加值率［D］．南京大学，2017.

［357］徐邦栋，李荣林．全球价值链参与对出口产品质量的影响［J］．南方经济，2020（12）：19-37.

［358］徐保昌，闫文影，李秀婷．环境合规推动贸易高质量发展了吗？［J］．世界经济与政治论坛，2022（3）：122-149.

［359］徐文海，葛新庭，徐小聪．反倾销引起的不确定性对企业出口质量和价格的影响研究［J］．宏观经济研究，2022（8）：85-99.

［360］徐晓辰，王松，孙楚仁．农民减负与农产品出口质量提升——基于2002年农业税改革的研究［J］．中国经济问题，2021（6）：123-139.

［361］徐乙尹，王博，何俊．行业关联、外资进入与出口质量——来自中国企业的微观证据［J］．南方经济，2022（11）：76-91.

［362］徐圆．从中国进口高污染品是否改善了发达国家的国内环境？——基于细分行业贸易数据的经验分析［J］．财经论丛，2014（9）：9-15.

［363］许和连，陈碧霞，张旻钰．专利质量对企业出口国内附加值率的影响研究［J］．湖南大学学报（社会科学版），2022，36（5）：47-55.

［364］许和连，王海成．最低工资标准对企业出口产品质量的影响研究［J］．世界经济，2016，39（7）：73-96.

［365］许家云，毛其淋，胡鞍钢．中间品进口与企业出口产品质量升级：基于中国证据的研究［J］．世界经济，2017，40（3）：52-75.

[366] 许家云, 徐莹莹. 政府补贴是否影响了企业全球价值链升级？——基于出口国内附加值的视角 [J]. 财经研究, 2019, 45 (9): 17-29.

[367] 许家云, 张俊美. 知识产权战略与中国制造业企业出口产品质量——一项准自然实验 [J]. 国际贸易问题, 2020 (11): 1-14.

[368] 许明. 市场竞争、融资约束与中国企业出口产品质量提升 [J]. 数量经济技术经济研究, 2016, 33 (9): 40-57.

[369] 严兵, 程敏. 外商撤资、产业关联与企业出口质量 [J]. 中国工业经济, 2022 (6): 79-97.

[370] 杨慧梅, 李坤望. 资源配置效率是否影响了出口产品质量？[J]. 经济科学, 2021 (3): 31-43.

[371] 杨冕, 王恩泽, 叶初升. 环境管理体系认证与中国制造业企业出口"增量提质"[J]. 中国工业经济, 2022 (6): 155-173.

[372] 杨晓亮. 金融科技与出口产品质量——来自中国上市公司的经验证据 [J]. 国际经贸探索, 2022, 38 (6): 103-116.

[373] 杨勇, 刘思婕, 陈艳艳. "FTA战略"是否提升了中国的出口产品质量？[J]. 世界经济研究, 2020 (10): 63-75+136.

[374] 杨烨, 谢建国. 开发区设立对企业出口产品质量的影响——基于高技能人才质量匹配视角的研究 [J]. 经济评论, 2021 (2): 83-102.

[375] 杨烨, 谢建国. 企业上市对出口国内附加值率的影响 [J]. 南开经济研究, 2022 (2): 87-102.

[376] 阳立高, 段先鹏, 李玉双, 李风琦, 杨崇峻. 新生代劳动力供给变化对企业出口产品质量的影响研究 [J]. 科学决策, 2020 (11): 1-14.

[377] 阳立高, 彭頔雯, 杨崇峻, 易显飞. 新生代劳动力供给变化对出口国内附加值的影响研究 [J]. 财经理论与实践, 2021, 42 (3): 71-77.

[378] 叶迪. 服务业、制造业中间品贸易自由化的协同效应——基于出口产品质量的视角 [J]. 当代财经, 2021 (1): 97-111.

[379] 殷德生, 唐海燕, 黄腾飞. 国际贸易、企业异质性与产品质量升级 [J]. 经济研究, 2011, 46 (S2): 136-146.

[380] 殷德生. 中国入世以来出口产品质量升级的决定因素与变动趋势 [J]. 财贸经济, 2011 (11): 31-38.

[381] 应瑞瑶, 田聪聪, 张兵兵. "节能减排"政策、出口产品范围调整与

企业加成率 [J]. 东南大学学报（哲学社会科学版），2020，22（4）：47-59+156-157.

[382] 于欢，何欢浪，姚莉. 数字产品进口与中国企业出口质量 [J]. 中南财经政法大学学报，2022（5）：108-118.

[383] 余静文，彭红枫，李濛西. 对外直接投资与出口产品质量升级：来自中国的经验证据 [J]. 世界经济，2021，44（1）：54-80.

[384] 余淼杰，崔晓敏，张睿. 司法质量、不完全契约与贸易产品质量 [J]. 金融研究，2016（12）：1-16.

[385] 余淼杰，张睿. 人民币升值对出口质量的提升效应：来自中国的微观证据 [J]. 管理世界，2017（5）：28-40+187.

[386] 俞毛毛，马妍妍. 绿色金融政策与地区出口质量提升——基于绿色金融试验区的合成控制分析 [J]. 中国地质大学学报（社会科学版），2022，22（2）：123-141.

[387] 袁柳. 进口产品种类与出口国内附加值率 [J]. 经济经纬，2022，39（3）：67-77.

[388] 袁征宇，王思语，郑乐凯. 制造业投入服务化与中国企业出口产品质量 [J]. 国际贸易问题，2020（10）：82-96.

[389] 岳文. 企业加成率与出口国内附加值 [J]. 中南财经政法大学学报，2018（2）：126-135.

[390] 岳文. 政府补贴与企业出口国内附加值率：事实与影响机制 [J]. 财贸研究，2020，31（5）：13-27.

[391] 曾洪鑫，陈文妮，彭定洪，刘畅. 政府监管政策变革对出口消费品质量影响 [J]. 南方经济，2021（7）：87-104.

[392] 曾华盛，徐金海. 自由贸易区战略实施对中国出口农产品质量的影响：协定条款异质性视角 [J]. 中国农村经济，2022（5）：127-144.

[393] 曾文革，刘叶.《中欧全面投资协定》与 CPTPP 环境保护条款的比较及启示 [J]. 国际商务研究，2022，13（1）：98-106.

[394] 曾艺，韩峰. 生产性服务业集聚与制造业出口产品质量升级 [J]. 南开经济研究，2022（7）：23-41.

[395] 张兵兵，胡榴榴. 城市环境立法能够提升企业出口国内附加值率吗？——基于双重差分模型（DID）的实证研究 [J]. 地理研究，2021，40

（10）：2930-2948.

[396] 张兵兵，田曦．目的国经济政策不确定性如何影响中国企业的出口产品质量？[J]．世界经济研究，2018（12）：60-71+133.

[397] 张国峰，蒋灵多，刘双双．数字贸易壁垒是否抑制了出口产品质量升级 [J]．财贸经济，2022，43（12）：144-160.

[398] 张杰，陈志远，刘元春．中国出口国内附加值的测算与变化机制 [J]．经济研究，2013，48（10）：124-137.

[399] 张杰，翟福昕，周晓艳．政府补贴、市场竞争与出口产品质量 [J]．数量经济技术经济研究，2015，32（4）：71-87.

[400] 张杰，郑文平，翟福昕．中国出口产品质量得到提升了么？[J]．经济研究，2014，49（10）：46-59.

[401] 张杰．金融抑制、融资约束与出口产品质量 [J]．金融研究，2015（6）：64-79.

[402] 张丽，廖赛男．地方产业集群与企业出口国内附加值 [J]．经济学动态，2021（4）：88-106.

[403] 张亮，邱斌，孙少勤．中间品贸易自由化、全球价值链与出口国内增加值率 [J]．国际经贸探索，2022，38（6）：4-26.

[404] 张铭心，汪亚楠，郑乐凯，石悦．数字金融的发展对企业出口产品质量的影响研究 [J]．财贸研究，2021，32（6）：12-27.

[405] 张盼盼，陈建国．融资约束如何影响了中国制造业的出口国内增加值率：效应和机制 [J]．国际贸易问题，2019（12）：18-31.

[406] 张盼盼，张胜利，陈建国．融资约束、金融市场化与制造业企业出口国内增加值率 [J]．金融研究，2020（4）：48-69.

[407] 张鹏杨，唐宜红．FDI 如何提高我国出口企业国内附加值？——基于全球价值链升级的视角 [J]．数量经济技术经济研究，2018，35（7）：79-96.

[408] 张平南，徐阳，徐小聪，段艳艳．贸易政策不确定性与企业出口国内附加值：理论与中国经验 [J]．宏观经济研究，2018（1）：57-68.

[409] 张平南，直银苹，董斯静．贸易自由化、最低工资与企业出口国内附加值 [J]．产业经济评论，2018（4）：70-90.

[410] 张晴，于津平．投入数字化与全球价值链高端攀升——来自中国制造业企业的微观证据 [J]．经济评论，2020（6）：72-89.

[411] 张晴，于津平．制造业投入数字化与全球价值链中高端跃升——基于投入来源差异的再检验 [J]．财经研究，2021，47（9）：93-107.

[412] 张体俊，黄建忠，高翔．制造业投入服务化、产品质量与价值链分工：嵌入位置及升级模式 [J]．国际经贸探索，2022，38（8）：50-67.

[413] 张夏，汪亚楠，施炳展．事实汇率制度、企业生产率与出口产品质量 [J]．世界经济，2020，43（1）：170-192.

[414] 张先锋，刘佳佳，彭飞．开发区竞争如何影响企业出口产品质量——来自中国工业企业的证据 [J]．产业经济研究，2020（5）：14-29.

[415] 张燕，孙孟蓓．人力资本扩张对企业出口国内增加值率的影响——基于"高校扩招"政策的准自然实验研究 [J]．华东经济管理，2020，34（11）：90-99.

[416] 张莹，朱小明．经济政策不确定性对出口质量和价格的影响研究 [J]．国际贸易问题，2018（5）：12-25.

[417] 张营营，白东北，高煜．技术市场发展如何影响企业出口国内附加值率——来自中国的经验证据 [J]．国际经贸探索，2020，36（6）：25-41.

[418] 张营营，白东北，高煜．贸易便利化对企业出口国内附加值率的影响——来自中国制造业企业的证据 [J]．商业经济与管理，2019（10）：58-69.

[419] 张雨，戴翔．加强知识产权保护能够提升企业出口国内增加值吗？[J]．当代经济科学，2021，43（2）：97-108.

[420] 赵春明，班元浩，李宏兵，刘烨．虚拟集聚能否促进城市出口产品质量升级 [J]．经济管理，2022，44（7）：23-41.

[421] 赵春明，张群．进口关税下降对进出口产品质量的影响 [J]．经济与管理研究，2016，37（9）：11-17.

[422] 赵景瑞，孙慧，郝晓．产业链内嵌国内技术进步与企业出口国内附加值率提升——基于中国工业企业数据的实证分析 [J]．西部论坛，2021，31（4）：1-17.

[423] 赵军，姚笛，郑玉璐．财政分权、制度环境与制造业出口质量 [J]．国际商务（对外经济贸易大学学报），2020（6）：16-30.

[424] 赵玲，高翔，黄建忠．成本加成与企业出口国内附加值的决定：来自中国企业层面数据的经验研究 [J]．国际贸易问题，2018（11）：17-30.

[425] 赵文霞，刘洪愧．贸易壁垒对出口产品质量的影响 [J]．经济评论，

2020（4）：144-160.

[426] 郑妍妍，闫雨薇．最低工资会影响空气污染吗？——来自中国企业 SO_2 排放的证据 [J]．税务与经济，2022（1）：77-84.

[427] 钟腾龙．外部需求与企业出口产品质量 [J]．中南财经政法大学学报，2020（1）：147-156.

[428] 周沂，郭琪，邹冬寒．环境规制与企业产品结构优化策略——来自多产品出口企业的经验证据 [J]．中国工业经济，2022（6）：117-135.

[429] 朱雅妮，文闻．中国自由贸易协定中环境条款的研究 [J]．中南林业科技大学学报（社会科学版），2016，10（3）：36-41.

[430] 诸竹君，黄先海，余骁．进口中间品质量、自主创新与企业出口国内增加值率 [J]．中国工业经济，2018（8）：116-134.

[431] 祝树金，金小剑，赵玉龙．进口产品转换如何影响出口国内增加值 [J]．国际贸易问题，2018（11）：1-16.

[432] 祝树金，李江，张谦，钟腾龙．环境信息公开、成本冲击与企业产品质量调整 [J]．中国工业经济，2022（3）：76-94.

[433] 祝树金，汤超．企业上市对出口产品质量升级的影响——基于中国制造业企业的实证研究 [J]．中国工业经济，2020（2）：117-135+1-8.

[434] 宗庆庆，刘冲，周亚虹．社会养老保险与我国居民家庭风险金融资产投资——来自中国家庭金融调查（CHFS）的证据 [J]．金融研究，2015（10）：99-114.

[435] 闫文娟，郭树龙．环境规制与出口强度——基于两控区政策的考察 [J]．财经论丛，2018（8）：97-105.

[436] 闫志俊，于津平．出口企业的空间集聚如何影响出口国内附加值 [J]．世界经济，2019，42（5）：74-98.

[437] 綦建红，蔡震坤．机器人应用有助于提高出口国内附加值吗 [J]．国际经贸探索，2022，38（8）：4-19.

[438] 綦建红，张志彤．机器人应用与出口产品范围调整：效率与质量能否兼得 [J]．世界经济，2022，45（9）：3-31.

附　录

附录一：与本书有关的缩写及其含义

PTA　Preferential trade agreement　优惠贸易协定

TREND　Trade and Environment Database　贸易和环境数据库

OECD　Organization for Economic Co-operation and Development　经济合作与发展组织

HS1992　International Convention for Harmonized Commodity Description and Coding System1992　商品名称及编码协调制度的国际公约 1992

HS2007　International Convention for Harmonized Commodity Description and Coding System2007　商品名称及编码协调制度的国际公约 2007

WITS　World Integrated Trade Solution　世界贸易整合解决方案

GATT　General Agreement on Tariffs and Trade　关税及贸易总协定

WTO　World Trade Organization　世界贸易组织

UNCTAD　United Nations Conference on Trade and Development　联合国贸发会

CLEG　The Combined List of Environmental Goods　环境商品综合清单

SIC　Standard Industrial Classification　标准产业分类

DESTA　Design on Trade Agreements　贸易协定设计

WDI　World Development Indicator　世界发展指标

CEADs　Carbon Emission Accounts and Datasets　中国碳核算数据库

APEC　Asia-Pacific Economic Cooperation　亚太经济合作组织

BEC　Classification by Broad Economic Categories　按大类经济类别分类

SITC　Standard International Trade Classification SITC　国际贸易标准分类

附录二：与本书有关的表格

附表 A.1　贸易协定中环境条款的分类

一级指标	二级指标	三级指标	四级指标
原则	前言提及环境		
	共同但有区别的责任原则		
	预防原则		
	预防原则		
	污染者自付原则		
	从源头纠正损坏		
	对自然资源的主权	对自然资源的总体主权	
		对遗传资源的主权	
		对水生生物和渔业资源的主权	
		对其他特定资源的主权	
	监管主权	根据国家优先确定自身环境政策的主权	
		执行环境措施的主权	
		国家法庭在实施环境措施方面的主权或独立性	
		关于监管主权的其他规范	
	域外管辖权限制	无域外执法活动	
		根据一方当事人的国内法，无权采取行动	
	环境对贸易或发展的贡献（因果信念）	环境保护是贸易或发展的先决条件	
		提及环境与贸易或发展之间的相互支持	
	认识到发展差距或不同能力		
	成本效益分析		
	商业参与者为环境保护做出贡献		

续表

一级指标	二级指标	三级指标	四级指标
环境保护水平	保持或不降低保护级别	通过放松环境措施来鼓励贸易是不合适的	
		通过放松环境措施来鼓励投资是不合适的	
		保持现有的环境保护水平	
	高或更高的保护水平	各国应提供高水平的环境保护	
		各国应提高、加强和改善环境保护水平	
	环境法、环境治理等的定义		
	不是出于保护主义目的		
立法和政策制定	设计环境措施或评估时的科学知识	设计环境措施时的科学知识	
		进行环境风险评估时的科学知识	
	公众参与采取环境措施或评估	公众参与采取环境措施	
		公众参与环境影响评估	
	公布环境措施	环境法律、法规和行政裁决的公布	
		确定关税方面的措施、限制或禁止	
	承诺监测环境状况		
	进行环境评估的规定		
	承诺加强国家自身在环境研究和科学方面的能力		
环境问题和非环境问题的互动	建立或支持国家标准体系		
	总体一致性		
	与国内贸易和/或投资政策的一致性		
	能源政策与环境之间的相互作用		
	采矿与环境的相互作用		
	旅游业与环境的互动		
	性别政策与环境之间的互动		
	社会问题与环境之间的相互作用		
	农村发展与环境之间的相互作用		
	城市发展与环境的相互作用		
	土地利用规划与环境的相互作用		
	建筑施工活动与环境之间的相互作用		
	农业与环境的相互作用		

续表

一级指标	二级指标	三级指标	四级指标
环境问题和非环境问题的互动	土著社区或传统知识与环境之间的互动		
	人类健康与环境之间的相互作用		
	工业活动与环境之间的相互作用		
	运输与环境之间的相互作用		
	其他非环境问题与环境之间的相互作用		
国内措施执行	执行环保措施的承诺	有约束力的义务	
		无约束力的义务	
	具体的政府执法行动		
	私人途径获得补救、程序保障和适当制裁		
	关于执行环境措施的公众意见	考虑任何一方公民带来的涉嫌侵权的承诺	
		考虑外国人涉嫌侵权行为的承诺	
	执法合作		
	关于执行情况的事实报告		
促进环境保护的方法	教育或公众意识		
	自愿措施、结构或机制	促进未指明的自愿措施	
		促进具体的自愿措施	
	经济手段	未指明的经济或市场工具	
		具体经济或市场工具	
在环境事务上的其他合作	推广环保产品和服务	鼓励生产环保产品和服务	
		鼓励环境商品和服务的贸易或投资	一般性的鼓励
			鼓励特定的环境商品和服务
	联合科学合作	开展联合科学研究	
		开展科学合作的具体方式	
		建立联合研究机构	
		联合环境评估和环境问题研究或监测	

续表

一级指标	二级指标	三级指标	四级指标
在环境事务上的其他合作	信息交流	交换环境相关信息的一般义务	
		交流信息的具体手段	
		在发生自然灾害、环境灾难或事故时提前通知或交换信息	
		在采取措施保护环境时提供信息	
		海关当局就与环境保护有关的违法行为进行沟通	
	协调国内环境措施	环境措施的协调	
		使一方的环境立法与另一方的环境立法保持一致	
		避免特殊的国家环境标准	
		国家环境措施的相互认同	
		不作为环境保护障碍的非环境措施的协调	
		选择退出协调环境规范的可能性	
		合作方无意协调其环境标准	
	环境协定的谈判		
	禁止向另一方出口其领土内禁止使用或进口的对环境有害的货物		
	禁止从禁止使用或出口的缔约方进口对环境有害的货物		
	合作以防止欺骗行为		
	含糊的合作承诺		
与贸易有关的具体措施	货物贸易的一般例外情况	动物和/或植物的生命（或健康）	必须的
			非必须
		保护自然资源	
		环境保护	
	技术性贸易壁垒	进行风险评估的权利	
		制定、采用或应用与环境有关的技术性贸易壁垒措施的权利	
		在紧急情况下减损 TBT 措施常规采用程序的权利	

续表

一级指标	二级指标	三级指标	四级指标
与贸易有关的具体措施	投资	关于投资的一般性意见	
		关于（投资）设立的具体规定	
		具体绩效要求	
		关于征收的具体规定	
		与环境有关的特定部门的外国投资禁令	
		与特定部门投资相关的任何环境措施	
		投资者—国家争端解决（ISDS）的除外条款	
	知识产权与环境	将对环境有害的发明排除在专利授权之外	
		利用地理标志保护环境	
		关于知识产权和环境的其他规范	
	采购与环境	一般例外情况	
		招标程序中的技术规范或限制	
		将特定部门排除在采购自由化之外	
		绿色公共采购合作	
	补贴与环境	允许为环境目的提供补贴的规范	允许农业补贴的例外情况
			允许补贴的其他规范
		防止有害环境的补贴	
	基于环境原因的保障措施		
	尊重对外加工区环境的义务		
	服务除外条款	动物或植物的生命或健康	
		自然资源保护	
		环境保护	
		对环境服务的限制	
		将环境部门排除在服务自由化之外	
		与特定服务部门相关的其他环境限制	
	SPS 措施与环境		
	人员自由流动的例外情况		

续表

一级指标	二级指标	三级指标	四级指标
对发展中国家的帮助	技术援助、培训或能力建设	向另一缔约方提供的技术援助、培训或能力建设	
		向非国家行为者提供的技术援助、培训或能力建设	
	环境领域的技术转让		
	筹资机制和财政援助	能力建设、培训、技术援助和技术转让的供资	
		合作活动的资金筹措	
		各方必须为其执行本协议提供资金	
		向非国家行为者提供的资金	
	发生自然灾害时的紧急援助		
	能力建设、培训、技术转让、向第三国提供技术、财政和紧急援助		
特定的环境问题	水环境问题	将水排除在协议之外	
		珊瑚礁	
		海洋	
		跨界水道的管理	
		河流、流域和潮泊的管理	
		沿海地区的保护	
		含水层、地下水、地下水位	
		水效率	
		海洋塑料污染	
		关于水的其他规范	
	湿地		
	污染土地		
	渔业	渔业资源保护	
		渔业产品的可持续贸易	
		打击非法捕鱼	
		防止捕鱼活动造成的污染	
		副渔获物预防	
		防止有害补贴	

续表

一级指标	二级指标	三级指标	四级指标
特定的 环境问题	森林	保护森林	
		林业产品的可持续贸易	
		打击非法开采森林	
	濒危物种及其非法贸易		
	贩运野生动物构成严重犯罪		
	鲸鱼和海豹		
	迁徙物种		
	入侵、外来或外来物种		
	共有物种		
	遗传资源	遗传物质来源的披露	
		获取遗传资源时获得有关当局的事先知情同意	
		公平分享因使用遗传资源而产生的利益	
		关于遗传资源的其他规范	
	保护区、公园和自然保护区		
	生物多样性——其他		
	气候变化、能源	推广可再生和清洁能源	推广可再生能源
			提高能源效率
		气候变化	减少温室气体排放
			适应气候变化
			气候变化合作
			协调与气候变化有关的立法
			关于气候变化的其他规范
	臭氧层和氟氯化碳		
	空气污染		
	车辆环境标准		
	土壤侵蚀		
	荒漠化、退化、盐碱化和酸化		

一级指标	二级指标	三级指标	四级指标
特定的环境问题	生物安全和转基因生物	生物安全，不包括转基因生物	
		转基因生物	
	灾害管理或预防	石油泄漏	
		核安全与辐射	
		关于灾害的其他规范	
	生活垃圾		
	危险废物	对危险废物的出口、进口或运输的限制	
		关于危险废物的其他规范	
	农药、化肥、有毒或有害产品和化学品		
	有机食品		
	食物垃圾		
	水银		
	噪声污染		
	风景保护		
	其他具体环境问题		
协定的执行	环境事务联络点		
	承诺就实施问题与公众沟通	关于根据本协议采取的行动的通知	
		承诺传达联合机构的决定或建议	
		传达公共信息	
		联合机构的公开会议	
	公众参与执行协定	公众参与执行协定	
		双方非国家行为者之间的直接接触	
	协定的环境影响评估		
创建机构	政府间委员会		
	国际秘书处	管理条约环境规范的国际秘书处	
		作为协议一部分的特定环境问题专门组织	
	利益相关者国际委员会		
争端解决机制（DSM）	环境专家作为专家组成员或调解人	就未能执行环境措施或贸易协定中的其他环境条款而引发的国家间争端的环境专家	
		关于贸易协定贸易条款的国家争端中的环境专家	
		投资者与国家争端中的环境专家	

续表

一级指标	二级指标	三级指标	四级指标
争端解决机制（DSM）	环境专家或科学审查委员会的报告	因未能执行环境措施或贸易协议的其他环境条款而引发的国家间争端中的环境报告	
		关于贸易协定贸易条款的国家间争端中的环境报告	
		投资者与国家争端中的环境报告	
	未执行国内环境措施时的国家 DSM	未能执行的非司法管辖机制	
		未能执行的货币执行评估	
		因未能执行或支付而暂停发放福利	
	不符合贸易规定时的国家 DSM	环境条款的具体 DSM	采用特定 DSM 之前的初步步骤
			非管辖 DSM
			国家仲裁
		适用于环境条款的一般 DSM	一般需求侧管理程序
			暂停发放福利
	多边环境协定与贸易协定 DSM 的关系	排除多边环境协定的 DSM	
		使用多边环境协议的 DSM	
		协商或推迟解释一缔约方根据多边环境协定对任何相关实体承担的义务	
援引多边环境协定	批准环境协定	批准《濒危野生动植物种国际贸易公约》（CITES）	
		批准《蒙特利尔议定书》	
		批准《巴塞尔公约》	
		批准《国际防止船舶造成污染公约》（MARPOL）	
		批准《鹿特丹公约》	
		批准《斯德哥尔摩公约》	
		批准《拉姆萨尔公约》	
		批准《南极海洋生物资源养护公约》（CCAMLR）	
		批准《国际捕鲸公约》	
		批准《气候公约》（UNFCCC）	
		批准《京都议定书》	
		批准《生物多样性公约》（CBD）	
		批准《卡塔赫纳议定书》	
		批准《名古屋议定书》	
		批准《巴黎气候协定》	
		批准与环境有关的其他协定	

一级指标	二级指标	三级指标	四级指标
援引多边环境协定	履行协定规定的义务	履行 CITES	整个条约的执行
			具体部分的实施
		执行《蒙特利尔议定书》	整个条约的执行
			具体部分的实施
		执行《巴塞尔公约》	整个条约的执行
			具体部分的实施
		执行 MARPOL	整个条约的执行
			具体部分的实施
		执行《鹿特丹公约》	整个条约的执行
			具体部分的实施
		执行《斯德哥尔摩公约》	整个条约的执行
			具体部分的实施
		执行《拉姆萨尔公约》	整个条约的执行
			具体部分的实施
		执行 CCAMLR	整个条约的执行
			具体部分的实施
		执行《国际捕鲸公约》	整个条约的执行
			具体部分的实施
		执行 UNFCCC	整个条约的执行
			具体部分的实施
		执行《京都议定书》	整个条约的执行
			具体部分的实施
		执行 CBD	整个条约的执行
			具体部分的实施
		执行《卡塔赫纳议定书》	整个条约的执行
			具体部分的实施
		执行《名古屋议定书》	整个条约的执行
			具体部分的实施
		执行《斯德哥尔摩宣言》	
		执行《里约宣言》（1992）	
		执行《21 世纪议程》（1992）	
		执行《约翰内斯堡宣言》（2002）	
		执行《2030 年议程或可持续发展目标》	
		执行《巴黎气候协定》	
		与环境有关的其他协定的执行情况	

一级指标	二级指标	三级指标	四级指标
援引多边环境协定	不一致情况下环境协议的普遍性	CITES 的普遍性	
		《蒙特利尔议定书》的普遍性	
		《巴塞尔公约》的普遍性	
		MARPOL 的普遍性	
		《鹿特丹公约》的普遍性	
		《斯德哥尔摩公约》的普遍性	
		《拉姆萨尔公约》的普遍性	
		CCAMLR 的普遍性	
		《国际捕鲸公约》的普遍性	
		UNFCCC 的普遍性	
		《京都议定书》的普遍性	
		CBD 的普遍性	
		《卡塔赫纳议定书》的普遍性	
		《名古屋议定书》的普遍性	
		《巴黎气候协定》的普遍性	
		与环境有关的其他协定的普遍性	
	对国际环境制度的其他援引	对 CITES 的其他援引	
		对《蒙特利尔议定书》的其他援引	
		对《巴塞尔公约》的其他援引	
		对 MARPOL 的其他援引	
		对《鹿特丹公约》的其他援引	
		对《斯德哥尔摩公约》的其他援引	
		对《拉姆萨尔公约》的其他援引	
		对 CCAMLR 的普遍性	
		《国际捕鲸公约》的其他援引	
		对 UNFCCC 的其他援引	
		对《京都议定书》的其他援引	
		对《生物多样性公约》的其他援引	
		对《卡塔赫纳议定书》的其他援引	
		对《名古屋议定书》的其他援引	

续表

一级指标	二级指标	三级指标	四级指标
援引多边环境协定	对国际环境制度的其他援引	对《斯德哥尔摩宣言》的其他援引	
		对世界环境与发展委员会的其他援引	
		对《里约宣言》（1992）的其他援引	
		对《21世纪议程》（1992）的其他援引	
		对《约翰内斯堡宣言》（2002）的其他援引	
		对《约翰内斯堡实施计划》（2002）的其他援引	
		对"里约+20"峰会成果文件的其他援引	
		对联合国环境规划署的其他援引	
		对联合国可持续发展委员会的其他援引	
		对《减少森林砍伐和森林退化造成的排放》（REDD）的其他援引	
		对《2030年议程或可持续发展目标》的其他援引	
		对《巴黎气候协定》的其他援引	
		对与环境有关的其他协定的援引	
	贸易协议与任何其他协议之间的任何不一致应通过协商解决		
	在与任何其他协议不一致的情况下，贸易协议的普遍性		
	国际标准或方法	假定国际标准符合贸易协定的义务	
		在设计环境措施时，应使用或考虑国际组织进行的国际标准或风险评估	
		采用比国际标准更严格标准的权利	
		缔约方应使用国际组织制定的风险评估方法	
其他环境准则			

附表 A.2 　PTAs 贸易限制型环境条款和贸易促进型环境条款

序号	贸易限制型环境条款
1	特定的贸易限制
	禁止向另一方出口其领土内禁止使用或进口的对环境有害的货物
	禁止从禁止使用或出口的缔约方进口对环境有害的货物
	将水排除在协议之外
	濒危物种及其非法贸易
	对危险废物的出口、进口或运输的限制
2	高水平环境保护
	各国应提供高水平的环境保护
	各国应提高、加强和改善环境保护水平
3	预防准则
	预防原则
4	对环境无害
	通过放松环境措施来鼓励贸易是不合适的
	通过放松环境措施来鼓励投资是不合适的
	货物贸易中关于环境保护的一般性除外条款
	制定、采用或应用与环境有关的技术性贸易壁垒措施的权利
	就未能执行环境措施或贸易协定中的其他环境条款而产生的国家间争端的环境专家
	关于贸易协定贸易条款的国家争端中的环境专家
	投资者与国家争端中的环境专家
	因未能执行环境措施或贸易协议的其他环境条款而引发的国家间争端中的环境报告
	关于贸易协定贸易条款的国家间争端中的环境报告
	投资者与国家争端中的环境报告
	使用多边环境协议的争端解决机制
	咨询或推迟解释缔约方在多边环境协定下对任何相关实体的义务
	评估
	进行环境评估的规定
	协定的环境影响评估
5	与其他经济部门的一致性
	能源政策与环境之间的相互作用
	采矿与环境的相互作用
	旅游业与环境的互动
	农村发展与环境之间的相互作用

序号	贸易限制型环境条款
5	城市发展与环境的相互作用
	土地利用规划与环境的相互作用
	建筑施工活动与环境之间的相互作用
	农业与环境的相互作用
	工业活动与环境之间的相互作用
6	打击非法开采
	打击非法捕鱼
	打击非法开采森林
7	批准和执行与贸易有关的多边环境协定
	批准《濒危野生动植物种国际贸易公约》
	批准《蒙特利尔议定书》
	批准《巴塞尔公约》
	批准《鹿特丹公约》
	批准《斯德哥尔摩公约》
	批准《京都议定书》
	批准《生物多样性公约》
	批准《卡塔赫纳议定书》
	批准《名古屋议定书》
	执行《濒危野生动植物种国际贸易公约》
	执行《蒙特利尔议定书》
	执行《巴塞尔公约》
	执行《鹿特丹公约》
	执行《斯德哥尔摩公约》
	执行《京都议定书》
	批准《生物多样性公约》
	批准《卡塔赫纳议定书》
	批准《名古屋议定书》
8	不一致情况下贸易相关的多边环境协议的普遍性
	《濒危野生动植物种国际贸易公约》的普遍性
	《蒙特利尔议定书》的普遍性
	《巴塞尔公约》的普遍性
	《鹿特丹公约》的普遍性
	《斯德哥尔摩公约》的普遍性

续表

序号	贸易限制型环境条款
8	《京都议定书》的普遍性
	《生物多样性公约》的普遍性
	《卡塔赫纳议定书》的普遍性
	《名古屋议定书》的普遍性

序号	贸易促进型环境条款
1	环境产品或服务
	鼓励生产环保产品和服务
	鼓励环境商品和服务的贸易或投资
	鼓励特定的环境商品和服务
2	国内环境措施的协调
	环境措施的协调
	使一方的环境立法与另一方的环境立法保持一致
	避免特殊的国家环境标准
	国家环境措施的相互认同
3	推广国际标准
	假定国际标准符合贸易协定的义务
	在设计环境措施时，应使用或考虑国际组织进行的国际标准或风险评估
	缔约方应使用国际组织制定的风险评估方法
4	贸易的普遍性
	排除多边环境协定的争端解决机制
	在与任何其他协议不一致的情况下，贸易协议的普遍性
5	不以保护主义为目的
	不是出于保护主义目的
6	推广自愿性措施
	促进未指明的自愿措施
	促进具体的自愿措施
7	使用市场工具
	未指明的经济或市场工具
	具体经济或市场工具
8	技术基础
	设计环境措施时的科学知识
	进行环境风险评估时的科学知识

附表 A. 3　TREND 数据库中贸易限制型环境条款、贸易促进型环境条款和
其他类环境条款相关系数

变量	PT_Num	LT_Num	OTH_Num
PT_Num	1		
LT_Num	0. 8163 (0. 0000)	1	
OTH_Num	0. 8969 (0. 0000)	0. 8582 (0. 0000)	1

注：①PT_Num、LT_Num 和 OTH_Num 分别表示 TREND 数据库中 725 个 PTAs 中贸易限制型环境条款、贸易促进型环境条款和其他类环境条款数量；②括号内为 p 值。

附表 A. 4　企业 PTAs 贸易限制型环境条款暴露指数、贸易促进型
环境条款暴露指数和其他环境条款暴露指数相关系数

变量	lnExpos_PT	lnExpos_LT	lnExpos_OTH
lnExpos_PT	1		
lnExpos_LT	0. 9704 (0. 0000)	1	
lnExpos_OTH	0. 9611 (0. 0000)	0. 9696 (0. 0000)	1

注：①lnExpos_PT、lnExpos_LT 和 lnExpos_OTH 分别表示企业 PTAs 贸易限制型环境条款暴露指数、PTAs 贸易促进型环境条款暴露指数和 PTAs 其他类环境条款暴露指数；②括号内为 p 值。

附表 A. 5　排除从未有中间品进口企业样本后的中介效应检验结果

变量	(1) Quality	(2) TFP	(3) IM_imp	(4) Quality
lnExposeL1	0. 0027*** (0. 0002)	0. 0050*** (0. 0002)	0. 3651*** (0. 0091)	0. 0020*** (0. 0002)
Ln_inter				0. 0010*** (0. 0000)
TFP_secstd				0. 0606*** (0. 0026)
Sobel 检验		0. 0003*** 正向传导	0. 0004*** 正向传导	
中介效应占比		12. 1%	15. 3%	

续表

变量	(1) *Quality*	(2) *TFP*	(3) *IM_imp*	(4) *Quality*
Ind_eff 检验 (P-value)		0.000 间接效应存在	0.000 间接效应存在	
全部协变量	Y	Y	Y	Y
企业固定效应	Y	Y	Y	Y
年份固定效应	Y	Y	Y	Y
_cons	0.5643*** (0.0037)	0.6167*** (0.0040)	1.9950*** (0.1677)	0.5249*** (0.0041)
N	454076	454076	454076	454076
R^2	0.7332	0.6197	0.7472	0.7345

附表 A.6　企业类型的识别及解决方法

进口状态	出口状态	企业类型	解决方法
一般贸易	一般贸易	一般贸易企业	保留
0	一般贸易	一般贸易企业	保留
加工贸易	一般贸易	超额进口商	剔除
一般贸易+加工贸易	一般贸易	超额进口商	剔除
一般贸易	加工贸易	超额出口商	剔除
0	加工贸易	超额出口商	剔除
加工贸易	加工贸易	加工贸易企业	保留
一般贸易+加工贸易	加工贸易	加工贸易企业	保留
一般贸易	一般贸易+加工贸易	超额出口商	剔除
0	一般贸易+加工贸易	超额出口商	剔除
加工贸易	一般贸易+加工贸易	混合出口商	保留
一般贸易+加工贸易	一般贸易+加工贸易	混合出口商	保留

注：作者整理得到。